신뢰 사회로 가는 길
신뢰의 진화

신뢰 사회로 가는 길
신뢰의 진화

지 은 이 | 박희봉
펴 낸 이 | 김원중

편집주간 | 김무정
기　　획 | 허석기
디 자 인 | 조채숙
제　　작 | 박준열
관　　리 | 허선욱, 정혜진
마 케 팅 | 박혜경

초판인쇄 | 2022년 06월 27일
초판발행 | 2022년 07월 05일

출판등록 | 제313-2007-000172(2007.08.29)

펴 낸 곳 | 도서출판 상상나무
　　　　　상상바이오(주)
주　　소 | 경기도 고양시 덕양구 고양대로 1393 상상빌딩 7층
전　　화 | (031) 973-5191
팩　　스 | (031) 973-5020
홈 페 이 지 | http://smbooks.com
E - m a i l | ssyc973@hanmail.net

ISBN 979-11-86172-74-2 (03330)
값 23,000원

신뢰 사회로 가는 길

신뢰의 진화

| 박희봉 지음 |

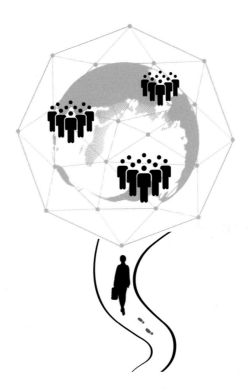

The Evolution of Trust

상상나무

신뢰가 주는
궁극적 행복의 열쇠

이 책의 화두는 신뢰이다. 개인적 능력이 우수한 사람이 남들보다 살기 편하다. 하지만 신뢰가 낮다면 살아가기 어렵다. 반면, 개인적 능력이 다소 떨어지는 사람도 신뢰가 높은 사람, 즉 "다른 사람을 신뢰하고 다른 사람으로부터 신뢰를 받는 사람"은 살아가기 편한 세상이다. 그러니 행복해지기를 원하는 사람, 일을 잘 하고 싶은 사람, 출세를 하고 싶은 사람, 권력을 가지고 싶은 사람은 더 많은 사람과 더 깊은 신뢰 관계를 맺어야 한다.

"모든 것은 변화한다." 부처님께서 2,500년 전 하신 말씀이다. 그러니 신뢰 역시 끊임없이 변화한다. 인류의 역사가 원시사회로부터 농업사회, 산업사회를 넘어 4차산업혁명사회로까지 변화하면서 신뢰 역시 시대에 맞게 변화해왔다. 생존과 번영, 행복, 이익을 극화화하기 위해 각 시대별로 인류는 그 시대에 맞는 신뢰를 개발하였다.

원시사회에서는 그 시대에 맞는 가족 신뢰, 농업사회에서는 연고집단 신뢰, 산업사회에서는 법과 제도를 바탕으로 한 구조적 신뢰, 4차산업혁명사회에서는 상호계약적 신뢰를 개발해왔다. 이렇게 시대에 맞는 신뢰가 있다는 말은 새로운 시대에 맞추어 새로운 신뢰를 개발하지 않고, 시대착오적인 신뢰에 천착해서는 살아가기 어렵다는 의미이기도 하다. 4차산업혁명사회에 들어와서도 원시사회의 가족 신뢰, 농업사회의 "끼리끼리"식 연고집단 신뢰, 획일적인 구조적 신뢰를 중심으로 살아가는 사람은 낙오할 수밖에 없다.

　　이 책은 신뢰가 왜, 얼마나 중요한지를 논의하였다. 신뢰의 종류에 대해서도 서술하였다. 신뢰를 증진하기 위해서는 어떤 방법이 있는지도 제시하였다. 한마디로 신뢰에 관한 모든 것을 정리하였다. 게다가 각 시대별로 어떤 종류의 신뢰가 주로 통용되었고, 신뢰가 왜, 어떻게 진화했는지도 분석하였다. 그리고 신뢰가 증진되지 않는 이유, 즉 불신의 원인을 진단하였고, 신뢰 사회로 발전하기 위해서 무엇을 개선해야 하는지도 제안하였다.

무조건 다른 사람을 신뢰하는 사람은 없다. 무조건 다른 사람을 신뢰하면 언젠가는 다른 사람에게 속아 낭패를 보기 때문이다. 그러니 현실적으로 다른 사람을 신뢰한다는 것은 누구는 신뢰할만하고, 누구는 어느 정도 신뢰할만하고, 누구는 신뢰할만할지 않을지를 알고 있다는 의미이다. 또한 다른 사람을 신뢰하다가 손해를 보더라도 능히 손해를 감수하겠다는 것을 포함한다. 즉 다른 사람을 신뢰한다는 것은 사람을 보는 능력이 있다는 것이다. 그러니 다른 사람을 신뢰하는 사람은 멋있다.

한편, 다른 사람으로부터 신뢰를 받는 것은 더욱 어렵다. 장기적으로 노력을 많이 해야 비로소 신뢰를 조금씩 얻을 수 있다. 노력을 아무리 많이 해도 신뢰를 얻지 못할 수도 있다. 신뢰를 획득하기 위해서는 다른 사람의 특성도 알아야 하고, 자신의 장점과 단점도 알아야 하며, 세상이 어떻게 변하는지도 알아야 한다.

신뢰가 높은 사람은 세상 살기가 편하다. 자신의 인생을 주도적으로 살 수 있다. 돈을 벌 기회가 많고, 권력을 획득할 가능성도 높다. 건강하게 오래 행복하게 살 것이다. 부디 개인적으로, 사회적으로, 국가적으로 신뢰가 증진되어 많은 사람들이 행복하기를 바란다.

2022년 5월 초 연구실에서 저자 박희봉.

목차

1편.
신뢰란
무엇인가?

신뢰는 예상되는 손해를 감수하더라도
상대방의 의지를 받아들이고 따르려는 자발적인 태도이다.

1 장.

신뢰의 가치

신뢰가 높은 사람은
더 건강하게 오래 살며, 부유하고 행복하다.

1. 행복의 열쇠

신뢰가 없는 사회에서는 무슨 일이 일어날까?
완전한 신뢰 사회가 존재할까?
완전한 신뢰가 존재할 수 없는 이유는 무엇인가?
신뢰는 왜 중요한가?
신뢰는 어떻게 발전되나?

우리에게 신뢰가 없다면, 사람들이 서로를 신뢰하지 않는다면 어떻게 될까? 얼른 상상해보아도 아무 일도 되지 않을 것임을 알 수 있다. 협력과 나눔이 전혀 존재할 수 없다. 사람들 간에 이루어지고 있는 그 어떤 종류의 인간관계도 불가능하다. 그러니 모든 사람은 혼자 살아야 한다. 행복은 고사하고 기본적으로 먹고 사는 일조차 대단히 어려워진다.

신뢰가 없다면 이성간의 교제도 없고, 결혼생활도 이어질 수 없다. 가족이 이루어질 수 없고, 가족 관계가 지속될 수 없다. 농부를 신뢰하지 못하니 농부가 생산한 농산물을 아무도 사지 않는다. 식당 주인을 신뢰할 수 없으니 아무도 식당에서 음식을 사 먹지 못한다. 농부 역시 누구에게도 농산물을 팔지 않을 것이고, 식당 주인 역시 어느 손님에게도 음식을 팔지 않을 것이다. 모든 물건에 대한 거래가 중지될 것이다. 개인 생활

뿐만 아니라 정치, 경제, 사회, 문화, 교육 등 모든 시스템이 작동될 수 없다. 모든 사회생활이 모두 정지될 될 것이다. 한마디로 신뢰가 없다면 사람은 생존이 불가능하다.

그렇다면 사람들이 서로를 완전히 신뢰한다면 어떨까? 부부간에 서로를 신뢰하고, 부모와 자식, 형제간에 완전한 신뢰가 구축되어 있다면 갈등은 사라지고 행복이 찾아올 것이다. 직장에서도 직원 간의 완전한 신뢰는 경쟁과 갈등을 없애고 협력을 촉진시킬 것이다. 직원들은 상사의 지시 없이도 자기의 할 일을 스스로 찾아서 하게 될 것이다. 부하직원이 모두 신뢰할만하다면 상사는 부하직원이 일을 잘 하고 있는지를 감시하고 평가할 필요가 없다. 상거래에서 물건에 대한 품질을 의심할 여지가 없어 거래가 활발해진다. 거래비용이 들지 않기 때문이다. 거래 당사자들이 물건값을 속이지 않는다면 물건값을 흥정하느라 시간을 끌 필요도 없다. 속지 않으려고 이곳저곳을 다닐 필요 없이 마음에 드는 물건이 있으면 돈을 내고 사면 그만이다. 은행에서 돈을 빌린 사람이 반드시 빌린 돈을 갚는다면, 은행은 담보나 보증 등의 절차 없이 얼마든지 돈을 빌려줄 수 있다. 창업 또는 투자를 위해 돈이 필요한 개인과 기업은 은행에서 언제든지 돈을 빌려 투자를 하게 될 것이고, 이 결과 경제가 항상 활력을 얻게 될 것이다. 모든 사람이 스스로 신뢰 행동을 하는 완전한 신뢰 사회에서는 법과 규정 역시 불필요하다. 도둑이 없고, 강도가 없다면 경찰과 검찰, 법원이 필요없다. 정부를 운영하는 비용도 줄어들 터이니 세금을 최소한으로 줄일 수 있다.

그러나 완전한 신뢰 사회는 존재할 수 없다. 사람들 간에 완전한 신뢰가 존재할 수 없는 첫째 이유는 생각과 입장, 환경이 서로 다르기 때문이다. 생각이 다르고, 취향이 다르며, 생활양식이 다르고, 환경이 다른 사람들이 서로를 이해하는 것은 불가능하다. 부모와 자식 간에도 서로를 완전히 알고 이해할 수 없다. 아무리 친한 가족, 친구, 친척 그 어느 누구와도 생각과 입장을 일치시킬 수는 없다. 직장에서 상사와 부하간에 완전한 신뢰를 바랄 수 없다. 상거래에서 구매자와 판매자 간에 완전한 신뢰를 이룰 수 없다. 남의 돈을 빌려간 모든 사람이 그 돈을 반드시 갚는 것을 상상할 수 없다.

둘, 사람이 완전하지 않기 때문이다. 완전한 사람은 이 세상에 없다. 그 누구도 모든 사물을 이해할 수 없다. 심지어 자신도 이해하지 못한다. 자신이 무엇을 생각하고 자신이 왜 그렇게 행동하고 있는지를 확실히 알고 사는 사람은 없다. 자신의 생각과 행동마저도 완전히 신뢰할 수 없는 사람이 다른 사람을 완전히 이해하고 신뢰한다는 것은 말이 되지 않는다. 사람이 불완전하듯, 사람이 만든 물건도 불완전하고, 사람이 만든 법과 제도도 불완전하다. 이 세상 모든 것이 불완전하다. 그러니 완전한 신뢰는 없다.

셋, 사람은 천사가 아니기 때문이다. 모든 사람은 대부분의 경우 손해보려 하지 않는다. 아니 다른 사람에게 손해를 끼치더라도 자신의 이익을 최대화하려고 노력한다. 모든 사람은 이러한 사람의 이기적인 속성을 너무도 잘 알고 있다. 자신과 상대하고 있는 대부분의 사람이 자신의 이익을 우선 추구할 것이라고 가정한다. 그러니 자신의 이익을 보호하기 위해서는 자신을 스스로 보호해야 한다는 점을 잘 알고 있다. 한 걸음 더 나아가 다른 사람에게 속지 않기 위해 경계한다. 경계심이 풀리면 언제든 속아본 경험을 누구나 해왔다. 신뢰보다 불신이 우선이다.

따라서 완전한 신뢰 사회는 존재할 수 없다. 더욱이 완전한 신뢰를 바란다면 그 만큼 실망과 좌절로 이어진다. 심지어는 더 큰 문제를 가져올 수도 있다. 인류 역사가 증명한다. 위대한 리더가 절대적 신뢰를 받은 경우도 있다. 그러나 그 위대했던 지도자도 인간의 불완전함을 극복하지 완전하지 못하고, 결국 한계를 노출했다. 더욱이 이 위대한 지도자에 대한 절대적 신뢰는 오만과 편견을 낳고, 자기 멋대로 행동하게 됨으로써 절대권력으로 이어진다. 절대권력은 결국 절대부패로 이어지면서 비극적 최후를 맞이하곤 했다. 절대적 신뢰의 결과가 모두 비극으로 끝났다.

그럼에도 신뢰는 중요하다. 완전한 신뢰는 불가능해도 신뢰가 쌓이는 만큼 행복에 가까이 다가갈 수 있기 때문이다. 따라서 현명한 사람들은 신뢰를 확보하기 위해 많은 시간과 비용을 기꺼이 감수한다. 개인적으로 신뢰를 확보한 사람들은 사회생활을 하기 편하고, 집단 역시 높은 신뢰를 받고 있는 집단 내 구성원들이 신뢰가 낮은 집단 내 구성원보다 경쟁력과 행복도가 높다. 특히 신뢰 없이는 자신의 생존과 행복을 장기적으로 추구할 수 없다.

또한 불신 역시 사회적으로 긍정적인 역할을 하기도 한다. 불신이 전혀 없다면, 완전한 신뢰 사회가 더 큰 문제가 야기될 수 있다는 것은 앞에서 살펴본 바와 같다. 적당한 불신은 건전한 경쟁을 촉발하고, 사회의 투명성이 필요하다는 점을 깨우쳐주며, 적당한 감시와 통제 시스템을 발전시킨다. 불신보다는 신뢰가 더 긍정적인 역할을 하지만, 신뢰와 불신

모두 인류 발전의 동력으로 작동한다.

인간만이 아니라 동물과 식물의 세계에서도 신뢰와 불신이 중요한 역할을 한다. 식물은 자신의 생존과 후손의 번성을 위해 햇빛을 쫓아 가지를 뻗고, 물을 쉽게 얻을 수 있는 곳으로 뿌리를 내린다. 주변에 경쟁자가 없는 경우 눈 앞에 있는 이익을 추구하기 위해 한껏 쫓는다. 가지를 위가 아닌 옆으로 뻗고, 뿌리도 깊은 땅속이 아니라 옆으로 뻗는다. 꽃도 일찍, 자신이 피울 수 있는 만큼 능력껏 많이 피워 많은 열매와 씨를 맺으려고 한다. 그러니 경쟁자가 없는 식물은 가지가 약해 열매가 부실하고, 뿌리가 깊이 뻗지 않아 세찬 바람이라도 불면 뿌리까지 뽑혀 생명을 잃는다. 주변에 경쟁하는 식물이 있어야 한다. 주변의 다른 식물을 신뢰하여 서로 의지하고 함께 자라야 번성할 수 있다. 동시에 주변의 다른 식물을 불신하여 경쟁에서 이겨내야 생존할 기회가 높아진다. 같은 식물이 함께 자라야 다른 종자의 식물의 침범을 공동으로 막아낼 수 있고, 거센 비바람을 함께 버텨낼 수 있다. 옆에서 자라는 다른 식물을 완전히 신뢰하고 의지하지 않은 채 자신의 살 길을 찾아 햇빛과 얻기 위해 가지를 위로 뻗고, 물을 찾아 뿌리를 땅 밑으로 내려야 꽃을 피우고 열매를 맺을 수 있다. 전반적으로 신뢰와 협력을 활용하는 식물이 더 많은 지역에 퍼져있다.

동물 또한 마찬가지다. 동물 역시 자신의 생존을 위해 신뢰하기도 하고 불신하기도 한다. 자신의 배를 채우고 영역을 확보하기 위해 협력도 하고 다툼도 벌인다. 호랑이, 표범, 치타, 백곰 등 생존 능력이 뛰어난 동물의 경우는 주로 혼자 산다. 번식을 위해 짝이 필요한 경우를 제외하고는 대부분 혼자 생활한다. 호랑이는 혼자서도 충분히 살아갈 수 있기에 동료의 도움이 필요 없다. 배고프면 언제든 혼자 사냥하여 배를 채울 수 있기 때문이다. 다른 호랑이는 자신에게 도움을 주기보다 자신의 영역을 빼앗으려 하는 경쟁자로 자신에게 도움이 되지 않기 때문에 쫓아내고 죽이기까지 한다. 호랑이는 혼자서도 생존 능력이 뛰어나기에 후손을 남기기 위해 짝을 찾는 기간을 제외하고는 협력이 필요 없다. 그에 따라 호랑이는 다른 호랑이에 대한 신뢰가 적고, 불신이 더 크다. 그러니 호랑이의 생존 능력이 강한 것에 비해 호랑이가 지배하는 영역이 넓을 수 없다. 많은 지역에서 호랑이보다 약하지만 무리생활을 하는 동물에게 밀려난 결과이다.

반면, 같은 육식 동물이지만 늑대는 무리생활을 한다. 늑대는 호랑이처럼 발톱과 이빨이 강하지 않아 혼자서는 사냥을 하기 어렵다. 혼자서는 생존이 어렵기에 머리를 써서 생존할 방법, 즉 동료와의 신뢰를 통한 협력방안을 찾은 것이다. 늑대는 먹을 것을 구하면 동료를 불러 함께 먹는다. 심지어 혼자 먹거리를 발견한 경우에도 동료를 부른다. 먹거리를 찾았을 때 혼자 먹는 것이 당장은 자신에게 이익이 되지만 동료와 나누는 것이 생존에 유리하기 때문에 단기적 이익보다 장기적 이익을 선택하는 것이다. 늑대로서는 동료와 신뢰가 장기적 생존을 위한 필수 요건이다. 사냥할 때, 그리고 경쟁자와 싸울 때 늑대는 자신의 안전을 생각하기보다 집단의 목표를 위해 모두 저돌적으로 자신의 역할을 다한다. 동료로부터 신뢰를 받기 위해서이다. 그래야 살아남아 자손을 퍼트릴 수 있기 때문이다.

사람도 그렇다. 사람 역시 혼자 사는 것이 더 유리하다면 혼자 살았을 것이다. 그러나 사람은 다른 사람의 도움 없이는 자연에서 일주일을 버티기 어렵다. 생존을 위해서는 깨끗한 물이 필요하고, 먹거리도 구해야 하고, 밤이 되면 체온을 유지할 수 있는 잠자리도 찾아야 한다. 사람은 혼자라면 야생에서 단 며칠을 버티지 못한다. 그러니 사람 역시 생존과 행복을 위해 신뢰를 고안한 것이다. 신뢰를 통해 협력하는 것이 장기적으로 자신에게 이익이 되기 때문에, 신뢰가 높을수록 생존의 확률이 높고, 행복 가능성이 높기 때문에 신뢰를 발전시킨 것이다.

가족 간의 신뢰가 높아야 생존과 행복에 유리하기에 가족신뢰를 발전시킨 것이고, 소수의 가족보다 대가족이 생존과 행복에 유리하기에 연고집단 신뢰를 발전시켰다. 대가족 간의 협의체인 부족, 모르는 사람들과의 신뢰가 인류에게 더 많은 것을 가져다주기에 사회신뢰를 발전시켰다. 가족신뢰와 연고집단 신뢰 형성하지 못한 사람들은 멸종했다. 네안데르탈인 등 호모 사피엔스 이전에 존재했던 인류가 호모 사피엔스와 경쟁에게 밀려난 가장 큰 이유도 신뢰를 통한 협력 방식을 고안하지 못했기 때문이다. 호모 사피엔스의 뇌용량이 네안데르탈인 것보다 크고, 호모 사이피엔스의 머리가 좋았기에 협력을 위해 필요한 더 발전된 신뢰를 고안할 수 있기 때문이기도 하다.

생존만이 아니라 인류는 더 나은 삶을 위해, 더 행복한 삶을 위해 신뢰를 발전시켰다. 원시사회에서 농업사회로 발전하는 과정에서 인류는 더 발전된 신뢰 관계를 고안했다. 농업사회에서 산업사회로 발전하는 과정에서 인류에게 다른 유형의 신뢰가 필요했다. 이런 차원에서 4차 산업사회로 넘어가기 위해서는 또 다른 유형의 신뢰가 필요하다. 따라서 사람은 생존하기 위해서, 더 행복한 삶을 위해서, 그리고 장기적인 행복을 추구하기 위해 다른 사람의 신뢰를 필요로 하고, 이에 따라 다른 사람과의 신뢰를 발전시켰다. 인간 지성과 인류 문명은 개인의 생존과 행복의 증진시키는 신뢰의 역사이기도 하다.

신뢰가 강한 사람은 행복하게 살 가능성이 높다. 다른 사람들과 도움과 이익을 나눌 수 있기 때문이다. 물론 신뢰가 항상 우리에게 이익을 주는 것은 아니다. 내가 신뢰하더라도 다른 사람이 나를 신뢰하지 않는다면 나는 손해를 보고 다른 사람은 이익을 챙길 수 있기도 하다. 그러나 장기적인 관점에서는 단기적인 손실을 보더라도 신뢰가 더 이익이 될 수 있다. 따라서 잘 사는 사람, 선진 사회에서 신뢰를 중요하게 생각한다. 이익을 계산하여 신뢰할 것인지, 말 것인지를 결정하는 것보다 다소 손해를 보더라도 신뢰하는 것이 장기적으로 이익이 크고, 신뢰는 자신뿐만 아니라 자신을 포함한 집단 전체에게 이익이 되기 때문이다. 신뢰는 자신과 자신이 속한 집단의 장기적 이익을 위한 전략이다.

2. 신뢰 자본의 특징

신뢰는 자본인가?
신뢰는 어떤 영향을 미치나?
신뢰의 자본적 특징은 무엇인가?

신뢰는 자본(capital)인가? 돈, 즉 경제 자본만이 자본이라고 협소하게 정의한다면 신뢰는 자본은 아니다. 하지만 자본을 광의적으로 정의한다면 신뢰는 분명 자본의 한 유형으로 볼 수 있다. 신뢰와 자본 간의 관계를 살펴보기 위해 자본의 다양한 의미를 살펴보겠다.

　　자본은 노동과 토지, 건물 등을 구매하여 더 많은 돈을 벌기 위한 생산수단의 역할을 하는 축적된 돈(富)을 의미한다. 따라서 자본은 축적된 돈만을 의미하는 것이 아니라, 축적된 돈이 더 큰 이익을 창출하기 위해 투자될 때 비로소 자본이라 부른다. 이러한 의미에서 일반적으로 자본이란 "이익을 발생시키기 위해 생산과정에 투입되어 소득을 발생시키는 것"으로 정의된다(Piazza-Georgi, 2002). 즉, 전통적으로 자본이라고 불리는 화폐, 토지, 공장 등의 축적된 돈 이외에도 소득을 발생시키는 것이 있다면 자본이라고 할 수 있다.

이러한 취지에서 생산환경이 변화하여 인간의 지식과 기술이 중요한 생산수단이 된 후에는 경제 자본이 아닌 인적자본(human capital)도 자본으로 분류하고 있다. 같은 논리로 생산과정에서 인간의 협력이 중요하게 대두되자 인간관계에서 발생하는 에너지인 사회자본[1]을 자본의 범주에 포함시키고 있다. 신뢰는 사회자본(social capital)을 구성하는 필수적 요소로 신뢰가 없다면 정상적인 인간관계가 형성될 수 없다. 이러한 차원에서 신뢰는 생산과정에 투입되어 더 큰 이익을 창출하는 생산수단인 자본으로 구분할 수 있다.

역사적으로 신뢰 자본이 실제로 인간 생활에 중요한 역할을 한다는 사례를 찾는 것은 어렵지 않다. 신뢰와 협력을 중시하는 유대인들은 세계 모든 국가에서 상업적으로 성공하였다. 네덜란드 상인의 신뢰와 협력은 해외시장을 넓히는 데 가장 중요한 무기였다. 미국으로 이주한 많은 한국인이 미국에서 자리를 잡고 성공한 이유 역시 열심히 일하여 미국인들로부터 신뢰를 획득한 결과이다.

구체적으로 신뢰 자본은 다음과 같은 특징을 나타낸다. 첫째, 신뢰는 경제자본, 즉 돈과 같이 투자되어 효과를 거두는 자원이다. 신뢰가 투자되면 생산 효과가 분명하게 나타난다. 다른 자본이 없더라도 신뢰만으로도 본인이 원하는 것을 이룰 수 있다. 신뢰가 있는 사람은 돈이 없어

1_ Putnam(2002)은 사회자본을 신뢰, 규범, 네트워크 등과 같은 사회조직의 특성으로 사회구성원의 상호이익을 위해 조정과 협력을 가능하게 하는 것으로 정의하면서, 신뢰를 사회자본의 요소로 포함시켰다.

도 서로 동업을 하려고 한다. 물건을 외상으로 주기도 하고, 돈을 빌려주기도 한다. 심지어는 자신의 기업을 물려주기도 한다. 자본도 없고 조선소도 없이 신용만으로 선박 주조 물량을 확보한 현대중공업의 고 정주영 회장이 좋은 예이다.

둘째, 신뢰는 다른 자본의 효과를 높인다. 신뢰는 생산활동에 직접 영향을 미치기도 하지만 간접적인 효과가 더 크다. 같은 자본을 투자하더라도 신뢰가 높은 사람이 투자하는 경우 투자에 대한 효과가 가중된다. 같은 일을 하더라도 신뢰가 높은 사람이 하는 일에 대해서는 별로 이의를 제기하지 않는다. 신뢰가 높은 사람이 한 일에 대해서는 점검 사항도 적고, 검토 시간도 빠르다. 신뢰가 높은 사람이 생산한 물건도 높은 신뢰를 받고, 신뢰가 높은 사람이 파는 물건 역시 높은 신뢰를 받아 높은 가격에 빨리 팔린다. 투자된 자본이 회수되는 시간도 짧고, 이윤도 높다. 한 마디로 신뢰는 미래 가치를 창출하고 효율성을 높이는 필수불가결한 자본인 것이다.

셋째, 신뢰는 많은 시간과 노력에 의해 축적된다. 축적 과정이 경제자본과 사뭇 다르다. 경제자본은 노력하고 쌓는 만큼 축적된다. 대체로 노력에 비례하여 축적된다. 반면 신뢰는 한번 신뢰받을 만한 행동을 했다고 해서 그 만큼 신뢰가 형성되지 않는다. 웬만큼 노력해서는 신뢰를 전혀 얻지 못하는 경우도 있다. 오랜 시간 공을 들여 노력하고, 노력의 결과를 상대방이 인정하는 순간 신뢰를 얻는다. 그리고 축적된 신뢰는 오랫동안 지속된다. 또한 축적된 신뢰는 잘 줄어들지도 않는다. 물론 단 한 번의 잘못에 의해 공들여 쌓은 신뢰가 한순간에 무너지기도 한다.

넷째, 신뢰를 유지하기 위해서는 지속적인 관리가 필요하다. 신뢰는 다른 자본과 달리 사용할수록 커지는 반면, 사용하지 않으면 없어지기도 한다. 다른 자본은 사용하는 만큼 감소하고, 사용하지 않더라도 없어지지 않는다. 반면 신뢰는 사용한다고 해서 감소하지 않는다. 오히려 사용할수록 증가한다. 반면 장기간 신뢰를 사용하지 않으면 서서히 감소하다가 어느 순간 완전히 없어진다.

다섯째, 물적자본과 인적자본은 개인이 독점하는 경우가 대부분이다. 반면, 신뢰는 개인이 소유하는 부분도 있지만, 개인이 독점할 수 없고 대부분 집단이 공동으로 소유한다. 개인을 대상으로 한 신뢰는 개인의 노력에 의해 증진되기도 하고, 감소되기도 한다. 그러나 집단에 대한 신뢰는 집단구성원 개인의 노력과 관계없이 결정된다. 예를 들어, 특정한 기업에 대한 신뢰도는 기업 구성원에 대한 신뢰도에 영향을 미친다. 한국인에 대한 신뢰도가 모든 한국인 개인에게 영향을 미친다. 즉 자신이 속한 집단에 대한 신뢰도에 의해 자신에 대한 신뢰도가 결정된다.

여섯째, 신뢰는 신뢰자가 누구인지에 따라 신뢰도의 차이가 발생하며, 그에 따라 신뢰의 효과가 다르게 나타난다. 특히 집단의 특징이 뚜렷한 경우 신뢰자가 누구냐에 따라서 신뢰가 극단적으로 높을 수도 있고, 낮을 수도 있다. 즉 혈연, 지연, 학연 등 연고에 따라 집단이 형성되거나 이데올로기, 종교적 성향에 따라 집단이 형성된 경우 신뢰자가 누구인가에 따라 극단적으로 신뢰 수준의 차이가 나타난다. 이 신뢰수준의 차이는 신뢰의 효과에 직접적인 영향을 미친다. 예를 들어, 특정한 혈연집단에 대한 신뢰도의 경우, 같은 혈연집단 구성원이 평가하는 그 집단 및 구성원에 대한 신뢰도는 매우 높다. 따라서 같은 혈연집단 내에 신뢰를 포함한 자본의 투자 효과가 극단적으로 높다. 반면, 일반인이 평가하는 그 집단 및 구성원에 대한 신뢰도는 그 집단에 대한 객관적인 평가에 따라 정해지며, 자본의 투자효과 역시 신뢰수준에 비례한다. 그러나 다른 혈연집단 구성원에게는 그 집단 및 구성원에 대한 신뢰도는 낮은 경우가 대부분이며, 그에 따라 자본의 투자효과 역시 낮게 나타난다. 특히 그 집단과 갈등관계에 있는 다른 혈연집단 구성원은 그 집단에 대한 신뢰도는 매우 낮을 수밖에 없으며, 자본의 투자효과 역시 기대하기 어렵다.

3. 신뢰의 공공성

신뢰는 사유재인가? 공공재인가?
사유재로서의 신뢰는 어떤 기능을 하나?
공공재로서의 신뢰는 어떤 기능을 하나?
현대사회에서 공공재로의 신뢰는 왜 중요성이 증가되나?

물적자본과 인적자본을 많이 가진 사람도 있고 가지지 못한 사람이 있듯이 신뢰 역시 사람마다 보유량이 다르다. 신뢰를 쌓기 위한 노력을 많이 하면 신뢰가 높아지고, 반대로 신뢰를 잃는 행위를 하는 경우에는 신뢰가 감소된다. 그 결과 신뢰가 높은 사람이 있고, 신뢰가 낮은 사람이 있다. 신뢰가 높은 사람은 그렇지 않은 사람보다 개인적인 이익과 행복을 추구할 가능성이 높다. 따라서 각 개인은 자신의 신뢰를 쌓기 위해 부단히 노력하는 것이다. 이런 차원에서 신뢰는 확실히 개인이 보유한 사적재라고 할 수 있다.

하지만 신뢰는 사적재일 뿐만 아니라 공공재이기도 하다. 신뢰는 다음의 두 가지 측면에서 공공재의 성격을 갖는다. 첫째, 신뢰는 개인의 노력에 의해 축적 및 감소될 뿐만 아니라, 집단에 의해 생성되고 감소하기도 한다. 집단의 공동노력에 의해 증감되는 경우가 더 많고, 개인이 통제할 수 없기도 하다. 본인의 행동과 무관하게 본인 주변 사람에 의해, 본인이 속한 집단에 의해 자신의 신뢰 정도가 결정되는 경우가 더 많다. 예를 들어, 누구의 자녀인지, 어느 가문에 속한 사람인가에 따라 신뢰가 부여되어, 가문에게 부여된 신뢰가 자신에게 영향을 미친다. 자신이 무엇을 어떻게 하였는지와 전혀 무관하게 아버지의 평판에 따라, 가문 어른의 업적에 따라 신뢰가 부여되기도 한다. 가족뿐만 아니라 본인이 졸업한 학교, 지역 및 직장에 따라 신뢰가 결정되는 경우가 더 많다. 외국에 나가면 어느 나라 사람인가에 따라 기본적인 신뢰가 주어지기도 하고 그렇지 않기도 한다. 내가 어떻게 살아왔는지와 관계없이 한국인이라는 이유만으로 신뢰의 정도가 정해진다. 누가 만든 상품인가보다 어느 기업이 생산했는지, 어느 나라 상품인지에 따라 상품의 신뢰도 결정된다.

둘째, 집단에게 부여된 신뢰는 집단구성원이 공동으로 사용한다. 집단에 부여된 신뢰는 특정한 개인만이 사용하는 사적재가 아니라 집단구성원이라면 누구나 사용한다. 그리고 특정한 구성원이 신뢰를 사용하는 경우에도 다른 구성원 누구나 그 신뢰를 사용할 수 있다. 신뢰가 공공재이기도 하기 때문이다.

1960년대 한국인은 세계에서 가장 못사는 나라에 속했다. 한국에 대한 신뢰도 낮았다. 한국인 역시 신뢰가 낮았다. 사람뿐만 아니라 한국 상품에 대한 신뢰도 낮았다. 그러니 한국인은 아무리 노력해도 외국에서 신뢰를 얻기가 어렵고, 사업을 하기도 어려웠다. 한국인은 잘 살기가 어려웠다. 한국인 모두 지난 60년 동안 엄청난 노력 끝에 경제발전을 이룬 동시에 국제사회로부터의 신뢰수준도 끌어올렸다. 그 결과 한국과 한국인은 세계 10대 강국에 걸맞는 신뢰를 받고 있다. 많은 외국인들이 한국에 오고 싶어하고, 한국인을 사귀고 싶어하며, 한국인과 거래하고 싶어한다. 한국 상품에 대한 신뢰도 높다. 이렇게 60년 동안 신뢰가 높아진 것은 한 개인이 노력한 결과가 아니라 한국인 전체가 노력한 결과이다. 집단 신뢰로 인해 전체 집단의 공동 목표를 달성하기도 편하고, 집단구성원의 개인 목표도 달성하기 쉬워졌다.

신뢰의 공공재적 가치는 장기적인 측면에서 더욱 빛을 발한다. 집단 내에서 모두가 자신의 단기적인 이익에 집착하는 경우에는 신뢰와 협력이 훼손되어 모두가 바라는 최적의 대안을 선택하지 못하게 된다. 즉 모두가 죄수의 딜레마(prisoner's dilemma)[2]에서 벗어날 수 없다. 그러나 모두가 이 사실을 깨닫고 서로를 신뢰함으로써 집단의 장기적인 목표를 추구하는 경우 장기적으로 모두에게 이익이 되는 최적의 대안을 얻을 수 있다.

사람이 다른 동물과 달리 문명을 발전시켜 현재와 같이 지구를 지배

2_ 죄수의 딜레마(prisoner's dilemma)는 개인이 각각 자신의 이익만을 생각하여 행동하는 경우 집단구성원 전체의 이익이 훼손된다는 것을 설명하는 이론이다. 예를 들어, 미국과 소련이 핵무기 없는 평화로운 세상을 만들기 위한 협상이 결국 실패하게 된다. 미국과 소련 양자가 서로를 신뢰하여 서로의 핵무기를 없앤다면 핵무기 없는 평화로운 세상도 이룰 수 있고, 동시에 핵무기 제작을 위해 예산을 지출하지 않음에 따라 모두 승자가 될 수 있다. 그러나 미국 입장에서 최상의 시나리오는 소련의 핵무기를 없애고 미국은 핵무기를 갖는 것이며, 소련 입장에서 최상의 시나리오 역시 미국의 핵무기는 없애는 한편 소련은 핵무기를 갖는 것이다. 따라서 양자는 모두 상대방을 신뢰하는 경우 최악의 사태를 맞이하게 됨에 따라 상대방을 절대 신뢰할 수 없다. 이 결과 미국과 소련은 서로를 신뢰하지 못함에 따라 모두 핵무기 없는 평화로운 세상이라는 최선의 선택을 취하지 않고, 핵무기를 건설하는 차선을 택하게 된다는 것이다.

하고 물질적 풍요를 이룰 수 있는 이유는 지속적으로 신뢰와 협력을 발전시켰기 때문이다. 물론 동물도 서로를 신뢰하기도 한다. 그러나 늑대는 자신이 속한 무리에 있는 다른 늑대를 신뢰하지만 다른 무리의 늑대를 절대 신뢰하지 않는다. 처음 보는 늑대를 절대 신뢰하지 못한다. 개미와 꿀벌은 집단 내 수십만, 수백만 마리와 신뢰와 협력을 하지만 본능적으로 익힌 단순한 행동에 대해 신뢰와 협력을 공유할 뿐이다. 개미와 꿀벌은 주어진 상황에서 주어진 행동 이외의 신뢰와 협력을 새로이 창조하지 못한다.

사람은 다르다. 사람은 새로운 도전을 학습하여 실패를 만회한다. 타인에 대한 불신으로 장기적인 이익을 놓친 경우 새로운 신뢰를 개발한다. 더 많은 사람과 신뢰할 수 있는 방안을 찾고, 새로운 상황에서의 새로운 신뢰 방안을 개발한다. 신뢰 부족으로 자신의 이익과 행복을 추구하지 못한 경우 학습을 통해 새로운 신뢰를 창조한다. 죄수의 딜레마 상황을 겪으면서 이를 극복하고 모두를 위한 집단행동이 가능한 방안을 찾는다.

타인을 불신하고 자신의 이익에 집착하게 되면 협력의 장점을 살리지 못하고 구성원 간의 갈등을 맞게 된다. "1+1=2"가 되는 것이 아니라 "1+1=2-α"가 될 수밖에 없다. 두 사람이 함께 하는 경우 중복 또는 갈등의 결과인 -α만큼 손실을 입게 된다. 자신의 단기적 이익만을 추구하는 두 사람이 함께 일을 하는 경우 수치상 두 사람의 역량을 더한 결과보다 훨씬 낮은 결과를 얻게 된다. 예를 들어, 학생들에게 공동으로 보고서를 작성하게 하면, 대부분의 경우 학생들의 장점이 혼합되어 우수한 보고서를 작성하는 것이 아니라 서로 미룸으로써 혼자 수행한 보고서보다 못한 결과가 흔히 발생한다.

그러나 두 사람이 서로를 신뢰하고 협력하는 경우에는 전혀 다른 결과가 나온다. 두 사람이 신뢰와 협력으로 공동의 업무를 수행하는 경우에는 "1+1=2"가 아니라 "1+1=2+β"가 된다. 여기에서 β는 신뢰와 협력의 시너지 효과이다. 두 사람의 장점이 혼합되어 새로운 시너지 효과가 창출되는 것이다. 특히 전문화와 분업화로 심화된 현대사회에서는 혼자서 할 수 있는 일이 거의 없다. 대부분의 중요한 일을 함께 해야 한다. 신뢰와 협력이 없으면 후퇴하고, 신뢰와 협력이 제대로 이루어지면 그 효과는 폭발적으로 향상된다. 따라서 신뢰의 사적재 기능은 범위가 좁아지는 반면, 공공재로서의 신뢰의 기능은 점점 더 확대된다.

4. 신뢰의 판단 근거

신뢰란 무엇인가?
신뢰가 높은 사람은 어떤 사람일까?
신뢰의 객관적인 판단 근거는 무엇인가?
신뢰의 주관적인 판단 근거는 무엇인가?

신뢰는 "예상되는 손해를 감수하더라도 상대방의 의지를 받아들이고 따르려는 자발적인 태도"로 정의할 수 있다. 여기에는 다분히 객관적인 측면뿐만 아니라 주관적인 측면이 포함되어 있다. 즉 사람들이 다른 사람을 신뢰하는 이유에는 객관적으로 그 사람이 신뢰할만하니까 신뢰한다는 것과 주관적으로 신뢰하고 싶으니 신뢰한다는 것을 포함한다.

우선 신뢰할만하니 신뢰하는 신뢰의 객관적인 근거는 다음과 같이 세 가지이다. 첫째, 직접적 경험(experience)이다. 사람들은 자신이 직접 보고 확인한 경험을 근거로 신뢰할 것인지, 말 것인지를 판단한다. "첫눈에 반한다"는 말이 있듯이 단 한 번의 경험만으로도 신뢰 여부를 판단하기도 한다. 반복적으로 같은 경험을 한 경우 신뢰 여부는 더 공고해진다.

둘째, 객관적·과학적 근거(scientific rationale)에 의한 판단이다. 사람들은 자신이 직접 보고 느낀 경험을 가장 중요하게 여긴다. 그러나 직접적인 경험만으로 신뢰 여부를 결정하는 것은 한계가 있다. 모든 것을 직접 경험할 수 없기 때문이다. 또한 직접 경험을 했더라도 자신의 판단이 확실히 옳다고 생각하는 경우는 흔하지 않다. 실제로 한 사람이 다른 사람을 직접 만나보았더라도 신뢰할 것인지 말 것인지를 판단하기란 쉽지 않다. 그러니 사람들은 객관적인 사실을 근거로 판단하려고 노력한다. 객관적으로 사실을 판단하는 기술이 발전함에 따라 과거에 알고 있던 것들이 사실이 아닌 것으로 밝혀지고 있다. 한때 사람들이 의존했던 각종 미신, 일명 "카더라" 방송이 사람들을 진실이 아닌 쪽으로 유도하여 진실을 왜곡했던 경험이 많기 때문에 점점 더 많은 사람이 과학적 근거에 의해 신뢰 여부를 결정하고 있다. 경험에 의해 신뢰를 부여했어도, 과학적인 근거에 의해 사실 여부를 확인한 후, 자신의 경험에 의한 판단이 객관적 근거와 일치하면 더 강한 신뢰를 보내고, 일치하지 않는 경우 신뢰를 철회하기도 한다.

셋째, 주위 사람들의 평판(reputation) 또는 여론(public opinion)에 의한 판단이다. 과학적 근거에 의한 신뢰 판단은 명확하다는 장점이 있지만 한계가 있다. 모든 것을 과학적 근거로 밝힐 수 없기 때문이다. 그리고 과학적 근거에 의해 사실을 판단하는 데는 시간과 비용이 많이 소요된다. 과학적 근거가 밝혀지기 전에 사실을 판단해야 하는 경우가 많다. 이런 경우 사람들은 다른 사람의 의견을 듣고 판단한다. 일단 자신이 판단하기 어려운 때 다른 사람의 의견에 의지한다. 그리고 다수의 의견이 반복되는 경우 여론 또는 평판에 의한 결과에 더 높은 신뢰를 보낸다. 개인의 전문성이 높아지고 개인주의가 팽배해짐에 따라 현대인은 자신이 판단할 여지가 좁아지기 때문에 여러 사람의 판단, 즉 평판 또는 여론에 의해 신뢰 여부를 판단하는 경향이 높을 수밖에 없다.

다음으로 신뢰의 주관적인 측면이다. 사람들은 객관적 사실 또는 다른 사람들의 의견에 의거하여 신뢰 여부를 판단하기도 하지만, 신뢰하고 싶은 마음이 있기에 신뢰하기도 한다. 자신이 손해를 감수하면서까지 신뢰하고 싶은 사람을 신뢰하는 것이다. 이러한 신뢰의 주관적인 근거는 다음의 네 가지로 정리된다.

첫째, 신뢰는 위험이 따른다. 신뢰를 보낸 사람이 자신을 속일 수도 있기 때문이다. 자신에게 이익이 되는 경우 신뢰하고, 이익이 되지 않는 경우 신뢰하지 않는 것이 일반적이다. 판단을 그르쳐 신뢰하지 말아야 할 사람을 신뢰하는 경우 손해를 볼 수 있다. 거짓말쟁이, 사기꾼을 신뢰하는 경우 손해가 따르니 자신에게 이익을 줄 사람인지, 손해를 입힐 사람인지를 잘 따져보고 신뢰 여부를 결정하는 것이다.

그러나 사람들은 때로는 예상되는 손실을 감수하면서까지 신뢰하기도 한다. 신뢰 대상을 위해 기꺼이 손해를 감수하는 경우이다. 자기만이라도 신뢰 대상을 신뢰해야 그 사람의 신뢰를 유지하고 높일 수 있다는 마음이 반영된 신뢰이다. 부모가 자식에게, 사랑하는 사람에게 보내는 신뢰가 전형적인 예이다. 자식이 능력이 부족하여 사업에 실패할 것을 예상하면서도 부모는 자식의 능력에 신뢰를 보낸다. 사업이 잘 될 것이라는 자식의 말을 신뢰하고 싶기에 사업자금을 제공한다. 자식이 능력이 부족한 것을 잘 알고 있으면서도 자기까지 자식을 신뢰하지 않으면 아무도 자식에게 신뢰를 보내지 않음에 따라 자식은 기회가 전혀 없을 수도 있기에 부모는 자식을 위해 신뢰를 보낸다. 신뢰의 판단이 잘못된 경우 기꺼이 자신이 손실을 감수하겠다는 주관적인 의지가 신뢰로 표현된 것이다. 자신의 이해득실에 따라 신뢰의 정도가 나타나는 것이 아니라 신뢰 대상의 이해득실에 따라 신뢰자의 신뢰가 반영된 것이다.

둘째, 신뢰자의 개인적 이익을 바라는 마음이 신뢰에 반영되기도 한다. 신뢰자가 자신에게 유익한 결과를 기대하고, 자신의 기대가 관철되기를 바라면서 다른 사람을 신뢰하는 경우이다. 흔히 부와 지위, 권력이 높은 사람에 대해 신뢰를 나타내는 것이 그 예이다. 자신보다 가진 것이 많은 사람을 신뢰해야 그 사람이 자신을 신뢰할 것이기 때문이다. 결국 자신에게 이익을 가져오기 위한 희망이 반영된 신뢰이다.

셋째, 사람들은 다른 사람의 미래 행위에 대한 기대(expectation)를 바탕으로 신뢰 여부를 판단하기도 한다. 신뢰자가 자신과 상대방 간의 관계를 설정하고, 이를 바탕으로 신뢰 정도를 결정한다. 설정된 관계가 신뢰 정도를 결정하는 것이다. 예를 들어 사제지간의 관계에서 선생은 선생대로 학생과 관계를 맺기 전에 학생에 대한 신뢰의 정도를 설정한다. 또한 학생은 학생대로 선생에 대한 기대를 예상하고 신뢰를 선생에 대한 신뢰 정도를 부여한다. 보통 과거에 있어 왔던 사제지간의 관계가 바탕이 된다. 하지만 신뢰자가 누구인가에 따라 신뢰의 정도가 다르다. 신뢰자의 주관적인 판단에 따라 신뢰가 높을 수도 있고, 낮을 수도 있다. 상거래에 있어서도 사람들이 상인에 대해 어느 정도의 신뢰를 부여하면서 물건을 사며, 상인 역시 고객에 대한 어느 정도의 신뢰를 예상하고 물건을 판다. 즉 기대된 신뢰의 정도는 신뢰자가 관습과 전통, 개인적 경험, 사회적 평판 등 신뢰대상에 대한 전반적인 과거부터 이어져 내려온 기대를 반영한다.

넷째, 세상을 바라보는 긍정적인 희망이 신뢰에 반영되기도 한다. 신뢰자의 주관적인 도덕적 판단에 따른 신뢰이다. 신뢰자의 미래에 대한 긍정적 희망, 다른 사람들이 도덕적일 것이라는 기대와 희망, 세상을 긍정적으로 바라보는 만큼 긍정적으로 변화될 것이라는 믿음이 신뢰에 반영된다. 심지어 신뢰받지 못할 행동을 한 사람까지도 용서하고 자비심을 베풀면 좋아질 것이라는 긍정적 희망에 의해 신뢰를 부여한다. 신뢰가 확산되면 결국 모든 구성원에게 도움이 될 것이라는 도덕적 가치가 필요하다는 사고에 의해 신뢰가 형성되는 것이다.

2장.

신뢰의 효과

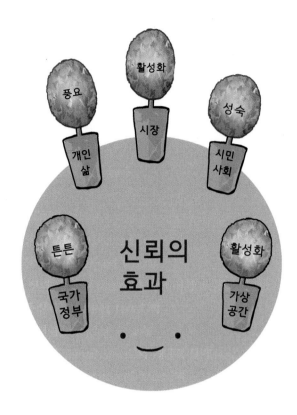

신뢰는 개인의 삶을 풍요롭게 하고,
시장을 활성화하며, 시민사회를 성숙시키고,
국가와 정부를 튼튼하게 하며,
가상공간을 활성화한다.

1. 개인

다른 사람들로부터 높은 신뢰를 받는 사람은 삶에 있어서 어떤 점이 유리할까?

어떤 사람이 다른 사람을 신뢰할까?

다른 사람을 신뢰하는 사람은 삶에 있어서 어떤 점이 유리할까?

다른 사람을 신뢰하는 사람과 높은 신뢰를 받는 사람과의 관계는 어떨까?

일반적으로 신뢰가 높은 사람은 살기 편하고 행복할 가능성이 높다. 신뢰는 개인의 삶에 지대한 영향을 미친다. 신뢰가 높다는 것은 ① 한 사람이 다른 사람들로부터 높은 신뢰를 받는, 즉 신뢰대상의 신뢰가 높은 경우, ② 다른 사람들에 대한 신뢰가 높은 사람, 즉 신뢰자의 신뢰가 높은 경우, 그리고 ③ 신뢰자와 신뢰대상 모두의 신뢰가 높은 경우가 있다. 세 가지 경우 개인의 삶에 미치는 효과가 어떻게 다른가를 살펴보겠다.

첫째, 한 사람이 다른 사람들로부터 높은 신뢰를 받을 경우 사람들과의 인간관계가 개선된다. 한 사람의 신뢰가 높다는 것은 다른 사람들로부터 그 사람의 성실성을 인정받는다는 것을 의미한다. 사람들 대부분은 신뢰가 높은 사람을 좋아한다. 그러니 세상을 살기가 유리하다. 신뢰가 높은 사람은 많은 기회가 주어진다. 친하게 지내고 싶어하는 사람도 많다. 좋은 사람들과 좋은 인간관계를 맺게 된다. 문제가 생기면 해결해 줄 사람도 많다. 그러니 스트레스가 줄고, 정신적으로 안정된다. 다양한 사람들과 다양한 활동을 하게 됨에 따라 육체적 건강 역시 개선된다. 이러한 정신적·육체적 건강은 전반적인 행복도를 높인다. 건강하게 오래 살 가능성이 높다.

신뢰가 높은 사람은 하는 일을 효율적으로 수행할 수 있다. 가정에서든, 직장에서든 신뢰가 높은 사람은 도와주는 사람이 많다. 신뢰가 높은 사람에게 잔소리하는 사람도 드물다. 그가 한 일에 대해서 점검하고 통제하는 사람도 별로 없다. 그가 최선을 다해 업무를 수행했을 것이라고 신뢰하기 때문이다. 행여 일이 잘못되어도 긍정적인 마음으로 개선할 수 있도록 조언한다. 승진 기회가 오면 신뢰가 높은 사람이 우선된다. 더 좋은 직장에서 더 좋은 조건으로 함께 일하자고 제안이 오기도 한다. 그 결과 신뢰가 높은 사람은 좋은 직장에서 좋은 대접을 받으며 수입도 높다. 높은 사람은 경제적으로도 풍요로울 가능성이 높다.

따라서 사람들은 자신의 신뢰를 높이기 위해 다양한 방법으로 노력한다. 일반적으로 신뢰를 판단하는 사람이 바라는 대로 행동함으로써 신뢰를 높이려고 애쓴다. 어릴 적 부모의 사랑과 신뢰를 받기 위해 부모가 좋아하는 일을 하려고 한 것과 같다. 학생은 선생님으로부터 신뢰를 얻기 위해 공부를 열심히 하고, 때로는 심부름도 잘 한다. 직장인은 사장님으로부터 신뢰를 얻기 위해 정시에 출근하여 열심히 일하고, 때로는 퇴근을 미루어가며 일하기도 한다. 심지어 업무 이외의 일도 사장님이 원하면 기꺼이 수용한다. 기업 경영자는 고객으로부터 신뢰를 얻기 위해 저렴한 값에 질 좋은 상품을 만들기 위해 노력한다. 고객의 성향에 따라 맞춤 서비스도 제공한다. 정치인 역시 유권자의 신뢰를 얻기 위해 자신이 얼마나 국민의 행복과 권리 증진을 위해 노력하는지를 홍보한다. 이렇게 타인으로부터 신뢰를 얻기 위해 각자 노력하는 것은 신뢰를 얻으면 자신이 원하는 것을 얻기 쉽기 때문이다.

물론 일부 사람들은 신뢰를 높이기 위해 긍정적인 행동만 하지 않기도 한다. 비정상적인 방법을 동원하기도 한다. 학생과 직장인, 기업인, 정치인 모두 실제로 노력하지는 않고 열심히 노력하는 척하고, 거짓말도 한다. 실제로 신뢰자로부터 신뢰를 얻기 위해서는 장기적으로 힘들여 부단히 노력해야 하니, 힘들이지 않고 신뢰를 높이고 싶어한다. 하지만 세상이 그렇게 호락호락하지 않다. 열심히 하는 척하거나 거짓말이 드러나면 신뢰는 바로 추락한다. 사기꾼과 도둑이 단기적으로는 힘들이지 않고 돈을 벌지만 언젠가 발각되면 감옥살이를 해야 한다. 다른 사람을 속여서 신뢰를 획득하는 것이 단기적으로는 가능할 수 있지만, 장기적으로 사람들을 속이기는 어렵다. 그러니 장기적으로 보면 신뢰는 매우 공정하다.

둘째, 다른 사람을 신뢰한다는 것은 다양한 분야에서 다양한 지식과 경험을 필요로 한다. 누구를 얼마나 신뢰할 수 있는지를 제대로 알지 못한 채 다른 사람을 신뢰하면 속을 가능성이 높기 때문이다. 다른 사람을 신뢰한다는 것은 자신감의 표현이다. 따라서 사람들은 자신을 신뢰하는 사람뿐만 아니라 다른 사람을 신뢰하는 사람을 좋아하고 신뢰한다. 결국 다른 사람들로부터 신뢰가 높은 사람과 같이, 다른 사람을 신뢰하는 사람도 인간관계가 원만하고 업무의 효율성 역시 높다.

그러면 어떤 사람이 다른 사람을 신뢰할 가능성이 높을까? 젊은 사람이 젊은 사람을 더 신뢰할까? 아니면 젊은 사람이 나이 먹은 사람을 더 신뢰할까? 얼핏 생각하기에는 젊은 사람은 나이 먹은 사람보다 자기 동년배인 젊은 사람을 더 신뢰할 것 같다. 물론 젊은 사람은 자신의 동년배와 함께 생활하면서 우정과 신뢰를 나눈다. 중요하지 않은 일상적인 일에 대해서는 동년배와 의논하기도 한다. 그러나 자신이 중요한 결정을 해야 할 때는 부모, 선배, 상사를 찾는다. 나이 먹은 사람의 지혜와 경험을 신뢰하기 때문이다.

　　또한 젊은 사람과 나이 먹은 사람 중 누가 더 젊은 사람을 신뢰할까? 일반적으로 젊은 사람들 간의 신뢰가 높고, 나이 먹은 사람들은 젊은이들을 신뢰하지 않는 것으로 알려져 있다. 그러나 현실은 반대다. 젊은 사람들 간의 신뢰보다 나이 먹은 사람이 더 젊은 사람을 신뢰한다. 젊은 사람은 동년배를 신뢰하기도 하지만, 그렇지 않을 때도 있다. 신뢰할 수 있는 사람은 신뢰하고, 그렇지 않은 사람은 신뢰하지 않는다. 그러니 판단이 어렵다. 따라서 중요한 결정을 해야 할 때엔 신뢰하지 않는다. 그러나 나이 먹은 사람은 젊은 사람이 어떤 일은 잘 하는지, 어떤 일을 잘 하지 못하는지를 알고 있다. 따라서 잘 할 수 있는 일에 대해서는 신뢰하고 일을 맡긴다. 젊은이들이 잘 하지 못하는 일에 대해서는 당연하게 받아들이고 일을 할 수 있을 때까지 교육하고 기다려준다.

　　같은 논리로 나이 먹은 사람도 젊은 사람보다 지식과 경험이 많은 나이 먹은 사람을 더 신뢰할 가능성이 높다. 상대방을 이해하고 배려할 가능성이 높기 때문이다. 물론 나이가 젊더라도 이해력과 배려도가 높은 경우에는 다르기도 하다. 이것은 다른 사람들에 대해 높은 신뢰를 보이는 것이 쉽지 않다는 것을 의미하기도 하다. 그러니 사람들은 다른 사람들에 대해 높은 신뢰를 보이는 사람을 좋아하고 신뢰한다. 다른 사람을 신뢰하는 사람은 그만큼 지식과 경험이 풍부하고, 자신을 신뢰할 가능성이 높기 때문이다.

그렇다고 다른 사람을 신뢰하는 것이 항상 유리하지는 않다. 신뢰하지 말아야 할 사람, 신뢰해서는 안 될 사람을 신뢰하면 문제가 발생한다. 개인적으로 사기꾼의 말을 신뢰하는 사람은 금전적 손실을 본다. 바람둥이의 말을 신뢰하다가는 신세 망친다. 정치인의 감언이설을 신뢰하다가는 나라를 망친다. 그러니 신뢰할 만한 가치가 있는 사람을 신뢰하는 현명한 신뢰가 중요하다. 세상사를 잘 알고 신뢰해야 한다. 신뢰해서는 안 되는 사람은 철저하게 신뢰에서 배제해야 신뢰가 효과가 증진된다. 따라서 한 사회에 다른 사람을 신뢰하는 사람들이 많다는 것은 그만큼 그 사회가 성숙했다는 증거이다. 그 사회구성원들이 장기적으로 신뢰할만한 사람들과 활발히 접촉했기에 가능한 결과이다.

셋째, 신뢰자와 신뢰대상 간의 관계이다. 신뢰자와 신뢰대상 간의 관계는 상호관계로 나타난다. 신뢰자가 신뢰의 주체이기도 하지만 대상이 되기도 하고, 역으로 신뢰대상이 신뢰의 대상이지만 주체자가 되기도 한다. 신뢰자의 신뢰도 높고, 신뢰대상의 신뢰도 높은 경우 신뢰자와 신뢰대상 모두 신뢰의 현실적이고 잠재적인 효과를 누릴 것이다. 더욱이 신뢰가 높은 사람 간에 상호관계를 맺는 경우 효과는 더욱 배가된다. 신뢰가 높은 신뢰자와 신뢰대상은 개인적으로 다양한 물질적·정신적 이익을 보는 동시에 그들이 속한 공동체의 전반적인 신뢰가 증가될 것이고, 공동체의 전반적인 신뢰의 증가는 또다시 공동체 구성원인 각 개인의 신뢰를 증가시킴에 따라 그 혜택을 볼 것이기 때문이다.

2. 소규모 집단

개인의 이익의 합은 집단 전체의 이익과 왜 다를까?

누가 왜 집단의 이익을 위해 노력하고 희생할까?

소규모 집단에서 신뢰가 형성되기 쉬운 이유는 무엇일까?

스미스(Adam Smith)를 비롯한 개인주의자들은 사회구성원 각자가 자신의 이익을 추구하면 전체 사회의 이익은 저절로 실현된다고 하였다. 사회구성원 개인의 이익의 총합이 전체 사회의 이익이라는 것이다. 그러나 구성원 개인의 이익이 전체 사회의 이익이 되는 경우도 있지만 그렇지 않은 경우도 있다. 개인이 열심히 노력해서 번 돈은 개인의 이익이기도 하고, 사회적 부를 증가시키기도 한다. 그러나 사기꾼이나 절도범이 얻은 이익은 그들의 개인적 이익은 될 수 있지만, 사회적으로는 이익을 증가시키는 것이 아니라 감소시킨다.

공동체의 이익 또는 사회적 이익은 분명 개인에게도 이익이 된다. 자신이 속한 집단이 부유하거나 국가가 부유한 경우 자신 역시 부유할 가능성이 높은 이치이다. 그럼에도 불구하고 이기적인 개인은 사익을 추구하고 공익 추구에는 관심이 없다. 공익에 관심이 있더라도 사익이 절대적으로 우선이다. 공익은 자신에게 직접적인 이익이 되지 않고, 자기 것이 아니라고 생각하기 때문이다. 심지어 공공의 이익에 반하는 행동을 하는 데 전혀 주저함이 없다. 이것을 경제학에서는 "집단행동의 비극(tragedy of collective action)"이라고 부른다. 개인을 위한 노력은 개인에게 이익이 되니 열심이지만 집단 전체의 이익을 위해 개인을 단합시키기란 대단히 어렵다는 의미이다. "죄수의 딜레마(prisoner's dilemma)"는 두 사람 모두에게 이익이 될 수 있는 방안을 찾지 못하고 자기 욕심을 앞세우다 두 사람 모두 손해를 보게 되는 현상을 설명한다. "무임승차(free ride)"는 자신은 집단을 위해 노력하지 않으면서 다른 사람이 집단을 위해 노력한 결과를 공짜로 얻으려는 성향을 설명한다.

이처럼 사람은 기본적으로 누구나 자신의 이익에는 관심이 많아 자신을 위해서는 노력을 하는 반면, 타인의 이익과 전체 사회의 이익에는 관심이 별로 없고 노력도 하지 않는다. 그러나 사회구성원 모두가 자신이 속한 공동체와 전체 사회를 위해 관심을 두지 않고 방치하면, 그 공동체 및 전체 사회는 해체될 수밖에 없다. 가족 전체의 문제에 가족 구성원 누구도 관심이 없다면 그 가족은 해체될 것이고, 아무도 세금을 내지 않고 군대에 입대하지 않는다면 그 국가는 사라지고 그 국가의 국민은 모두 다른 나라의 식민 통치를 받게 될 것이다.

하지만 이기적인 사람들을 자신의 이익뿐만 아니라 집단 전체에 관심을 가지고 노력하게 할 방법이 있다. 그것이 바로 신뢰이다. 이기적인 사람도 집단공동체와 국가가 필요하다는 것을 알고 있다. 집단공동체와 국가가 자신의 이익을 지켜주기 때문이다. 이기주의자도 집단공동체와 국가를 수호하기 위해 자신의 돈과 시간을 할애할 마음이 있다. 그러나 자기 혼자 집단과 국가를 위해 노력해서는 집단공동체와 국가가 수호되지 않는다는 것을 잘 알고 있기에 먼저 나서지 않는 것이다. 자신이 공익을 위해 나섰을 때 다른 사람도 함께 한다는 신뢰가 있다면 먼저 나서는 사람이 많을 것이다. 자신이 국가와 공동체를 위해 노력하는 만큼 다른 사람들도 국가와 공동체, 그리고 자신을 위해 노력해 준다는 신뢰가 있다면 국가와 공동체를 발전을 위해 주저함이 없을 것이다.

공익을 위해 애쓰는 사람도 있다. 조국을 지키기 위해, 부모형제의 안위를 위해 전쟁터에서 목숨을 바친 군인. 조국의 독립을 위해 자신의 재산을 처분하고 타국을 떠돌던 독립운동가. 길에 쓰러져 있는 사람을 구하려고 백방으로 뛰어다니는 낯모르는 사람들. 크던 작던 간에 자기를 위해서가 아니라 다른 사람을 위해, 그리고 공동체 전체를 위해 자발적으로 자신을 희생하는 사람들이 있다. 이 국가와 공동체는 이런 사람들의 희생에 의해 기초가 튼튼해진다. 신뢰가 부족하기에 타인을 위해 자신을 기꺼이 희생하는 사람은 많지 않을 뿐이다.

이 사회구성원 대부분은 성실하게 자기 자리에서 자신을 위해 일하면서 자신의 이익과 공익을 동시에 실천하고 있다. 공사판에서 일하고 있는 근로자. 유행병의 원인을 한시라도 빨리 해결하기 위해 실험실에서 밤을 지새우고 있는 연구원. 자신의 직무를 수행하고 있는 근로자 등 사회구성원 대부분은 자기 자리에서 자신을 위해서 애쓰지만, 이들의 노력이 모여 공동체와 국가의 공익이 실현된다. 이들은 모두 다른 사람들을 완전히 신뢰하지는 않지만 나름대로 기본적인 신뢰가 있기에 함께 일하고 있다.

물론 사회에는 공익에 반하는 행동을 서슴없이 저지르는 악당도 있다. 자신의 안위를 위해 나라를 팔아먹은 매국노. 부하에게는 전쟁터에서 진지를 사수하라는 명령을 하고 자신은 후퇴한 지휘관. 국가기밀을 외국에 넘기고 거금을 챙긴 사업가. 공적자금을 들여 대규모 사업을 벌여놓고 뇌물을 챙긴 정치인. 거의 매일 뉴스를 장식하고 있는 사기꾼과 절도범들이 많지는 않지만 버젓이 현실에서 판치고 있다. 그러나 이들의 악행과 탐욕은 오래 지속되기 어렵다. 언제든 제대로 걸리기만 하면 이들의 평판은 나락에 떨어지고 감옥에 가기도 한다. 이해관계는 없지만 제3자의 눈으로 이들을 바라보는 보통 사람들이 이들의 악행을 끊임없이 감시하고 있다. 이 사회의 정의와 신뢰가 유지되는 것은 이처럼 사회구성원 모두의 관심과 노력이 동반되기 때문이다.

세상 사람 모두를 신뢰할 수는 없다. 세상 사람 모두를 불신하고 혼자 살 수도 없다. 그러니 지적으로 열등한 동물들도 혼자 사는 것보다는 신뢰할 수 있는 사람과 함께 사는 것을 택한다. 사람들 역시 신뢰할 수 있는 사람과 집단을 만들어 공동의 이익을 추구하는 것이 혼자 사는 것보다 이익이 크고 자신을 보호할 수 있다는 것을 잘 알고 있다. 그리고 더 큰 규모의 집단을 조직하면 더 큰 이익을 볼 수 있다는 것을 학습해왔다. 이런 차원에서 콜만(Coleman, 1998)은 신뢰가 개인 이익과 공공의 이익을 이어주는 연결고리 역할을 한다고 하였다. 즉 집단이 구성되기 위해서는 구성원 상호간에 기본적인 신뢰가 필수조건이다. 그러니 사람들은 신뢰를 공유하기 쉬운 사람들과 집단을 만들기 시작했다. 자신이 잘 알고 있는 가까운 곳에 있는 사람들, 즉 가족을 위시한 소규모 집단에서 신뢰와 협력의 이익을 찾은 것이다.

　인류 역사에서 가장 먼저 발달한 소규모 집단은 가족이다. 일반적으로 가족은 이익 추구보다 희생이 우선되는 것으로 알려져 있다. 전통적인 사회에서 가장은 가정의 살림살이를 책임지기 위해 돈을 벌어오고, 가족 구성원과 관련된 모든 문제에 무한 책임을 진다. 부인 역시 남편과 자녀를 위해 엄청난 노력과 희생을 감수한다. 자녀들은 부모의 뜻에 따라 행동한다. 즉 가족 구성원은 상대방에 대해 마치 자신의 분신이라는 생각으로 서로를 위한 희생과 봉사를 아끼지 않는다. 가족 구성원 간에 신뢰가 높으면 어떤 어려움도 함께 극복하고, 장기적인 행복을 나눌 수 있다.

　한편, 가족 간에는 희생과 봉사라는 도덕적 가치뿐만 아니라 현실적인 이해관계도 작동한다. 엄밀한 의미에서 가족 역시 자신의 이익을 추구하기 위해 신뢰를 바탕으로 형성된 가장 기본적인 소규모 집단이다. 가장이 가족을 위해 직장에서 일을 하는 동시에 가정 내 모든 문제에 대해 무한 책임을 지는 대가로 부인과 자녀가 가장의 희생과 노력을 인정하며 믿고 따르는 것이다. 부인과 자녀의 신뢰와 사랑은 가장에게 금전으로 환산하기 어려울 정도의 큰 행복을 제공한다. 부인 역시 마찬가지이다. 남편과 자녀의 신뢰와 사랑은 그녀가 치르고 있는 희생과 노력에 대한 보상이다. 자녀 역시 부모를 따르는 만큼 보상을 크게 받는다. 부모의 보호와 사랑, 신뢰 없이 그들은 정상적인 삶이 어렵다. 가장 극단적인 이기주의자들도 신뢰가 바탕이 된 가족의 가치는 자신의 희생보다 크다.

혈연, 지연, 학연, 종교 등을 기초로 하는 공동체도 가정과 같이 신뢰를 매개로 형성된다. 구성원 상호 간에 필요하면 언제든지 상대방이 도움을 줄 것이라는 신뢰를 바탕으로 서로에게 도움을 준다. 이러한 도움은 구성원 각자에게 현실적인 이익이 된다. 서로가 다른 구성원에게 도움이 되기 위해 노력하기 때문에 자신도 신뢰를 저버리지 않도록 노력한다. 이렇기에 연줄에 대한 신뢰는 더 끈끈하고 두텁게 형성된다. 심지어는 상대방에 대해 서로 알고 있지도 않으면서도 같은 혈연, 동향이란 이유로 서로 직업을 소개하고, 소개받은 사람은 취업 후 소개자의 신뢰를 지키기 위해 직장에서 열심히 노력한다. 한번 간 식당 주인이 같은 학교를 나왔다는 이유로 그 식당을 계속 이용하고, 식당 주인은 그 고객에게 정성껏 성의를 다해 맛있는 음식을 준비하고 더 푸짐하게 대접해 신뢰에 보답한다. 처음 만난 동향 출신 정치인에게 선거에서 표를 주는 것에만 그치는 것이 아니라 그 정치인의 선거 홍보를 자진하여 맡고 선거자금을 기부하기도 한다. 그 대가로 정치인은 선거에서 승리한 후 동향 유권자에게 유리한 정책을 추진한다.

연줄 공동체의 신뢰는 우리 사회의 다른 모임에도 적용된다. 연줄이 없더라도 자주 만나는 사람에게는 전제 없는 신뢰 관계를 서로에게 요구하고 적용한다. 직장에서 부하직원을 처음 만나는 대로 바로 신뢰 관계가 시작된다. 업무 계약서 또는 훈련 지침에 없는 데도 불구하고 상사는 부하직원에게 직장의 분위기를 알려주고 부하직원이 담당할 업무를 가르친다. 휴식 시간에 커피, 점심시간에는 식사. 퇴근한 후에는 술을 사주기도 한다. 부하직원은 상사의 신뢰에 맞게 생각하고 행동하면 이 관계는 지속된다. 각종 동호회에서도 마찬가지이다. 구성원의 신뢰가 형성되면 금전적으로 계산이 가능한 이익뿐만 아니라 인간 생활에 필요한 각종 정보의 공유로 인해 부가 이익을 누리게 된다.

현명한 이기주의자가 신뢰를 통해 더 큰 이익을 누리는 사례는 어디서든 발견된다. 서울 시내 10가구로 구성된 한 다세대주택의 사례가 있다. 대부분의 다세대주택 구성원들이 그렇듯 이들도 처음에는 누가 어디에 사는지 잘 모르고 지냈다. 서로 만나도 처음 보는 사람을 우연히 지나치는 듯이 인사도 없이 지냈다. 다세대주택의 공동문제가 발생하기 전까지는 서로를 알고 지낼 이유가 없었다. 그런데 공동주택 지하 주차장에서 문제가 발생했다. 일찍 퇴근한 사람이 상대적으로 주차하기 편한 곳에 주차하다 보니 밤늦게 집에 돌아온 사람은 항상 주차하기 불편한 곳에 주차하게 되고, 운전 실력이 떨어지는 운전자가 밤늦게 귀가해 주차하다가 주차되어 있는 이웃집 자동차에 접촉사고를 내거나 주차 공간이 아닌 곳에 주차를 하는 문제가 빈번히 발생했다. 공동주택 구성원들 대부분이 상대방에 대한 염려와 짜증이 폭발 직전이었다. 이에 더해 쓰레기 분리수거 문제도 발생했다. 일반쓰레기와 음식쓰레기, 재활용 쓰레기 등으로 제대로 분리수거가 되지 않았고, 이에 따라 구성원 간에 고성이 오가는 일이 자주 발생한 것이다.

이러한 문제는 아주 사소하고도 쉽게 해결됐다. 퇴근하다가 우연히 마주친 2명의 가구주가 주차와 쓰레기 문제에 대해 대화를 나누었다. 그들은 공동주택 구성원 회의를 하기로 했고, 1층에 사는 가구주의 집에서 일요일 저녁 다세대 전체의 구성원 회의를 개최했다. 서로 통성명을 하고,

대화를 나누었다. 대화를 나누면서 서로를 이해하게 되자 문제가 자연스럽게 해결되었다. 주차는 운전 실력이 좋은 남성이 주차하기 어려운 장소를 자발적으로 선택하고, 주차가 쉬운 곳을 추첨에 의해 지정석을 정하기로 했다. 차량이 2대 이상인 세대에서는 관리비를 추가로 부담하기로 했다. 쓰레기 분리수거는 아르바이트를 구하기로 하며, 공동주택 관리를 위해 2개월씩 돌아가며 대표를 맡기로 했다. 회의가 있은 후에 공동주택 구성원의 분위기가 변했다. 공동주택 내에서 마주친 사람은 누구나 먼저 인사를 나누었다. 처음 본 사람끼리는 서로 자신은 몇 층에 사는지를 밝히고 웃으며 인사를 나누었다. 눈이 내리던 겨울날 밤 한 가구주가 제설작업을 하였다. 이를 본 다른 가구주는 모두 나와 제설작업을 거들었다. 제설작업에 참여하지 못한 가구는 커피와 다과를 내왔다. 그 후에도 공동주택 내 사소한 문제가 계속 발생했지만, 그들은 웃으며 대화했고 문제를 해결했다. 서로를 알고 나니 신뢰가 발생했고, 신뢰로 인해 협력이 가능했으며, 신뢰와 협력에 의해 대부분의 문제가 해결된 것이다.

이렇게 현명한 개인은 신뢰를 통해 공동체를 형성하여 더 큰 이익을 누린다. 신뢰를 통해 자기가 쉽게 줄 수 있는 것을 타인에게 주고 자신이 쉽게 얻을 수 없는 것을 타인으로부터 받는다. 신뢰를 통해 혼자 할 수 없는 일을 함으로써 새로운 이익을 획득한다. 신뢰를 통해 자신이 속한 집단공동체의 이익을 도모함으로써 간접적인 이익을 추구한다. 집단공동체에 신뢰와 협력의 사회문화를 형성함으로써 장기적인 행복을 추구할 수 있다. 극단적인 이기주의자라고 해도 이러한 신뢰의 장점을 거부할 이유가 없다.

위의 사례와 같이 문제가 어렵지 않게 해결될 수 있었던 중요한 배경에는 집단의 규모가 작다는 공통적인 이유가 있다. 집단의 규모가 작을수록 신뢰를 형성하기가 쉽기 때문이다. 그 이유는 첫째, 소규모 집단에서는 자신이 어떻게, 어떤 방법으로 이익을 추구할 수 있는지를 계산하기가 쉽다. 신뢰와 협력을 통해 얻게 될 자기의 몫을 확실히 알 수 있다. 집단 구성원과 신뢰를 쌓으면 자신에게 이익이 된다는 것을 쉽게 판단할 수 있다. 둘째, 소규모 집단 구성원은 대개 연줄을 바탕으로 하기에 일시적으로 자신에게 이익이 되지 않을 수도 있지만 다른 구성원들이 자신의 희생을 잘 알고 있고, 결국 자신에게 이익이 돌아올 가능성이 높다. 심지어는 자신에게 이익이 되지 않지만 자신과 가까운 사람을 위해 기꺼이 희생하겠다는 생각도 한다. 자신이 지금까지 어릴 때부터 많은 혜택을 입었고, 가까운 사람들과 정이 들었기 때문이다. 셋째, 집단 구성원의 수가 작은 경우 서로 감시가 용이하다. 누가 공헌도가 높고 낮은지 서로 잘 알고 있다. 공헌도가 높은 구성원에게는 그만한 대가가 따른다. 공헌도가 낮으면 다음에는 공헌도를 높이도록 은연중 압박을 가한다. 공헌도가 낮은 구성원의 경우 심한 경우 퇴출시키기도 한다. 그러니 소규모 집단 내에서는 서로에게 잘 보이려고, 또는 서로의 눈 밖에 나지 않기 위해 자발적으로 집단 구성원으로부터 신뢰를 받을 행위를 자발적으로 하게 되기 때문이다.

3. 시장

신뢰가 높은 국가는 왜 경제 수준이 높을까?
자원이 풍부한 국가는 왜 빈곤하고, 자원이 부족한 국가는 왜 부유할까?
빈곤을 퇴치하기 위해 신뢰가 필요한 이유는 무엇일까?

신뢰가 시장에 활력을 줌으로써 경제에 긍정적인 영향을 미친다는 많은
연구가 있다. 신뢰가 높은 나라가 그렇지 않은 나라보다 경제적으로 풍
요롭다는 것은 누구나 인정한다[3]. 실제로 신뢰가 높은 서유럽과 미국은
경제 수준이 높은 반면, 신뢰가 낮은 아프리카 국가들은 경제 수준이 매
우 낮다. 이 결과만으로도 신뢰와 경제 수준 간에 쌍방의 관계가 있음을
알 수 있다. 국가에 국한되지 않고 신뢰가 높은 사회, 지역, 공동체, 가정
등 대부분의 집단, 그리고 개인 역시 경제적으로 풍요롭다.

 낵과 키퍼(Knack & Keefer, 2001)는 27개국 사례연구에서 신뢰가
축적된 국가가 그렇지 않은 국가에 비해 경제성장률이 더 높다는 연구 결

3_ 대표적으로 잉글하트(Inglehart, 1999)의 연구가 있다.

과를 발표했다. 퍼트남(Putnam, 1993)은 이탈리아에 대한 지역 연구에서 신뢰가 경제발전에 큰 영향을 미친다고 분명히 말했다. 이탈리아를 지역 단위로 구분하여 신뢰와 경제 수준을 조사하였더니 신뢰가 높은 지역은 경제 수준이 높고, 신뢰가 낮은 지역은 경제 수준이 낮게 나타났다는 것이다. 노스(North, 1990)와 올슨(Olson, 1982)은 신뢰가 거시경제에 영향을 미친다고 하였다. 이들은 국가에 따라 국민 일인당 소득의 차이가 발생하는 것은 단순히 생산자원의 분배에 의해서만 이루어지는 것이 아니라 신뢰가 바탕이 되어 국가 자원이 효율적으로 활용되는가의 여부가 주요 원인이라고 설명한다.

그러면 신뢰가 어떻게 경제 수준을 높일 수 있을까? 평판효과와 거래비용이라는 이론에 의해 깔끔하게 설명된다. 우선 평판효과는 집단 구성원들이 신뢰가 높다는 평판을 계속 유지하려고 노력한다는 것을 설명하는 이론이다. 일반적으로 신뢰를 중시하는 사회에서는 신뢰가 높게 형성된다는 것이다. 신뢰할만한 행동을 한 사람은 그에 따른 평판이 형성되고, 신뢰받지 못할만한 행동을 한 사람 역시 그에 따른 평판이 형성이 되는 사회에서는 구성원 스스로 신뢰받을 행동을 하게 된다. 따라서 이렇게 신뢰를 중시하는 사회는 지속적으로 높은 신뢰를 유지하게 되는 동시에, 높은 신뢰를 바탕으로 구성원들 간의 활발한 경제활동으로 인해 경제발전을 유지하게 된다.

평판효과에 따른 높은 신뢰 유지는 바로 거래비용의 감소와도 직접적으로 이어진다. 신뢰가 높은 사회에서는 거래 당사자들이 경제행위 과정에서 신뢰를 확보하기 위한 절차를 생략할 수 있다. 즉 경제활동에 수

반되는 각종 위험성이 줄고, 계약에 있어서 법적 절차 등이 간소화된다. 그 결과 거래비용이 줄어들게 되어 거래를 촉진하는 역할을 한다. 또한 신뢰가 높은 사회에서는 상호 알고 있는 지식과 정보를 공유하게 된다. 자신이 알고 있는 정보를 다른 사람에게 알려주고, 상대방으로부터 자신에게 필요한 정보를 제공받는다. 유익하고 정확한 정보가 소통되면 활발한 경제활동이 가능하다. 신뢰가 거래 과정에 윤활유 역할을 함으로써 경제 활성화로 이어진다.

신뢰가 없다면 경제활동이 이루어질 수 없다. 신뢰가 부족한 사회는 경제성장뿐만 아니라 사회발전, 환경보호, 복지사회, 거버넌스 확립 등 지속가능한 국가사회 건설이 어렵다. 자연자원, 인적 자본, 생산량이 같은 국가라 하더라도 신뢰가 부족하면 구성원 간의 협력이 불가능하게 되어 정상적인 경제적 성취가 불가능하다. 한 국가를 형성하고 있는 구성원들 간에 신뢰가 부족한 경우 다양한 구성원을 연결할 법, 제도, 상거래 관습 등이 작동할 수 없기 때문이다. 이와 같이 신뢰는 경제발전에 도움이 될 뿐만 아니라 사회역량을 키워 간접적으로 경제발전을 촉진한다.

상식적으로는 자원이 많은 국가는 경제 수준이 높고, 자원이 부족한 국가는 경제 수준이 낮아야 할 것이다. 그러나 현실은 아주 다르다. 자원이 많으나 경제적으로 풍요롭지 못한 국가가 많고, 오히려 자원이 별로 없지만 경제 수준이 높은 국가도 많다. 이를 자원의 비극이라고 한다. 자원은 많으나 경제 수준이 낮은 국가는 일반적으로 다른 사람에 대한 신뢰, 정부 신뢰, 제도에 대한 신뢰가 낮다. 이런 나라 사람들은 각자 살길을 찾고, 다른 사람과의 협력이 없다. 신뢰가 부족하기에 구성원들의 역량을 제대로 발휘하기 어렵고, 그에 따라 공식·비공식제도가 제대로 형성되지 못한다. 국가의 전체적인 역량이 부족하다. 이러한 나라들은 장기적인 재산권을 보장하고 계약을 공정하게 집행하지 못한다. 각종 제도가 불합리하고, 정부의 공공정책도 일관성이 없다. 많은 자원을 가지고 있지만 계약이 공정하게 집행되지 못하고, 장기적인 재산권을 보장하는 제도가 부족하며, 경제정책이 실패하면서 자원의 효율적 운영에 제한을 받는다. 그러니 경제활동을 제대로 할 수 없고, 그 결과 경제성장이 불가능하다.

미국은 빈민가의 만성적인 빈곤 문제를 더 이상 자원의 부족으로 해결하려고 하지 않는다. 가난한 사람들에게 아무리 많은 경제적 지원을 해도 가난에서 헤어나지 못하기 때문이다. 지역 공동체가 함께 신뢰와 협력으로 스스로 가난에서 벗어나기 위해 노력해야 만이 궁극적으로 빈곤으로부터 탈피할 수 있기 때문이다.

세계은행(World Bank) 역시 제3국가들이 가난에서 탈출하기 위한 방법으로 신뢰를 비롯한 사회자본의 축적에서 문제해결의 실마리를 찾기 시작했다. 한 사람 한 사람에 대한 신뢰, 사회 신뢰, 법과 제도에 대한 신뢰, 정부 신뢰, 국가시스템에 대한 신뢰를 구축하지 않고는 빈곤 퇴치가 불가능하고 경제발전은 더욱 요원하기 때문이다.

4. 시민사회

시민사회란 무엇인가?
시민사회는 연줄 공동체와 달리 어떤 특징이 있나?
시민사회에서 신뢰는 어떤 기능을 수행하나?

역사가 기록되기 시작된 후부터 국가가 발전된 동양사회에서는 엄밀한 의미에서 시민사회가 존재하지 않았다. 따라서 지금까지 동양사회에서는 시민사회의 역할이 매우 미약하다. 그리고 서구에서 발전된 시민사회는 국가마다 역사적 근원이 다르다. 그러니 시민사회라는 개념은 매우 다양하고 이해하기 쉽지 않다. 일반적으로 시민사회는 서구에서는 근대적 국가가 건설되기 이전부터 존재한 것으로 이해된다. 특히 서구의 근대 시민사회는 자본주의와 산업화의 발전에 따라 인간의 활동 영역이 넓어짐에 따라 정착되었다.

시민사회는 그 기능의 어떠한 측면을 강조하느냐에 따라 다양하게 정의된다. 각 이론가들의 다양한 시민사회에 대한 정의는 시민사회를 폭넓게 이해하는데 많은 도움이 된다. 로크(Locke)는 시민사회를 국가 이

전에 존재한 것으로 권리의 주체인 시민이 자발적으로 조직한 사회단체[4]로 보았다. 공동체가 규모가 확대됨에 따라 구성원 간의 갈등이 증가되고 각종 사회문제가 발생하면서 구성원들이 이러한 갈등을 해결하기 위해 자발적으로 문제를 논의하는 사회단체를 형성하였고, 이들 사회민단체 내에서 논의하는 동시에 사회단체 간에 협의를 통해 규범과 질서를 만들면서 시민사회가 발전했다는 것이다. 로크는 이 시민사회가 국가로 발전했다고 본다.

페인(Paine, 1997)은 로크의 사회민단체 확대설을 받아들이면서 사회단체와 국가 간의 관계에 대해서는 반박하였다. 그는 시민사회의 출발을 부르주아 시대로 보았다. 부르주아 시민사회 이전은 권위적인 국왕 주도의 사회로서 시민의 자유가 억눌렸던 시대이고, 시민사회는 개인이 자신의 권리를 자유롭게 행사할 수 있던 자유주의 시대에 번성했다고 하였다. 시민사회는 노동의 분화를 통해서 상업 및 공업이 확대됨에 따라 발전되었다고 한다. 그에 따르면 시민사회는 시민의 자유를 누리며 자발적으로 그들을 위한 사회를 만들어 간 결과이다. 즉 시민사회와 국가는 별개의 역할을 하며, 시민사회가 국가에 흡수된 것이라기보다 시민사회와 국가가 공존하는 것으로 보는 것이다.

토크빌(Tocqueville, 1984)은 페인의 견해에 동의하면서 시민사회를

4_   서구사회에서 말하는 시민사회 내의 다양한 사회단체는 일반시민들이 단체구성원 및 사회 전반의 일반적인 이익을 도모하기 위해 시민들이 자발적으로 형성한 모임이라고 정의된다. 권위를 바탕으로 조직된 정부, 시장에서 이윤을 추구하는 기업은 시민사회의 영역에서 배제된다. 일반적으로 시민단체로 불리우기도 하는 사회단체는 종교단체, 문화단체, 운동단체, 지역사회조직, 교육 및 청년단체 등 매우 다양한 형태가 있을 수 있다.

시민들이 자유의지에 의해 결성한 자발적 결사체라고 정의한다. 그는 시민의 자유로운 행위를 보호하기 위해서는 강력한 권위주의뿐만 아니라 다수에 의한 독재도 위험하다고 경고하였다. 즉 권위적인 국가를 위험한 실체로 바라보면서, 사회단체를 국가와 권력에 대항하여 시민의 자유를 수호하는 방파제로서의 역할을 수행하는 것으로 보았다.

헤겔(Hegel)은 사회단체를 역사적 과정의 산물이라고 하였다. 노동의 분화로 인해 시민사회 내에 계층이 형성되고, 이러한 계층 간의 갈등이 증폭되면서 각각의 계층은 자신의 이익을 수호하기 위해 단체를 형성하였고, 이 결과 시민사회는 다양한 계층에 결성된 다양한 사회단체로 구성되었다고 한다. 즉 헤겔이 말하는 시민사회는 사회단체의 합이다. 이때 사회단체는 개인과 국가와의 이해관계를 매개하는 역할을 한다.

한편 레짐(regime)학파는 시민사회의 역할을 국가와 마찬가지로 법과 규율을 민주적으로 만드는 데 있다고 본다. 따라서 민주주의를 공고하게 뿌리내리게 하기 위해서는 국가 및 시민사회가 변화되어야 한다고 주장한다. 또한 국가와 시민사회의 관계 역시 민주적인 관계로 설정되어야 한다고 한다. 실제로 이 학파의 대표적인 학자인 오도넬 등(O'Donnell, et. al., 1986)은 남미 국가가 1980년대 초에 어떻게 권위주의를 청산하고 민주적인 정부로 전환되었는지를 검토하였다. 즉 통치 전환과정에서 국가권력의 변화도 중요하지만, 시민사회 내 집단들이 민주적이어야 가능했다는 것이다. 따라서 다수의 남미 국가가 민주주의를 실현할 수 없었던 이유는 바로 시민사회가 독립적이지도 민주적이지도 않았기 때문이라고 하였다. 심지어 다양한 사회단체가 반민주적 목적을 추구하기 위해 시민사회를 이용하는 상태에서는 민주주의가 요원할 수밖에 없었다. 즉 이들은 시민사회를 국가 시스템 이외의 또 다른 민주주의를 실현하기 위한 시스템이라는 점을 분명히 하였다.

더욱이 신자유학파는 시민사회로 대표될 수 있는 사회단체가 국가의 목적을 실현하는데 부정적일 수도 있다는 점을 강조한다. 올슨(Olson, 1982)은 유럽의 경험을 예로 들면서 다수의 사회단체를 보유하고 있는 민주주의 국가가 독재 국가보다 낮은 경제성장을 보인다고 주장하였다. 그는 미국과 영국과 같이 오랫동안 민주주의를 실현한 국가는 경제성장률이 둔화된 반면, 독일과 일본과 같이 파시즘과 군국주의 경험을 가졌던 국가의 경제성장이 활발한 점을 지적한다. 즉 미국과 영국에서는 안정된 민주주의를 오랜 기간 실현하는 과정에서 사회단체 수가 증가하였고, 이 사회단체가 자신의 이익을 보호하기 위해 사회 내 강력한 압력단체 역할을 했기 때문에 국가의 기능이 저하되는 결과를 초래하였다는 것이다. 따라서 시민사회가 국가발전의 동력이라고 보고, 시민사회를 이용하는 것은 실패를 자초할 수 있다고 경고한다.

후기 마르크스주의학파는 시민사회의 중요성을 인정하면서 시민사회의 조직화 및 참여 능력에 관심을 갖는다. 시민사회를 특정한 사회계층에 의해 행사되는 권력과 지배의 일환이라고 한다. 이들은 현존하는 권력구조에 도전하는 능력을 보유한 강력한 시민사회의 출현이 보다 근본적인 변화를 가져올 수 있다고 생각한다. 시민사회는 독립적인 사회운동을 통해 사회변화뿐만 아니라 권력구조까지도 변화시킬 수 있다고 보는 것이다.

앞에서 살펴본 바와 같이 시민사회는 국가 시스템과 달리 시민들이 자발적으로 형성된 사회단체로 구성된다. 여기에서의 사회단체는 규모 면에서 구성원 서로가 면식이 있는 가족 또는 연줄 공동체와 같은 소규모 공동체와 달리 서로 알지 못하는 사람들 간에 공통적인 목표를 달성하기 위해 모인 구성원들의 협의체이다. 또한 시민사회는 법과 제도로 구성된 국가와 달리, 구성원들이 자발적으로 규범과 관습을 형성하여 사회질서를 유지한다.

시민사회는 다음과 같은 특징을 보인다. 첫째, 시민사회는 규모가 크기 때문에 구성원 개인의 목소리를 일일이 반영하기 어렵다. 따라서 시민사회는 다양한 사회단체를 매개로 개인의 목소리를 담아낸다. 개인은 자신의 의사와 유사한 사회단체에 가입하여 자신의 뜻을 알리고 각 사회단체는 단체구성원의 목소리를 반영하도록 시민사회에 압력을 가한다. 따라서 시민사회가 발전하기 위해서는 각 구성원들이 자발적으로 다양한 사회단체에 가입하여 적극적으로 참여하는 것이 매우 중요하다. 각 구성원들이 자발적으로 사회단체에 참여하여 자신의 목소리를 알려야 시민사회 내 다수 구성원들이 다양한 목소리를 인지하고 시민사회 발전을 위한 방안을 논의를 통해 합의해 내기 때문이다.

둘째, 사회단체 구성원 간의 관계는 공식적·이차적 관계이다. 이것은 연줄에 의한 개인적인 관계로 인간관계가 형성되는 연줄 공동체는 사회단체가 아니라는 의미이다. 시민사회는 구성원 상호 간에 상대방의 배경을 알 수 없는 익명의 거대 사회를 토대로 한다. 이에 따라 퇴니스(Tönnies, 1887)는 시민사회를 공동사회(Gemeinschaft)가 아닌 이차사회(Gesellschaft)로 구분하였고, 퍼트남(Putnam, 1993a)은 이탈리아 남부의 연줄 중심의 지역사회는 시민사회라고 볼 수 없고, 산업화에 성공한 이탈리아 북부의 거대 도시에서 형성된 시민단체를 진정한 시민사회라고 보았다. 즉 시민사회는 모든 구성원에게 동등하게 적용되는 공식적 관계에 의해 자발적으로 구성된 사회이다.

셋째, 시민사회는 구성원 누구에게나 통용되는 객관적인 규칙 또는 규범을 만들어 문제를 해결한다. 연줄 공동체도 문제가 발생하는 경우 예전부터 내려오는 관습 또는 관례가 있다. 그러나 연줄 공동체의 관습 및 관례는 적용될 때도 있지만 적용되지 않는 경우도 있다. 오히려 소수 리더의 자의적 판단이 적용되는 경우가 더 많다. 관습 및 관례 역시 소수의 리더가 언제든지 파기할 수 있다. 그러나 시민사회는 규칙 및 규범을 누구나 지켜야 한다. 리더라고 해도 규칙 및 규범을 지켜야 한다. 만일 리더가 규칙 및 규범을 지키지 않으면 구성원들이 저항한다. 심지어는 단체가 해산될 수도 있다. 구성원 서로가 잘 모르는 사람끼리 모였기 때문에 자의적 판단을 인정하지 않는 것이다.

넷째, 시민사회는 구성원 간, 그리고 사회단체 간의 관계를 수평적으로 확대시킨다. 연줄 공동체는 상하관계에 의해 권위적이고 수직적으로 구성원을 연결시키는 반면, 시민사회는 잘 모르는 구성원끼리 자발적 참여에 의해 이루어졌기 때문에 상하관계가 있을 수 없다. 자발적으로 구성원이 참여하는 사회단체의 경우 구성원의 의견이 자유롭게 개방적으로, 민주적으로 논의되어 합의에 이른다. 퍼트남(Putnam, 1993)의 연구는 자발적이고 수평적인 시민사회가 지역발전에 어떤 영향을 미쳤는지를 잘 설명한다. 북부 이탈리아에서는 다수의 자발적인 단체를 형성하여 지역을 위한 공동목표를 수행한 반면, 남부 이탈리아 지역에서는 그렇지 못했기 때문에 북부와 남부 간에 현재와 같은 지역의 차이가 발생했다는 것이다.

이런 까닭에 토크빌(Tocqueville, 1984)은 자발적인 시민에 의해 민주적 규범과 신뢰, 협동의 미덕이 형성되어 미국 시민사회가 정착되고, 이런 시민사회의 성숙에 의해 미국 민주주의가 발전됐다고 주장한다. 알몬드와 버바(Almond & Verba, 1963) 또한 시민사회 구성원들은 사회단체 참여로 인해 협동 능력을 배양할 뿐만 아니라 집단행위를 통해 책임감을 공유하게 됨으로써 사회적 신뢰와 정치참여가 증진됨으로써 시민사회의 경쟁력과 시민의 성숙도가 증가되었다고 보았다. 오스트롬(Ostrom, 1996)도 시민참여의 네트워크로 인해 시민 간 상호작용 및 엄격한 규범을 정착시켰다고 하였다.

이에 따라 시민사회에서 신뢰는 다음과 같은 기능을 수행한다. 첫째, 시민사회에서 시민 간의 신뢰를 통해 시민문화가 성숙된다. 홉스(Hobbes)와 로크(Locke) 같은 전통적인 자유주의자들은 신뢰를 통한 시민사회의 성숙으로 개인의 이익이 보호되고 권리가 보장된다는 점을 강조한다. 자신이 시민사회를 성숙시킴으로써 자신의 권리와 이익을 보호하듯이 다른 사람도 자신과 같이 행동할 것이라는 신뢰가 있어야 시민사회가 발전될 수 있다. 이러한 신뢰를 통해 각 구성원들은 자발적으로 시민사회의 일원으로 활동하게 된다고 하였다. 공동체가 튼튼해야 개인의 이익과 권리가 보장된다는 측면에서 시민들은 스스로 공동체를 강화시키는 신뢰를 지키고 이행한다고 하였다. 따라서 건전한 시민사회를 건설하기 위해 각 구성원들은 신뢰를 통해 시민참여, 시민 간의 수평적 연대, 신뢰와 관용, 규범의식 등의 시민 덕목을 학습하게 된다. 시민들의 자발적인 참여와 노력이 전제되지 않는 한 시민사회가 구축될 수 없기 때문이다.

둘째, 신뢰를 통해 시민사회에서 사회적으로 필요한 기능을 담당한다. 자신이 현재 사회적 약자에게 도움을 주듯이 자신이 필요할 때 이 사회구성원들이 자신을 도울 것이라는 신뢰로 인해 이 사회를 발전시키고 유지하기 위해 약자를 정성껏 돌볼 수 있다. 이에 따라 각종 사회단체를 만들어 시민사회에 필요한 각종 활동을 수행한다. 가난한 사람들에게 최소한의 생활품을 지원하며, 청소년과 노인을 교육하고, 사회적 약자에게 법률적 조언을 하고, 문화를 양산 및 확산하는 기능을 수행한다. 이러한 기능을 수행하면서 각 사회단체는 시민사회에 필요한 도덕적 덕목, 책임감, 연대의식을 확립하고 시민사회의 태도와 시민성을 형성한다.

셋째, 시민사회는 정부와 시장이 수행하기 어려운 다양한 공공적 기능을 수행하여 사회 전체의 하부구조를 구축한다. 시민들의 자발적인 신뢰를 통해 시민사회는 정부와 시장이 수행하지 않는 빈공간을 채우는 역할을 한다. 시민사회는 다수 구성원뿐만 아니라 특정한 이해관계자 및 다양한 견해를 가지고 있는 사람들의 주체성과 목소리를 반영한다. 다양한 사회단체는 다양한 의견을 제시함으로써 구성원 다수의 의견을 결집하고, 그 사회를 유지, 발전시키기 위해 어떤 문제를 우선적으로 해결해야 할 것인지를 논의한다. 시민사회에서 형성된 여론은 정부를 압박하여 정책을 수립하고 집행하도록 한다. 시민사회는 국가가 수행하지 않는 공적 기능을 독립적으로 수행할 뿐만 아니라, 정책과 정권의 변화를 가져오는 기능을 수행하는 것이다. 시민사회는 다양한 사회단체로부터 다양한 견해를 이끌어 내는 동시에 정치화된 시민사회는 정당을 대신하고 보완하기도 한다.

이런 기능을 수행하면서 시민사회는 전체 구성원의 이익을 수호하는 역할을 한다. 스미스(Smith, 1759)는 "모든 인간은 타인의 불행을 동정하는 동료애와 자기중심적인 자기 사랑을 동시에 보유한다"고 하였다. 당연히 동료애와 자기사랑이 충돌하는 경우 동료애보다 자기 사랑이 우선된다. 자기 사랑과 충돌되지 않는 경우 자기 사랑과 별개로 동료애가 발휘될 수도 있다. 하지만 자기 사랑과 신뢰를 전제하지 않는 동료애, 그리고 자기 사랑보다 동료애를 우선시하는 경우는 원활하게 작동될 수 없다. 물론 자기 사랑과 동료애가 일치하는 경우에는 두 가지 모두를 취하려고 할 것이다. 시민사회를 구성하고, 시민사회의 규범을 지키는 것이 자기 사랑에 도움이 된다는 신뢰가 작동하는 경우 구성원은 그 시민사회에 적극적으로 참여하고 협력할 것이다. 즉 시민사회에 대한 구성원의 신뢰가 높게 되면 시민사회 구성원 간의 협력이 증진될 뿐만 아니라 시민사회의 다양한 기능이 원활해진다.

시민사회의 신뢰가 증진되면 개인의 사적이익과 공공이익은 상호 윈-윈 관계로 바뀔 수 있다. "남의 자녀를 방치하면 내 자녀가 쉽게 오염된다"는 것을 구성원들이 이해하고 자신이 나서는 경우 다른 구성원들도 적극적으로 나설 것임을 신뢰하는 순간, 구성원들은 사회적 미덕을 실천할 것이다. 신뢰가 높은 사회에서는 구성원들이 질서를 잘 지키기 때문에 개개인이 스트레스를 받지 않게 되고 혼잡으로 인한 시간과 비용을 절약할 수 있다. 사적 계약도 개인 간의 약속과 서명만으로 충분하기 때문에 공증을 비롯한 법적·행정적 절차를 거칠 필요가 없게 되어 추가 비용이 절약된다. 시민사회 구성원의 신뢰가 높으면 범죄에 대해 즉각적인 신고로 인해 범죄 가능성을 낮춘다. 신뢰가 높은 사회에서는 구성원들이 각종 사회문제에 자발적으로 대처하여 문제를 키우지 않는다. 자신과 자신의 가족이 어려움을 당할 경우 주변의 도움이 크다는 것을 알기 때문에 자신도 주변의 어려움에 자발적인 도움을 준다. 따라서 인간소외, 청소년 탈선, 노인문제 등 각종 사회문제를 정부 정책에 미루지 않고 자발적으로 해결한다. 따라서 시민사회는 구성원이 얼마나 성숙되었는가에 따라 신뢰의 정도가 결정되고, 신뢰의 정도에 따라 시민사회의 건정성과 편의성이 결정된다.

5. 국가 및 정부

국가란 무엇인가? 국가는 시민사회와 어떻게 다른가?
거버넌스란 무엇인가?
정부 신뢰는 왜 필요한가?
정부 신뢰는 어떤 효과가 있나?

국가는 시민사회가 법적·제도적 장치에 의해 구조화된 것을 말한다. 자발적인 구성원의 신뢰와 참여, 협력으로 구성원의 다양한 문제를 해결하려는 시민사회가 제대로 작동하지 않는 경우가 자주 발생하기 때문이다. 때로는 시민사회의 규범을 어기는 사람도 있고, 익명의 거대 사회에서는 생각이 다른 다양한 사람들이 존재하기 때문이다. 따라서 시민사회의 자발적 규범을 강제적인 법과 제도로 정착시킨 국가를 발전시켰다.

국방 문제를 예로 들어 보자. 외국의 침략을 물리치기 위해서는 강력한 군대가 절대적으로 요구된다. 강력한 군대를 유지하기 위해서는 전쟁터에 나가 싸울 군인이 있어야 하고, 엄청난 무기를 준비하기 위한 예산이 필요하다. 그러나 구성원의 자발적인 신뢰와 참여, 협력만으로는 군인과 무기를 마련하기 어렵다. 자발적으로 군대에 가서 목숨을 바치겠다는 구성원이 많지 않고, 자발적으로 국방을 위한 세금을 내겠다는 구성원도 많지 않다. 구성원의 자발적인 신뢰와 참여, 협력으로 유지되는 시민사회는 국방을 강화할 수 없다. 따라서 시민사회는 구성원의 합의에 의해 법적·제도적 장치를 마련하여 강제력을 발동하여 구성원에게 법과 제도를 따르게 하여 군대를 모집하고 세금을 거두어 국방을 강화하는 시스템을 확립하였다. 이렇게 시민사회의 유지 및 발전을 위해 자발적인 시민사회가 강제력을 보유한 국가사회로 전환된 것이다.

정부는 국가를 운영하기 위한 공식적 기관을 말한다. 베버(Weber)는 정부를 국가 내 강제적 권력을 독점한 기관으로 정의했다. 그리고 정부의 독점적 권력은 국민에 의해 부여된다고 하였다. 정부에게 독점적 권력, 즉 권위를 부여하기 위한 가장 전통적인 방법은 국민에 의한 선거이다. 물론 쿠데타에 의한 정부도 존재한다. 그러나 이러한 독재 정부 역시 다수 국민이 자발적이든 묵시적이든 간에 정부의 권위를 받아들이지 않는 경우 존재하기 어렵다.

한편 최근에는 정부가 거버넌스로 대체되고 있다. 시대의 변화에 따라 국가사회를 운영하는 일을 반드시 정부가 독점할 필요가 없어졌기 때문이다. 정부가 수행하던 국가 통치행위를 시장, 기업, 연구기관, 시민사회 등이 대신하면 더 민주적이고 효율적으로 수행하기도 한다. 이에 따라 거버넌스는 전통적인 국가 통치행위를 정부뿐만 아니라 시민사회를 비롯한 시장, 기업 등이 협력적으로 수행하는 통치시스템을 지칭한다. 거버넌스란 새로운 통치행위는 사회의 전문화와 복잡화가 증가됨에 따라 다양한 정부기능을 대체하고 있는 추세이다. 그럼에도 불구하고 에반스

(Evans, 1996)와 스카치폴(Skocpol, 1996) 등은 국가 통치행위에 있어서 전통적인 정부가 중심적 역할을 해야 한다고 강조한다. 거버넌스의 효율성 증진을 위해 사회 각 분야를 주도하는 행위자의 참여와 협력이 중시되고 있지만 중요한 역할을 담당하는 행위자는 정부이기 때문이다.

그렇다면 정부 신뢰는 왜 필요하며, 어떤 효과를 미칠까? 알몬드와 버바(Almond & Verba, 1963)는 정부 신뢰는 민주주의가 제대로 기능하기 위한 필수적인 요건이라고 주장한다. 정부 신뢰가 높을 때 민주적 제도를 통한 합의를 이루어 내는 것이 용이하고, 시민으로부터 신뢰받는 정부는 정책수행을 힘차게 수행할 수 있기 때문이다. 맬로니 등 (Maloney, et. al., 2000)은 정부 신뢰로 인해 사회 내 집단행동의 문제를 극복할 수 있다고 하였다. 정부 신뢰가 높으면 개별 시민들이 사적 행동을 자제하고 정부의 리더십을 따를 것이기 때문이다. 이런 의미에서 라포르타 등(La Porta, et. al., 1997)은 정부 신뢰가 효과적인 사법체계, 낮은 부패율, 정부관료의 경쟁력 등과 밀접한 관련이 있다고 하였고, 구이소 등(Guiso, et. al., 2000)은 정부 신뢰가 국가의 재정적 안정 및 발전과 상관관계가 있으며, 잭과 낵(Zak & Knack, 2001)은 정부 신뢰가 투자 및 경제성장을 촉진시킨다고 하였다.

한편 정부 신뢰가 반드시 높을 필요가 없다는 반론도 제기되고 있다. 오히려 정부에 대한 건전한 비판과 불신이 필요하다고 한다. 르바이와 스토커(Levi & Stoker, 2000)는 국가가 위기에 처했을 때와 같은 특정한 상황에서는 정부에 대한 불신이 정치적 참여를 증가시킬 수 있다고 하였고, Deth(2000)는 참여율이 높은 시민일수록 정치에 대한 정보를 많이 인지함에 따라 오히려 정부에 대한 불신이 높을 수 있다고 하였다. Norris(1999)는 비판적 성향이 있는 시민이 많을수록 정부 신뢰가 낮을 수 있으나, 이런 현상은 민주주의의 건전한 발전에 도움이 된다고 하였다.

또한 정부 신뢰가 민주주의 시스템에 대한 신뢰와 동일한지는 논란의 여지가 있다. 소수의 학자들은(Miller, 1974) 정부 신뢰와 시스템에 대한 신뢰 간에 긍정적인 관계가 있다는 증거를 제시했다. 이들은 정부신뢰가 낮으면 궁극적으로 안정된 민주주의와 정권의 정당성에 도전할 것이라는 점을 지적한다. 정부의 신뢰가 부족하면 정치 기관 및 행위자로부터의 이탈에 따라 정권에 대한 신뢰가 감소될 것이고, 이로 인해 장기적으로 정치 시스템에 대한 신뢰 역시 침식될 수 있다. 반면, 국민들은 정부성과에 대해 비판적임에도 불구하고 정치 시스템에 대한 신뢰를 유지하고, 권위를 따를 수도 있다.

이상의 기본적인 논의에서 정부 신뢰의 효과를 다음과 같이 정리할 수 있다.

첫째, 정부 신뢰는 정치체제를 원활하게 작동하게 한다. 사람들이 정부에 대해 어떻게 생각하는지가 민주주의 정치를 작동하고 유지하게 하기 때문이다. 정부 신뢰 수준이 높은 사람들은 선출직 공무원과 정부 기관에 긍정적인 견해를 갖고 그들의 정책을 준수하고 전체 정부 시스템에 대대 전반적으로 지지하는 경향이 있다. 정부 신뢰가 전반적인 정치체제에 대한 국민의 평가 또는 민주주의에 대한 일반적인 만족으로 간주될 수 있기 때문이다. 정부신뢰가 높은 경우 시민들은 법을 준수하고, 정치적 리더십을 따르게 된다. 결국 적당한 정부 신뢰는 정부의 안정성과 민주적 통치를 유지하게 함에 따라 국가의 전반적인 발전을 가능하게 한다.

둘째, 정부 신뢰는 정부의 활동의 적법성을 부여하여 정부정책 주도자가 정책을 추진하여 바람직한 결과를 얻도록 한다. 정부 신뢰 없이는 정치인에 대한 지지를 감소시킴에 따라 기본적인 민주적 제도와 절차에 대한 안정성을 손상시키고, 정부의 정통성에 대한 의문이 제기된다. 즉 정부 신뢰는 정책수행의 효과성에 직접적인 영향을 미친다.

정부 신뢰가 정책수행의 효과성에 영향을 미친다는 구체적인 사례는 아주 많다. 새로운 제도를 도입하고 정부정책 및 프로그램을 실시함에 있어서 정부가 직접적으로 개입하는 경우 시민들은 새로운 제도 및 정부정책을 따른다. 물론 정부의 강제력에 의해 따르기도 하지만, 정부 사업은 추진되는 것이 분명하기 때문에 정부정책에 대해서는 일단 신뢰감을 갖고 따른다. 정부를 신뢰하는 사람이든, 신뢰하지 않는 사람이든 간에 정부가 추진하는 사업은 추진되는 것으로 신뢰한다.

새로운 제도 도입의 예는 페트로(Petro, 2001)가 연구한 러시아의 노브그로드(Novgrod) 시 사례에서 잘 나타난다. 노브그로드 지방정부는 의회에 계류되어 있는 법률심의에 각종 사회단체의 대표가 참여하고 대안을 제시하는 사회대표회의(social camber)라는 새로운 제도를 실시하였다. 이러한 새로운 제도의 도입으로 노브그로드의 사회단체 수는 1991년에서 1996년 간 5년 동안 16배 증가하였다. 정부의 새로운 제도 도입을 시민사회 구성원들이 신뢰하고 따라준 것이다. 이 결과 노브그로드의 경제성장률이 러시아의 다른 어느 지역보다 높게 나타났다(Petro, 2001).

폭스(Fox, 1996)는 멕시코 정부가 교통수단을 제공하여 서로 다른 지역의 농부들이 서로 왕래할 수 있도록 함으로써 지역 간 신뢰를 증진하고 다양한 문제를 자발적으로 해결한 사례를 예로 들었다. 홀(Hall, 1998)은 영국에서 정부 정책으로 인해 일련의 사회단체가 유지되었다는 사례를 제시했다. 램(Lam, 1996)은 대만의 관계용수시설 건설 과정에서 전통적인 관료조직이 농부들의 자체적인 조직을 지원하며, 관개시설을 설립하는 데 있어서 정부의 주도하에 농부들의 경험과 지식을 공유함으로써 농부들의 경제 수준을 높였다고 한다. 정부의 주도로 인해 농부들의 신뢰가 높아졌고, 이러한 정부신뢰와 이미 확립되어 있던 지역사회의 규범이 상호작용을 한 것이다.

에반스(Evans, 1996) 역시 동아시아 산업화 과정에서 강력한 관료제의 중요성이 충분히 입증되었음을 보여준다. 정부 또는 전통적인 관료제가 시민사회 및 구성원 간의 협력을 위한 도구가 된다는 이 같은 사례는 정부에 대한 신뢰가 국가와 사회의 발전에 매우 중요하다는 것을 입증한다. 텐들러(Tendler, 1995)는 북부 브라질에 관한 연구에서 새로 고용된 건강관리사 가 정부 프로그램의 성공을 위해 정부 신뢰를 이용했다는 점을 강조했다. 주민들이 낯선 사람에게는 문도 열어주지 않는 문화가 지배하는 지역에서 건강관리사가 공무 수행임을 밝히고 문을 두드리자 문을 열었다는 것이다. 정부의 공식적 신뢰를 확인한 사례이다.

셋째. 정부 신뢰는 대인신뢰와 사회신뢰 등 국가사회 내 전반적인 신뢰를 증가시킨다. 브렘과 랜(Brehm & Rahn, 1997)은 시민의 주관적인 만족도를 중심으로 미국에서 실시한 조사 연구에서 정부 신뢰와 대인 신뢰 간에 상관관계가 나타났음을 밝혔다. 몬테로 등(Montero, et. al., 1997)도 스페인을 중심으로 분석한 조사 연구에서 정부 신뢰가 대인신뢰 및 정치참여 간에 긍정적인 관계가 있다고 하였다.

데커와 우슬래너(Dekker & Uslaner, 2001)도 서유럽에서 정부 신뢰와 사회적 신뢰 간에 상관관계가 나타났음을 제시했다. 르바이(Levi, 1996)는 정부 신뢰와 사적 신뢰 사이에는 상호 직접적인 영향을 주고받는 관계에 있다고 하였다. 이러한 실증적 결과는 정부 신뢰가 국가사회의 전반적인 신뢰를 주도할 수 있음을 보여준다. 특히 시민사회가 발전된 역사가 짧아 정부의 역할이 강한 국가에서는 정부 신뢰가 다양한 신뢰 증진에 강한 영향을 미친다.

특히 사회의 급격한 변화로 인해 정부가 해결해야 하는 각종 문제를 정부만이 단독으로 수행하기 어렵게 되었다. 따라서 전통적인 통치영역까지 정부와 민간부문이 협력하여 대응하는 거버넌스가 필요하게 되었다. 퍼트남(Putnam, 1995)은 주민을 포함한 민간영역의 자발적 참여와 협력이 정부성과에 강력한 영향을 미친다고 하였다.

시민의 사회문제에 대한 적극적인 참여는 사회적 신뢰와 정부 신뢰가 함께 제고되어야 성공적인 거버넌스가 정착될 수 있다. 실제로 코로나 바이러스가 급속하게 전세계를 위협할 때 정부의 리더십을 배제한 채 민간영역으로만은 절대로 해결할 수 없다. 물론 정부의 노력만으로 사태를 수습할 수도 없다. 정부를 필두로 병원, 각종 연구기관, 의사와 간호

사 등의 관련 기관과 구성원은 물론이고, 전국민의 적극적이고 자발적인 협력에 의해서만이 문제 해결 가능성이 높아진다, 즉 국가를 이루고 있는 모든 주체로 협력체인 전반적인 거버넌스의 신뢰와 협력이 문제해결의 열쇠가 된다.

6. 가상공간

가상공간은 물리적 공간과 어떤 공통점이 있나?

가상공간은 물리적 공간과 어떤 차이가 있나?

가상공간에서의 활동이 신뢰를 증진시킬 수 있나?

가상공간에서의 활동이 신뢰를 증진시키기 어려운 측면은 무엇인가?

인터넷과 온라인 네트워크(Social Network Service)의 발전으로 사람들의 생활공간이 가상공간으로 급속하게 확산되고 있다. 이에 따라 사람들의 네트워크가 빠르게 확장되고, 관계가 복잡해졌다. 사람들은 직접 만나서 대화하는 면대면 활동보다 인터넷과 온라인 네트워크를 통해 더 많은 시간을 보내기도 한다. 특히 휴대폰의 보급으로 실시간 의사소통이 가능함과 동시에 가상공간을 통해 정보를 주고받을 수 있게 됨에 따라 인간관계가 새롭게 전개되고 있다.

전통적으로 사람들 간의 면대면 네트워크와 의사소통이 증진되면 이들 간의 강한 소속감 및 신뢰를 증진시키고, 증진된 소속감과 신뢰는 네트워크를 더욱 강화시키며, 의사소통을 증진시킬 것이라고 한다. 가상공간을 통한 의사소통과 면대면 의사소통을 같은 의사소통이 동일한 성격의 의사소통이라면 가상공간의 확장이 이 사회의 신뢰를 증진시키고, 가상공간 활동을 더욱 강화시킬 것이다. 그러나 가상공간에서의 네트워크는 면대면 네트워크와 다른 측면도 있다.

우선 가상공간의 네트워크 역시 면대면 네트워크와 같이 신뢰를 증진시킨다는 의견을 살펴보자.

첫째, 가상공간은 일상생활에 급속하게 확산되면서 사람들 간의 온라인 의사소통뿐만 아니라 기존의 오프라인에서의 의사소통을 더욱 증대시킨다. 가상공간은 시간과 공간을 초월하여 자신이 원하는 사람들과 저렴한 비용으로 편리하게 접촉할 수 있게 한다. 가상공간은 필요한 경우 기존의 면대면 접촉과 전화에 의한 의사소통까지도 증대시킴으로써 서로를 보다 잘 이해하게 하여 관계의 정도를 심화시킨다. 이와 같은 사람들 간의 원활한 의사소통은 정보의 흐름을 더욱 용이하게 함으로써 의사소통자 간의 신뢰를 증진시킨다.

둘째, 가상공간은 기존의 물리적 공동체를 강화시킨다. 가상공간에서 형성된 대부분의 사회적 관계는 물리적인 공간으로 이어져 결국 온라인과 오프라인이 공존하는 새로운 형태의 공동체로 발전되고 있다. 시간과 공간을 초월하여 언제 어디에서나 사람들 간의 연결을 가능케 함으로써 기존의 면대면 접촉에서 이루어질 수 없었던 부분을 가능하게 한다. 더욱이 가상공간은 사회적 네트워크를 증가시킴에 따라 자신에게 필요한 관계를 선택 및 개발할 수 있도록 한다. 사람들은 특별한 이해관계를 공유하는 사람들을 장소의 제한 없이 손쉽게 찾을 수 있다. 따라서 정보기술의 이용은 의사소통에서 면대면 접촉을 보완하는 보조적인 수단으로 그치는 것이 아니라 면대면 상호관계를 넘어서는 역할을 가능하게 한다.

실제로 가상공간을 통해 사람들이 모이고 함께 하는 경향으로 인하여 개인이 온라인상으로 연결되어 있는 것이 단순히 지역사회에 거주하는 것보다 더욱 지역사회의 일원이라는 인식을 강하게 한다. 따라서 글로고프(Glogoff, 2001)는 사람들이 온라인상에서의 관계를 형성하는 것이 낯선 이웃과 자신의 생각과 견해를 편안하게 공유할 수 있는 환경이 되고 있다고 느끼며, 이러한 공간을 통해 보다 쉽게 사람들에게 친밀감을 느끼고 지속적으로 신뢰를 형성해나간다고 주장한다.

우슬래너(Uslaner, 1999)도 가상공간을 통한 접촉의 증가로 가족, 친구, 직장동료는 물론 정치적, 종교적인 관심을 함께 하는 사람들과 더욱 친하게 대화하는 것을 가능하게 한다고 하였다. 이러한 점에서 가상공간 활용의 증가는 사람들 간의 의사소통에 새롭고 보다 편리한 방법을 제공하고 있다. 이렇게 강화된 공동체는 자연스럽게 사람들 간의 신뢰를 증진한다.

셋째, 인터넷과 온라인 네트워크와 같은 가상공간의 확장은 기존의 면대면 관계를 유지, 발전시킨다. 이에 따라 가상공간은 공동의 관심을 가진 사람들을 시간과 공간의 제약 없이 만나게 함으로써 기존의 공동체를 강화하고, 새로운 공동체를 형성하는 계기가 될 수 있다. 사이버 공동체는 기존의 공동체보다 쉽게 모이며 가입과 탈퇴가 자유롭고, 개방적이며 수평적으로 운영되고 있다. 이를 통해 구성원의 다양한 관점을 받아들이고, 이를 다시 구성원들에게 제공하며, 활발한 토론을 통해 공동목표를 달성하게 한다. 이러한 특징에 따라 가상공간은 국가 차원의 시민사회를 국제적 수준으로 넓히고, 보다 자율적이고 수평적이며 개방적이다. 이렇게 가상공간을 통해 지역, 인종, 종교 등의 벽을 뛰어넘어 대화의 양과 질이 확대됨으로써 국가로 단절되었던 사람들 간의 신뢰와 협력을 확장시킨다.

한편, 가상공간에서의 인간관계는 면대면 활동과 성격이 전혀 다르기 때문에 신뢰를 형성하지 못하고, 오히려 감소시킬 수 있다고도 한다.

첫째, 가상공간을 통한 네트워크는 기존의 면대면 만남 또는 전화를 통한 대화와 성격이 전혀 다르다. 온라인 방식에 의해 형성된 인간관계는 기존의 오프라인에 의한 인간관계와 달리 복잡한 감정적 동질감 또는 인간적 유대관계 없이도 가능하다. 가상공간에서의 만남 또는 의사소통은 정보의 전달에 그칠 뿐이다. 대화 과정에서 사람의 감정과 느낌이 실려 있지 않아 진정한 인간관계로 발전되는데 한계가 있다. 따라서 가상공간에서의 사이버 공동체 역시 본인이 공동체에 소속되어 있다고 생각할 뿐 면대면 공동체와 같은 다양한 인간관계가 형성되기 어렵다.

둘째, 가상공간은 가족 및 공동체 내 구성원 간의 관계를 소원하게 한다. 가상공간의 출현으로 사람들이 개인화하여 공동체가 해체되기도 한다. 온라인에서 대화하고 가상공간에서 활동이 증가됨에 따라 면대면 활동이 감소하기 때문이다. 이러한 현상은 텔레비전 보급 증가로 인해 가정에서 구성원들 간의 상호관계가 확연하게 감소하고, 사회적·정치적 활동이 급속하게 줄어든 것과 유사하다. 물론 가상공간은 텔레비전의 일방적인 정보 제공 기능과 달리 다른 사람들과 쌍방향적인 성격을 갖는 매체라는 점에서 다소 다른 측면이 있다. 그러나 가상공간에서의 활동이 증가함에 따라 자연스럽게 가족과 이웃, 친구, 동료와의 대화가 단절되고 있다.

셋째, 가상공간에서의 활동이 증가됨에 따라 업무와 휴식의 구분이 사라지고, 전통적인 인간관계를 변화시킨다. 업무를 비대면으로 수행이 가능해짐에 따라 직장에서의 업무가 가정으로 자연스럽게 연속된다. 업무를 수행하는 장소와 시간, 그리고 일상생활을 즐기는 장소와 시간의 구분이 사라진다. 직장 내에서도 옆에 있는 동료와 대화하여 업무를 수행하고 문제를 해결하기보다 가상공간에서 주식을 거래하고 게임을 즐기며 시간을 보낸다. 옆에 있는 동료에게 할 말이 있어도 가상공간에서 메시지를 주고받는다. 가족이 모두 집에 돌아온 후에도 가족이 함께 대화하기보다 각자의 방에 들어가 컴퓨터와 휴대폰 화면에 의지하고 혼자만의 생활을 하고 있다.

넷째, 가상공간에서의 네트워크는 구체적인 이슈 중심으로 공동체가 형성되어 그들만의 가치관을 증폭하는 동질화 경향이 있다. 면대면 관계는 주변 사람과 관계를 맺으면서 다양한 생각이 제시되고 다듬어지면서 다양성이 융합됨으로써 다양한 사람들을 포용하게 된다. 그러나 가상공간에서는 자신과 관심사가 유사한 사람들과 쉽게 공동체를 형성하게 됨으로써 가치관이 유사한 사람들과 의사소통을 진행하게 된다.

이로써 자신의 가치관을 더욱 확고하게 다지게 됨에 따라 다른 생각을 갖는 사람을 배척하는 등 획일성을 증폭시킬 수 있다. 이러한 획일적인 인관관계는 면대면 관계를 축소시킬 뿐만 아니라, 인간관계의 다양성을 훼손한다. 즉 가상공간에서의 네트워크 활성화는 면대면 관계의 강한 연줄의 장점인 끈끈한 인간적 정을 느낄 수 없을 뿐만 아니라 서로 알지 못하는 넓은 시민사회 구성원 간에 이루어지는 약한 연줄의 다양성마저 상실하게 된다.

다섯째, 가상공간에서의 네트워크는 사용자가 원하지 않은 관계가 형성되기도 하고, 원하지 않는 정보가 소통되기도 한다. 가상공간에서 이루어지고 있는 의사소통은 쌍방향적인 성격을 지니고 있지만 정보 생산자가 제공한 정보가 일방적으로 주도된다. 생산된 정보가 다른 사람의 반응을 의식하면서 정제되지 않고 일단 일방적으로 제공된다.

홈페이지 또는 플랫폼이 제작자에 의해 주도되어 일방적으로 제공되고 참여자의 의견이 거의 반영되지 않는다. 가상공간 활동 대부분이 익명성에 자신의 모습을 감춘 채 이루어지고, 나중에 누구인지 밝혀져도 누구인지 모르는 경우가 대부분이다. 이런 상황이 반복되니 사람들은 가상공간에서 이루어지고 있는 정보와 의견을 신뢰하기 어렵다.

가상공간의 확대가 신뢰를 증가시킬 것인가, 감소시킬 것인가에 대한 의견이 분분하지만 가상공간이라는 새로운 영역의 등장은 기존의 면대면 관계를 확대시킨 것은 사실이다. 가상공간 내 공동체가 기존의 면대면 관계를 중심으로 한 공동체를 완전히 대체할 수는 없지만 가상공간의 발달로 인해 기존의 사회적 네트워크를 강화하고, 면대면 관계를 보완하는 것도 사실이다. 가상공간이 완전히 새로운 사회적 관계를 만들어내지는 못하지만 기존의 사회적 관계를 유지 및 발전하는 데 유용한 도구가 되기도 한다.

가상공간은 국제적 활동의 활성화 같이 오프라인에서 할 수 없었거나 하기 어려웠던 사회적 네트워크를 가능하게 한다. 면대면 관계를 유지하고 있는 사람들 간에 인터넷과 SNS를 통해 더욱 활발한 인적 관계의 폭과 깊이를 증가시킬 수 있다. 전화의 보급으로 면대면 접촉의 공간적 한계를 극복하고 활발한 인적 네트워크를 증가시킨 경험으로 미루어 볼때 가상공간은 최소한 기존의 의사소통 방식에 부가적인 기능을 더했다고 볼 수 있다.

특히 가상공간의 확대로 사람의 일상생활에 큰 변화를 가져온 것은 분명하다. 일부 학자들은(Fisher, 1992; Wellman, 2001) 가상공간의 출현으로 기존의 의사소통 방식을 보완하거나 대체하여 사회를 획기적으로 변화시킴으로써 새로운 인간관계 및 신뢰 구조를 형성할 것이라고 한다. 인터넷과 컴퓨터의 발전으로 정치적 참여를 증가시킨 것이 이를 증명한다. 지정된 투표장에 한정된 시간에 가야만 투표를 할 수 있던 과거의 방식을 온라인 기술의 발전으로 전국 어디서든지 투표를 가능하게 하는 사전투표제의 도입으로 확대함으로써 투표참여율을 끌어올렸다.

가상공간의 발전으로 지역사회 각종 활동에 직접 참여하기 어려운 사람들에게도 온라인 상에서 참여할 수 있는 길을 열어주고 있다. 지역정보 네트워크의 도입이 최근에 들어와서 지속적으로 증가하고, 이에 따라 사람들 간의 다양한 네트워크가 확대되고 있다.

한 마디로 가상공간의 활용은 향후 점점 더 증가할 것은 확실하고, 일상생활에 큰 영향을 미칠 것이다. 지금까지 인류의 생활공간의 확대에 따라 새로운 신뢰 구조를 정착시켰듯이, 가상공간은 또 다른 신뢰 구조를 정착시킬 것이다. 모든 사회가 가상공간의 신뢰 구조를 일률적으로 정착시키지는 않을 것이다. 가상공간이 어떻게 활용되고 정착되는가는 그 사회와 국가, 구성원들에게 달려있기 때문이다. 가상공간의 신뢰 구조가 제대로 정착된 사회는 발전할 것이고, 그렇지 않은 사회의 발전은 지체될 것이다.

3장.

신뢰의 형성

신뢰

다양한 장소

다양한 방법

신뢰는 다양한 장소에서
다양한 방법으로 형성된다.

1. 경제 · 사회적 구조

소득이 높은 사람이 신뢰가 높을까?
학력이 높은 사람이 신뢰가 높을까?
연령이 높은 사람이 신뢰가 높을까?
소득, 학력, 연령이 높은 사람이 신뢰가 높은 이유는 무엇인가?
사는 지역, 국가에 따라 신뢰 수준이 다를까? 그 이유는 무엇일까?

"곡간이 후하면 인심도 후하다"는 격언이 있다. 자신의 사정이 넉넉하면 다른 사람을 대하는 자세도 넉넉해진다는 말이다. 그러면 학력이 높고 소득이 높은 사람의 신뢰가 높을까? 지금까지의 다양한 연구에 의하면 그렇다고 한다. 소득이 높을수록, 연령이 높을수록, 학력이 높을수록 신뢰가 높다는 것이다. 이러한 이유를 밴필드(Banfield, 1967)는 개인이 소유한 자원이 많을수록 신뢰가 높아지기 때문이라고 설명한다. 개인의 능력 또는 개인이 처한 상황이 좋은 사람의 신뢰 수준이 높다는 것이다. 경제·사회적 수준이 높은 사람은 주변 사람들로부터 많은 혜택을 받았다고 생각하니 다른 사람들에 대한 신뢰가 높다.

학력이 높고 경제적으로 안정되어 있는 사람은 부모와 친지, 이웃도 비슷한 수준의 사람들과 친분을 가질 확률이 높다. 비슷한 사람들끼리 모인다고 했다. 좋은 직장에서 안정된 수입을 받고 있는 사람들은 주변 사람들은 비슷한 수준의 사람과의 인적 네트워크를 유지 및 강화시키는 것이 본인에게 유리하다. 경제적 여유가 있으니 다른 사람들이 자신에게 도움을 요청하는 경우 기꺼이 도움을 줄 수 있다. 역으로 자신이 다른 사람에게 도움을 청할 경우 그들도 여유가 있으니 선뜻 도와줄 가능성이 높다. 이들은 자신이 현재 보유하고 있는 물질적 여유를 유지하기 위해서는 다른 사람들과의 협력이 필요하다는 것을 잘 알고 있다. 자신이 다른 사람에 대해 신뢰를 보이면 다른 사람들도 자신을 신뢰할 것이다. 다른 사람들을 신뢰하는 것이 자신의 이익을 보호하는 유력한 수단이다. 도움이 되는 사람을 만나면 기분도 좋다. 자신의 삶을 자신이 책임질 수 있으니 서로에게 부담이 되지 않는 사실을 잘 안다. 신뢰하지 않을 이유가 없다.

반면, 경제적 불안정은 불신의 직접적인 원인이 된다. "사흘 굶으면 남의 집 담을 넘는다"고 했다. 경제·사회적으로 필요한 것을 채우기 위해 자신의 목표를 달성하는데 온 신경을 쓰게 된다. 눈앞의 이익이 우선이다. 수단과 방법을 가리지 않는다. 남의 시선을 의식하지 않고 다른 사람의 이익을 쉽게 침범한다. 다른 사람에게 베풀 자원도 없다. 장기적인 이익을 생각할 여유가 없다. 불평, 불만으로 가득하다. 자신은 충분히 능력이 있고 노력할 만큼 했음에도 불구하고 다른 사람이 알아주지 않는다고 생각한다. 사회 시스템이 잘못되었기에 자신이 제대로 대접받지 못한다고 불평한다. 자연스럽게 다른 사람과 사회 시스템을 원망하고 불신한다. 다른 사람과 사회를 불신할수록 다른 사람들 역시 그 사람을 신뢰하지 않는다. 다른 사람들과의 관계가 더 악화된다. 신뢰와 협력은 사라지고 생존을 위한 치열한 경쟁만이 남는다. 빈민가에서 사는 사람이 가난에서 벗어나지 못하고, 후진국이 경제발전에 성공하기 어려운 이유이다. 사는 것이 어려우니 신뢰가 감소하고, 신뢰가 감소하니 협력하지 않는다. 신뢰 부족으로 자신의 한계를 넘지 못한다.

신뢰는 교육의 결과이기도 하다. 잉글하트(Inglehart, 1997)는 신뢰가 유소년기에 학습되어 세대를 거쳐 전달된다고 하였다. 부모와 이웃 공동체로부터 신뢰를 학습 받는다는 것이다. 실제로 스톨(Stolle, 1998)은 스웨덴에서 교육 수준이 높은 사람들의 신뢰가 높다는 증거를 제시했다. 교육을 많이 받은 사람들은 객관적인 기준으로 사물을 판단하는 능력이 높기 때문이다. 한편, 리(Li, 2004)는 교육 수준이 높은 중국인들의 신뢰가 낮은 경향이 있다고 하였다. 교육을 통해 비판적 능력이 향상된 중국인이 사회의 잘못된 점을 알기 때문이다. 중국 사례 역시 제대로 된 교육은 신뢰를 증진시키는 동력이 된다는 것으로 볼 수도 있다. 교육을 많이 받은 사람은 사물을 객관적으로 바라보는 능력이 증가됨에 따라 맹목적이고 형식적인 신뢰보다 사회에 긍정적으로 영향을 미칠 수 있는 실질적인 신뢰를 증진시키려고 한다는 뜻으로 해석된다.

연령 역시 신뢰에 긍정적인 영향을 미친다. 일반적으로 연령이 많은 사람이 다른 사람들에 대한 이해의 폭이 넓기 때문에 신뢰가 높은 성향을 보인다. 반면, 젊은 사람들은 어느 나라 사람이든지 다른 사람들에 대한 신뢰가 낮다. 젊은 사람들은 사회적 경험이 적기 때문에 누구를 신뢰하고, 신뢰하면 문제가 되는지를 판단하기 어려워한다. 판단이 잘못되는 경우 손해볼 가능성이 높기 때문에 일단 불신에서 시작할 수 있다.

지역 환경도 신뢰에 영향을 미친다. 신뢰가 높은 지역이 있고, 신뢰가 낮은 지역도 있다. 일반적으로 산업화가 이루어진 도시지역의 주민들이 농촌지역의 주민들보다 사회적 신뢰가 강하다. 산업화가 진척되지 않은 농촌지역에서는 주민들의 사회단체 참여율이 낮고, 이 낮은 사회참여율은 주민들 사이의 상호작용이 빈번하게 일어나기 어렵기 때문이다. 또한 농촌지역은 혈연, 학연, 지역, 종교 등 연고 중심의 인간관계가 발달되어 연고 공동체 내 구성원 간에는 신뢰가 높지만 자신이 잘 모르는 외부인에게는 배타적이고 신뢰를 보이지 않기도 한다.

도시 내에서도 지역에 따라 신뢰의 차이가 발생할 수 있다. 같은 도시 내에서도 도시 빈민지역의 다세대주택 또는 단독 주택 주거지, 신중산층 중심의 아파트 밀집지역, 부유층 중심 단독주택지역 등 주거 형태와 양식에 따른 분류에 포함될 수 있다. 이것은 소득에 따라 신뢰 수준이 다른 이유와 다소 중첩되기도 한다. 그러나 같은 도시에서 사는 같은 사람이 특정한 거리에서는 줄을 잘 서는 데 반해 다른 특정한 곳에서는 그렇지 않을 수도 있다. 같은 도시의 중산층 밀집 지역에서는 어린이들이 안전하게 등교할 수 있도록 어른들이 자발적으로 교통정리를 하는 반면, 그 도시 빈민지역의 어린이들은 위험한 차도에서 뛰어노는데도 불구하고 어른들이 무관심하게 방치하는 경우도 있다. 거주하기 편한 지역에 사는 사람들이 신뢰가 높다. 그러니 사람들은 더 살기 편한 곳, 신뢰가 높은 곳을 찾아 큰 비용을 들이며 이사하는 것이다.

국가 간의 신뢰의 차이는 더 크다. 신뢰 수준이 높은 스웨덴 사람이 스웨덴에 살면서 주변 사람들에게 적용했던 신뢰를 브라질에 여행을 가서 브라질 사람들에게 기대하지 않는다. 반대로, 신뢰 수준이 낮은 브라질 사람은 스웨덴을 여행하면서 현지인과 동화되려고 노력한다. 같은 사람이라도 어느 지역, 어느 국가에 있느냐에 따라 다른 신뢰를 적용한다. 한 사람의 경제·사회적 지위가 신뢰에 영향을 미치기도 하지만, 지역 및 국가 단위의 경제·사회적 지위 역시 신뢰에 영향을 미친다.

앞에서 살펴본 소득, 학력, 연령, 지역 등의 경제·사회적 구조는 신뢰에 직접적인 영향을 미치는 동시에 간접적인 영향도 미친다. 즉 경제·사회적으로 유리한 구조를 보유한 개인은 자신이 속한 공동체에 적극적으로 참여하여 공동체 구성원들과 빈번한 상호작용을 함으로써 신뢰를 축적할 기회를 많이 갖는다. 또한 이들은 필요에 따라 다양한 사회단체에 가입하여 활동함으로써 인간관계를 넓힐 기회를 만든다. 이렇듯 다양한 공동체 또는 사회단체 활동은 구성원들과 상호작용을 함으로써 다양한 사람들에 대한 이해를 넓히고, 규범을 지키며, 협력 및 상호부조의 미덕을 나눔으로써 신뢰를 증진한다.

2. 가족

가족 신뢰는 왜 특별한가?
가족을 통해 사람들은 어떤 방식으로 신뢰를 증진하나?
가족 신뢰는 왜 중요한가?

가족 신뢰는 특별하다. 가족은 다른 집단과 달리 이익보다 사랑과 희생
이 우선시되기도 한다. 부부관계, 부모와 자식 간 관계는 이해관계를 따
지지 않는다. 가족은 자신에게 손해가 됨에도 불구하고 기꺼이 구성원에
게 신뢰를 보낸다. 가족 구성원을 "또 다른 나"(alter ego)로 보기 때문
이다. 가족은 바로 자신의 분신이다. 가족을 사랑하는 것은 자신을 사
랑하는 것이다. 가족에게 희생하고 손해 보는 것은 곧 자신을 위한 투자
이다. 자신이 가족에게 희생하는 것은 기쁨이요, 행복이다. 자신이 가족
을 위해 감수한 희생과 봉사가 배우자 또는 자식에게 유익한 결과를 가
져오면 그것으로 충분하다. 희생에 대한 대가를 바라지 않는다. 하지만
대부분의 경우 자신만 희생하지 않는다. 자신이 가족에게 희생하듯이, 다
른 가족 역시 자신에게 무한한 사랑으로 희생한다. 이렇게 자발적인 희생

과 봉사의 가치는 계산할 수 없을 만큼 크다. 따라서 가족 간에는 자연스럽게 매우 두터운 신뢰가 형성된다.

나아가 가족 신뢰 역시 장기적으로 자신의 이익을 극대화하기 위한 전략의 일환으로 신뢰가 작동되기도 한다. 가족 간의 신뢰가 실질적인 행복과 이익으로 이어지면 가족 신뢰의 가치는 더욱 높아진다. 가족 없이 혼자 사는 것보다 신뢰하는 가족과 함께 지내면 장기적으로 득이 된다. 단기적으로 자기가 번 돈을 가족과 함께 쓰는 것보다 혼자 쓰는 것이 더 이익이 될 수도 있다. 그러나 혼자 살면 고독에 몸부림쳐야 하는 밤을 언젠가 마주해야 한다.

가족 간의 신뢰와 협력은 적은 비용으로 큰 행복을 가져다 준다. 평소에 자신이 할 수 있는 일을 하면서 가족에게도 도움을 주고, 실직하거나 병이 들었을 때 가족의 도움을 받는다. 신뢰할 수 있는 배우자를 만나 함께 살면 재산도 늘어나고, 다른 사람과 함께하기 어려운 사적인 생활을 공유하며 행복을 누리며, 거친 인생의 항로를 함께 개척한다. 자식의 양육과 교육을 위해 엄청난 비용이 지출되지만 그 과정에서 행복을 찾고, 이에 더하여 노인이 되어 힘을 잃을 때 자식의 보호를 받는다. 모두 신뢰가 있어야 가능한 일이다. 가족은 단기적인 이익만이 아니라 장기적인 이익과 행복을 추구하기 위한 수단이기도 하다.

가족 신뢰는 사회적으로 자신을 포함한 가족 구성원 전체의 평판을 결정하는 중요한 요인이 된다. 신뢰와 협력이 잘 이루어진 가족, 구성원 간의 우애가 좋은 가족에 대해서는 누가 노력했는지와 상관없이 구성원 모두에 대한 평판이 높고, 신뢰도 높다. 물론 관계가 좋지 않아 신뢰가 낮은 가족은 구성원 모두에 대한 신뢰가 낮다. 따라서 사람들은 자신과 가족을 위해 가족 신뢰를 높이려고 노력하게 된다.

　가족은 다른 사람들과의 관계가 시작되는 곳이다. 사람들은 태어나서 가족과 처음 만나 자연스럽게 신뢰를 학습한다. 신뢰를 형성하기 유리한 가족을 가진 사람은 유리한 인간관계를 형성하고 신뢰의 중요성을 알아간다. 가족으로부터 출발한 관계는 친지, 친구, 이웃을 넘어 사회와 국가 내 구성원으로 이어진다. 가족 내에서 학습한 신뢰와 협력을 다른 사람들과 확대하면서 가족과의 공통점과 차이점을 이해하고 새로운 사람과 새로운 유형의 신뢰를 형성해간다. 가족을 떠나 관계가 멀어질수록 자발적인 희생과 봉사에 의한 신뢰의 효과가 감소하고, 이해관계에 따른 신뢰 관계로 변화하는 성향을 학습한다. 그리고 가족 내에서도 신뢰는 자신의 행복과 이익을 가져다 준 것과 같이, 자신과 특별한 관계가 없는 사람들과의 신뢰는 장·단기적으로 자신에게 이익과 행복을 가져다주는 것을 알게 된다.

3. 연줄 공동체

연줄 공동체 내 신뢰는 가족 신뢰와 무엇이 어떻게 다른가?
연줄 공동체 내 신뢰는 어떤 특징이 있나?
연줄 공동체에서는 어떻게 신뢰가 증진되나?

연줄 공동체는 혈연, 지연, 학연, 종교 등의 인연에 의해 자신의 의지와 상관없이 태생적으로 주어진 환경에 의해 만들어진 집단이다. 연줄 공동체는 확대된 가족이란 특성을 갖는다. 태어나서 자연스럽게 만나고 성장하는 과정에서 공동체의 규범을 익히고 공동체 구성원으로부터 많은 도움을 받으니 기본적으로 이들을 신뢰하지 않을 이유가 없다. 가족이 희생과 봉사를 기초로 이해관계를 공유하는 집단으로써 두텁고 강한 신뢰를 바탕으로 관계가 형성되는 바와 같이 연줄 공동체 역시 두텁고 강한 신뢰를 바탕으로 관계가 시작된다. 부모와 자식 간에 이유를 불문하고 희생과 봉사가 미덕이고, 신뢰하고 보는 것과 같이 연줄 공동체 내 구성원 간에도 일단 희생과 봉사를 요구하고 신뢰가 시작된다. 처음 만난 사람은 그 사람이 신뢰할 만한지를 따져본 후 신뢰하지만 연줄 공동체는 일단 신뢰하고 인간관계를 지속한다.

하지만 엄밀한 의미에서 연줄 공동체는 가족과 다르다. 가족은 자신의 유전자가 직접 전달된 "또 다른 나"이기에 가족의 이익과 성공, 행복이 바로 자신의 것이기에 절대적인 희생과 봉사, 신뢰가 당연한 것인 반면, 연줄 공동체 내 구성원은 "또 다른 나"가 아니기 때문이다. 그러니 연줄 공동체의 신뢰는 가족에 대한 절대적인 신뢰보다는 약할 수밖에 없다.

가족 신뢰보다는 약하지만 연줄 공동체 구성원 간에도 강한 신뢰가 형성된다. 연줄 공동체는 태어날 때부터 타고난 환경이기 때문에 자신이 신뢰할 것인지, 말 것인지를 판단할 능력이 생기기 전부터 높은 신뢰를 주고받으며 시작된다. 성장하면서 이미 형성된 강한 신뢰를 바탕으로 공동체 구성원과 인간관계를 지속하고, 공동체 구성원들과 이익을 공유한다. 그러니 공동체 구성원들과 신뢰하지 못할 사건이 발생하기 전까지는 강한 신뢰가 지속된다. 상호간 강한 신뢰를 바탕으로 도움을 주고받으며 협력을 지속하니 공동체에 대한 소속감이 더욱 굳어진다. 공동체 구성원이라면 누구도 연줄 공동체의 강한 신뢰를 거부할 이유가 없다.

그러나 연줄 공동체는 연줄이 있는 사람만 공동체 가입이 허용된다. 혈연이 있어야 특정 문중 공동체 일원이 될 수 있고, 특정 지역에서 태어나야만 지역 공동체에 가입이 허용된다. 이에 따라 연줄 공동체 구성원은 기본적으로 강한 소속감과 공동체 구성원이라는 특권의식을 공유한다. 이 같은 강한 소속감과 특권의식은 공동체 내 구성원들이 자기 역할을 훌륭하게 해내는 우월한 공동체라는 평판을 들으려고 하는 자발적 동력으로 작동한다. 즉 자신도 우월한 공동체의 일원으로써 소임을 다할 뿐만 아니라 공동체 구성원 역시 훌륭한 공동체 일원이 될 수 있도록 기꺼이 도움으로 주려고 한다. 자신 역시 공동체 구성원으로부터 각종 도움을 제공받게 되고, 자신이 필요한 것을 구성원에게 편하게 부탁할 수 있게 된다. 이로써 공동체 구성원은 목표를 공유하는 통합된 공동체를 형성하게 되고, 이 결과 자연스럽게 공동체 구성원 간에는 높은 신뢰가 형성된다.

연줄 공동체는 구성원 간에 서로를 잘 아는 관계로 형성된다. 이렇게 개인 간의 관계가 소규모 및 동질적인 구성원으로 구성될 때 구성원 간에 정보의 흐름이 쉽고 빠르게 순환할 수 있다. 이렇게 동질적인 공동체에서는 특정한 개인이 자신의 이익을 추구하기 위해 공동체의 이익에 위반되는 기회주의적 행위를 하기가 어렵다. 특정한 개인의 기회주의적 행위는 다른 구성원들에게 발견될 가능성이 높기 때문이다. 역으로 공동체를 위한 개인의 희생적 행위 역시 다른 구성원들에게 전달되기도 한다. 이 결과 이러한 동질적 공동체 구성원들은 공동체를 위한 헌신적 노력을 하는 동시에 공동체에 해가 되는 행위는 자발적으로 하지 않게 된다. 그러니 구성원들은 공동체로부터 직·간접적인 도움을 받게 되고, 공동체 구성원에 대한 신뢰가 높게 형성된다.

연줄 공동체에 가입되어 있다는 것 자체만으로도 구성원들은 다양한 이익을 누린다. 자신이 적극적으로 상호부조적 행위를 하면 더 많은 이익을 누릴 수도 있다. 그러니 연줄 공동체 행위를 하지 않을 이유가 없다. 자신에 도움이 되는 공동체, 자신에게 도움을 주고받는 구성원들을 신뢰하지 않을 이유도 없다. 모두가 이 공동체가 계속 유지되기를 원한다.

4. 사회단체

연줄 공동체(Gemeinschaft)와 일반사회(gesellschaft)는 어떻게 다른가?
사회단체는 어떻게 구성원 간 신뢰를 높이나?

퇴니스(Tönnies)는 사람들이 태생적으로 앞에서 언급한 가족과 연줄을
중심으로 일차적인 인간관계를 맺기 시작한다고 하면서 이를 연줄 공동
체(Gemeinschaft)[5]로 정의했다. 그러나 사회가 발전하면서 혈연, 지연,
학연, 종교 등 연줄에 의한 인간관계는 사람들의 다양한 욕구를 충족시
키기에는 부족하다. 태생적인 연줄에 의한 인간관계는 한 인격체로 독립
하기 이전인 유아기 및 성장기에는 한 사람의 사회화를 위해 중요한 역
할을 하지만, 청소년기를 지나면서부터는 주어진 연줄 이외에 다양한 인
간관계를 필요로 한다. 특히 교육을 받고 난 후 직장을 얻어 사회에 진

5_   한국에서는 "Gemeinschaft"를 공동사회로, "Gesellschaft"를 이익사회로 번역하고
있다. 그러나 공동사회와 이익사회로 번역하는 것은 오해가 발생할 여지가 있기 때문에 여기
에서는 "Gemeinschaft"를 일차적인 연줄 공동체라는 측면에서 연줄 공동체(community)
로, "Gesellschaft"는 이차적인 사회생활을 강조하기 위해 일반사회(society)로 번역한다.

출하면서부터 가족 및 연줄 공동체라는 주어진 인간관계를 보다 확장할 필요를 느끼게 된다. 즉 자신의 필요에 따라 익명의 거대사회에서 생활하는 데 필요한 다양한 사람들이 모인 이차적인 일반사회(gesellschaft)를 형성하여 인간관계를 넓히는 것이다. 산업사회에서 성인이 된 후에는 가정과 연줄 공동체를 벗어나 직장생활과 사회생활로 행동반경을 넓혀야 개인의 행복과 사회적 성공을 추구할 수 있다. 따라서 사람들은 자연스럽게 일차적인 공동체(Gemeinschaft)에서 이차적인 일반사회(gesellschaft)로 인간관계를 확장한다. 이 과정에서 사람들은 연줄 공동체를 벗어나 다양한 배경을 가지고 있는 사람들과 사회단체를 형성하여 관계를 맺는다.

사회의 변화에 따라 인간관계가 달라진다. 원시사회와 농업사회에서는 가족 및 연줄 공동체 내의 구성원과 신뢰를 통한 협력이 중요하기 때문에 태생적으로 주어진 연줄 공동체의 구성원을 중심으로 한정된 인간관계를 맺을 필요가 있다. 그러나 시대가 바뀐 산업사회에서는 공동체 내부 구성원 간의 신뢰와 협력만으로는 개인의 성장에 큰 도움이 되지 못한다. 가족 및 연줄 공동체는 다양성과 전문성이 떨어지기 때문에 사회생활에 필요한 다양한 정보와 지식을 제공하지 못한다. 따라서 연줄이 없더라도 자신에게 도움이 되는 다양한 사람들과의 활발한 인간관계를 맺는다. 연줄에 의지하지 않고 자신이 닦아온 실력을 바탕으로 낯선 곳에서 낯선 사람과 함께 일하는 직장에서 새로운 삶에 도전하여 인간관계의 폭을 넓힌다. 이에 따라 취미집단, 이익집단, 전문가집단 등 이해관계로 형성된 다양한 자발적인 사회단체가 형성된다.

자발적인 사회단체 내의 인간관계는 연줄 공동체와 전혀 다른 양상을 보인다. 자신이 원하면 단체에 가입하고, 싫으면 언제든지 탈퇴할 수 있다. 자신에게 필요하면 가입하고 자신에게 이익이 되지 않으면 언제든 탈퇴한다. 단체의 규칙과 규범 역시 자발적으로 모인 회원이 자신의 필요에 의해 스스로 결정하고, 언제든지 변경할 수 있다. 불필요한 집단의 권위적 결정을 수용할 이유도 없고, 자신의 의견이 집단 의사결정에 반영되지 않는 경우 거부하면 그만이다. 구성원 누구에게도 휘둘릴 이유도 없고 구성원이라고 해서 특별히 강한 신뢰를 보일 필요도 없다. 자신이 속한 집단구성원이나 처음 만나는 일반인에 대한 신뢰가 다를 이유도 없다.

산업사회가 성숙하여 익명성의 거대 도시가 탄생함으로써 연줄 공동체가 쇠퇴하고 다양한 사회단체가 인간관계의 중심축이 되었다. 사람들은 필요에 따라 자발적으로 각종 사회단체를 만들어 참여함으로써 처음 만나는 사람끼리 만나서 의견을 나누고 함께 활동하면서 새로운 인간관계를 맺는다. 다양한 사회단체 내에서 자발적으로 구성원에게 필요한 규범을 만들고 자신의 단기적·장기적 이익을 추구하기 위해 협력적 행위를 한다. 이 결과 처음 만난 사람들 간의 협력적 행위가 전체 사회에 일상화되고 이것이 사회의 보편적인 가치로 정착된다. 사회단체 구성원 간의 이익추구를 위해 협력적 집단행동을 하고, 이러한 협력적 행동이 구성원에게 장기적 이익을 가져오면 그 사회단체는 발전하고, 그렇지 않은 경우에는 그 사회단체는 쇠퇴한다.

자연스럽게 구성원에게 이익이 되는 사회단체는 구성원 간의 신뢰와 협력이 증진된다. 사회단체는 구성원 간의 의사소통이 활발하다. 구성원들이 자신의 이익을 추구하기 위해 모이는 까닭에 자신의 의사를 스스로 밝히고 단체 활동 참여에 적극적이다. 또한 다른 구성원의 의견 역시 적극적으로 경청한다. 다른 사람들의 의견을 경청하지 않으면 다른 사람 역시 자신의 의견에 소극적이기 때문이다. 이렇게 활발한 의사소통을 하는 과정에서 구성원 상호 간에 이해의 폭이 넓어진다.

사회단체에서는 구성원들이 스스로 만든 규범을 자발적으로 지킨다. 규범을 지키지 않으면 그 사회단체가 통합된 힘을 발휘할 수 없게 되고, 결국 사회단체의 역할을 충실히 수행할 수 없게 될 뿐만 아니라 구성원 역시 자신의 목적을 실현할 수 없게 되기 때문이다. 이로써 사회단체의 규범과 질서는 자발적으로 구성원에 의해 만들어지는 까닭에 운영 역시 민주적으로 수행된다. 이러한 사회단체는 특정 인물의 권위적 개입을 배제하고, 인사와 운영에 있어서 객관적인 능력에 의해 수행된다. 이러한 운영상의 객관성, 민주성, 능력제는 사회단체와 구성원에 대한 신뢰를 높인다.

이에 따라 퍼트남(Putnam, 1993)은 이탈리아에서 사회단체 가입률이 높은 지역사회는 신뢰가 높고, 사회단체 활동이 낮고 연고단체의 활동이 강한 지역사회는 신뢰가 낮다는 연구결과를 발표했다. 팩스턴(Paxton 1999) 역시 사람들이 다양한 성격의 모임과 단체에 참여할수록 전체 사회의 신뢰를 높인다고 하였다. 전체 사회에서 자발적 사회단체가 증가하는 경우 사회단체 간, 그리고 사회구성원 간의 수평적 연결과 민주적 의사소통이 증가하여 전체 사회를 유지하고 발전시키는데 필요한 신뢰가 정착된다.

5. 법과 제도

연줄 공동체와 사회단체의 규범과 관습이 거대사회에서는
지켜지지 않는 이유가 무엇인가?
거대사회에서는 왜 법과 제도가 필요할까?
법과 제도는 어떻게 신뢰를 증진하나?

연줄 공동체와 사회단체는 구성원들에게 집단의 규범과 관습을 지킬 것
을 권유하기는 하지만, 반드시 지키게 하는 특별한 강제력은 없다. 특정
한 구성원이 전체 집단에 크게 손해를 끼치는 경우 퇴출시키는 경우도 있
으나 자주 발생하지 않는다. 구성원들이 자신에게 도움이 된다고 판단하
기에 자발적으로 지킬 뿐이다. 원칙적으로 구성원이 집단 규범과 질서를
따를 것인지, 말 것인지는 구성원 개인의 뜻에 달려 있다. 규칙 위반자가
한 집단으로부터 퇴출당하더라고 경제적 또는 신체적 처벌은 거의 없다.
한 집단으로부터 퇴출당했다고 해도 다른 집단에 참여하는 것이 언제든
가능하다.

하지만 사회가 발달함에 따라 사회의 규모가 확대되면서 자발적인
규범과 관습만으로 거대사회를 유지하기 어렵게 되었다. 복잡하고 다원

화된 대규모 사회에서는 구성원들이 규범과 관습을 지키고 있는지를 알수 없다. 엄청나게 많은 사람, 다양한 생각을 가진 사람에게 규범과 관습을 일률적으로 적용하고, 모두가 스스로 지킬 것이라고 가정할 수 없다. 거대사회에서는 수는 적더라도 도둑과 강도, 살인범이 있게 마련이다. 극소수의 이기주의자에 의해서라도 질서가 깨지는 경우 절대다수는 엄청난 손실을 감수해야 한다.

그러니 사회의 규모가 커지면 성문화된 강제장치인 법과 제도가 필요하다. 정해진 법과 제도를 지키는 사람은 보호받고 위반한 사람은 반드시 처벌된다면, 법과 제도의 틀 안에서 사람들은 다른 사람들과 안심하고 거래할 수 있다. 그 결과 법과 제도는 구성원 간의 신뢰를 증진시킨다. 예를 들어 운동경기의 규칙을 정하고, 규칙 위반자를 철저히 가려내 제재한다면 모든 경기 참여자들이 규칙을 위반하지 않을 것이다. 모든 참여자는 경기에서 승리하기 위해서는 규정을 지키며 경기에 최선을 다할 것이다. 규칙이 확고하면 참여자들은 규칙을 신뢰할 것이다. 그리고 규칙을 지키는 다른 참여자를 신뢰할 것이다. 다른 사람들의 행위를 예측할 수 있기 때문이다. 가치가 다양하고 변화하는 사회에서는 게임의 규칙(rule of game)이 명확히 설정되어야 구성원들이 예측 가능한 사회활동을 마음 놓고 할 수 있게 된다.

홉스(Hobbes)는 사람들이 "만인에 대한 만인의 투쟁(the war of all against all)"이라는 혼란으로부터 규칙 위반자를 척결하여 자신을 보호하기 위해 법과 제도를 만들었다고 설명한다. 집단 규모가 확대되면서 경쟁이 치열해지고, 반칙을 통해서라도 자신의 이기심을 충족시키려는 규칙 위반자로부터 정직한 일반인을 보호할 필요가 증가된 것이다. 따라서 집단의 이익을 보호하기 위해 구성원의 자발적 의지에 의존하던 규범과 관습을 강제력을 지닌 법으로 제도화하였다. 법의 강제력이 수반된 제도는 누구든지 제도를 위반하는 경우 반드시 처벌이 따르기 때문에 제도하에서 서로를 신뢰하고 협력할 수 있다. 즉 집단 구성원 간의 신뢰를 높임으로써 자신의 이익을 보호하기 위해 국가와 정부, 법과 제도가 정착되었다.

법과 제도는 사회 구성원 모두를 제도의 틀 안으로 들어오도록 유도하는 강제장치이다. 다양한 개인을 연결하는 조정 장치이다. 법과 제도는 사회 구성원들 모두가 법과 제도를 따라야 하기 때문에 구성원들의 행위를 예측 가능하게 한다. 불확실성을 감소시키고, 일상생활에서 규칙성과 안정성을 가져온다. 인간 상호작용을 위한 길잡이 역할을 하고, 정보를 제공하며, 사회적 내용을 이해하게 하여 선택하고 의사결정을 하도록 한다. 제도는 사회 및 경제가 개인에게 무엇을 요구하고 있는지를 잘 알고 행위 할 것을 요구한다. 그리고 사람들은 법과 제도의 질서 내에서 적합한 행위를 한다. 그 결과 법과 제도에 정해진 틀 안에서 신뢰를 통한 협력이 이루어진다.

따라서 법과 제도가 합리적으로 형성된 경우에는 개인은 합리적으로 행동해야 타인으로부터 신뢰를 받을 수 있고, 협력의 대상을 찾을 수 있으며, 그에 따라 장기적으로 자신의 이익을 추구할 수 있다. 이와 반대로 법과 제도가 합리적으로 형성되지 않은 경우에는 개인이 합리적으로 행동하기 어렵다. 다른 사람들이 비합리적으로 행동하는데 혼자 합리적으로 행동하면 자신만 손해이기 때문이다. 즉 법과 제도가 미성숙한 사회에서는 다양한 구성원의 다양한 가치와 행동을 합의하기 어렵다. 혼란으로 인해 개인의 이익을 수호하기 어렵다. 신뢰도 형성되기 어렵다.

1900년대 초 한국을 유람하고 여행기를 쓴 영국인 비숍(Bishop)은 본토에 사는 한국인과 시베리아에 거주하는 한국인의 행태를 비교하면서 다음과 같이 썼다.

> 이곳(시베리아)의 한국 남자들에게는 고국의 남자들이 갖고 있는 그 특유의 풀죽은 모습이 사라져버렸다. 토착 한국인들의 특징인 의심과 나태한 자부심, 자기보다 나은 사람에 대한 노예근성이 주체성과 독립심, 아시아인의 것이라기보다는 영국인의 것에 가까운 터프한 남자다움으로 변했다. 활발한 움직임이 우쭐대는 양반의 거만함과 농부의 낙담한 빈둥거림을 대체했다. 돈을 벌 수 있는 많은 기회가 있었고 만다린이나 양반의 착취는 없었다. 안락과 어떤 형태의 부도 더 이상 관리들의 수탈의 대상이 되지 않았다.

이 글은 법과 제도가 구성원의 신뢰와 협력, 행동에 영향을 미친다는 것을 말하고 있다. 구한말 사유재산을 법과 제도로 보호하지 못하던 대한제국 내에서는 한국인들은 더럽고, 게으르며, 가난했다. 열심히 노력해서 부를 일구어보았자 자신의 재산을 부패한 탐관오리에게 빼앗길 테니 말이다. 열심히 노력한 자신의 재산을 탐관오리에게 빼앗기느니 열심히 일하지 않고 가난하게 살겠다는 것이다. 이 상황에서는 누구도 신뢰할 수 없다.

하지만 자신의 사유재산이 보호되는 러시아에서는 똑같은 한국인의 행동이 달라진다는 것을 보여준다. 자신의 재산을 아무도 빼앗지 않는 상황에서는 열심히 일하지 않을 이유가 없다. 모두가 열심히 일하고 일한 대가가 자신의 것이 되는 세상에서는 열심히 일하고 협력하여 부를 축적한 것이다. 모두가 자신의 일한 대가를 바라고 남의 것을 빼앗지 않는다면 신뢰하지 않을 이유도 없다.

법과 제도는 공식적인 사람들 간의 상호작용을 규율하는 것으로서 다음과 같은 구체적인 역할을 함으로써 신뢰를 증진시킨다.

첫째, 법과 제도는 생명권, 자유권 등의 기본권과 재산권을 보호함으로써 사람들이 스스로 행복한 삶을 책임지고 이룩하기 위해 노력하도록 한다. 자신의 생명, 자유, 재산을 지킬 수 없다면 이를 지키기 위한 특단의 방안을 강구하기 전까지는 그 어떤 행위도 하지 않는다. 생명에 위협을 느낀다면 살기 위한 방안을 먼저 찾는다. 총탄이 날아오면 그곳으로부터 멀리 달아나는 것이 우선이다. 한 국가에서 생명의 위협을 느낀다면 외국으로 피신하려고 한다. 자유가 박탈될 것으로 생각하면 그 무엇보다도 자유를 보장받기 위한 대책을 찾는다. 자신의 재산이 보호받지 못한다면 재산이 보호될 때까지 재산을 축적하기 위한 어떤 노력도 하지 않는다. 즉 생명권, 자유권, 재산권과 같은 기본권은 법과 제도에 의해 확실히 보장되어야 다른 사람을 신뢰하고 협력의 노력을 하게 된다.

둘째, 법과 제도는 명문화된 게임의 규칙에 따라 행동하는 사람은 보호하고, 규칙을 위반하는 사람을 제재한다. 이에 따라 사람들은 법과 제도를 따라 인간관계를 맺는다. 그 결과 사회 구성원들의 행위를 예측 가능하게 하고, 그 결과 구성원에 대한 신뢰를 증가시킨다.

셋째, 법과 제도는 인간 행위의 불확실성을 감소시킴으로써 안정된 생활을 영위할 수 있는 여건을 제공한다. 법과 제도는 인간 행위에 있어서 갈등이 발생할 가능성이 높은 부문에 대해 분명한 지침을 제시한다. 예를 들어, 건강한 성인 남성은 나이가 되면 군대에 가고, 돈을 벌면 소득세를 내고, 고속도로에서 속도 제한을 지키도록 규정되어 있다. 건강한 남성이 소집영장을 받고도 소집에 응하지 않으면 응당한 처벌을 받고, 세금을 내지 않으면 재산을 압류하고, 도로에서 속도 제한을 지키지 않으면 과태료를 부과한다. 사적인 관계에서도 법이 작동한다.

부동산 매매에 있어서 계약서에 도장을 찍으면 계약을 이행해야 한다. 계약을 지키지 않는 사람에게는 그만한 처벌을 하도록 규정되어 있다. 따라서 모든 구성원은 법과 제도에 규정되어 있는 대로 행동한다. 그러므로 타인이 어떤 행동을 할 것인지를 서로 알고 있다. 이런 방식으로 공식제도는 혼란을 방지하고 인간생활의 안정성을 제공한다.

넷째, 법과 제도는 거래비용을 감소시킨다. 시장에서 법과 제도가 불완전하면 각종 속임수가 판을 친다. 다른 사람을 신뢰할 수 없는 이런 상황에서는 거래가 쉽지 않다. 그럼에도 불구하고 거래를 원하는 사람이 있다면 그 사람은 거래를 성사시키기 위해 많은 비용을 지불해야 한다. 원하는 물건이 올바른지를 확인하기 위해 감정평가사에게 의뢰를 해야 하고, 물건이 법적으로 완전하게 넘어왔는지를 보장하기 위해 변호사를 고용해야 한다. 거래 성사를 위한 안전장치에 지출되는 비용, 즉 모든 상거래에서 거래비용이 추가적으로 따른다. 하지만 법과 제도가 확립되어 정보를 투명하게 공개하고, 공정한 거래를 보장한다면 이러한 추가비용을 지출하지 않아도 된다. 선진국이 잘 살고, 개발도상국가가 잘 살지 못하는 이유도 여기에 있다.

선진국은 법과 제도가 확립되어 있어서 거래비용이 낮고, 거래가 활발하다. 자원의 가치가 낮은 곳에서 가치가 높은 곳으로 원활하게 이동되어 자원의 가치와 효율성이 높다. 반면, 개발도상국가는 법과 제도가 확립되어 있지 않고 거래비용이 높기 때문에 거래가 활발할 수가 없다. 자원이 이동이 어려우니 자원이 있어도 가치가 낮다.

6. 리더십

리더십이란 무엇인가?
훌륭한 리더가 보유해야 하는 자질에는 어떤 것이 있나?
리더십은 어떻게 신뢰를 증진하나?

리더십은 공동의 목적을 달성하기 위해 다른 사람 또는 집단을 이끄는 리더의 능력이다. 그리고 리더십은 리더와 구성원 간에 관계에 의해 형성된다. 리더의 능력은 구성원의 행복과 장기적인 발전을 추구하는 집단 공동의 목적을 달성하는가에 의해 결정된다. 리더가 능력이 있으면 자연스럽게 구성원들은 리더를 따른다. 이에 따라 구성원은 리더를 신뢰하며, 자신이 속한 집단과 구성원들을 신뢰한다.

플라톤(Plato)은 철인(philosopher king), 즉 리더가 보유해야 할 자질로 공동의 문제를 해결할 능력, 공동의 목표를 우선시하는 희생 및 봉사 정신, 개인의 이익을 탐하지 않는 금욕생활 등을 제시했다. 리더가 갖추어야 할 자질을 첫째 유능할 것, 둘째 전체 구성원의 이익을 위해 봉사할 것, 셋째, 도덕적으로 부패하지 말 것, 즉 개인의 사리사욕을 챙기지 않을 것, 넷째, 구성원에게 적합한 업무를 부여하여 모두가 공동체에 기여하게 할 등을 제시했다. 마키아벨리(Machiavelli) 역시 리더의 자질로 공동체를 보호하고, 구성원의 행복을 지키는 능력을 강조했다.

따라서 리더십은 공동체 구성원 모두의 행복과 발전을 추구하는 리더의 종합적인 능력이 우선된다. 리더는 자신이 보유한 리더십으로 ① 집단 전체의 이익을 위해, ② 구성원들에게 공동체의 발전을 위한 비전을 제시하여, ③ 부패 없이 공정하게 구성원들을 한 방향으로 이끌어, ④ 공동체가 직면한 장·단기적 문제를 해결하는 사람이다.

리더십을 보다 구체적으로 설명하면 첫째, 리더가 집단 전체의 이익을 위해 일할 때 구성원들이 리더의 리더십을 인정하고 따른다. 일반인들은 특별한 경우를 제외하고는 남을 위해서, 공동체를 위해서 일하지 않는다. 사람들은 자기 자신의 이익을 위해 일한다. 따라서 일반인들은 다른 사람들로부터 리더로 인정받지 못한다. 사람들은 자신을 위해 일하는 사람, 공동체 전체를 위해 일하는 사람을 리더로 인정하고 따른다.

둘째, 리더는 공동체가 직면한 상황을 분석하여 공동체가 나가야 할 미래의 방향, 즉 비전을 제시할 수 있어야 한다. 비전을 제시하기 위해서는 공동체가 처한 문제, 공동체의 특성을 분석할 수 있는 지적 능력이 갖추어야 한다. 일반인들이 알지 못하고, 알 수 없는 미래에 대한 통찰력을 가지고 공동체가 나가야 할 방향을 제시할 수 있어야 한다. 그래야 일반인들이 리더의 리더십을 인정하고 따른다.

셋째, 리더는 부패하지 않아야 한다. 가장 큰 부패는 사리사욕을 추구하는 것이다. 리더에게는 공동체의 가장 중요한 문제를 결정하는 권한이 주어진다. 리더가 사리사욕을 추구하면 중요한 문제를 공정하게 처리할 수 없다. 능력 있는 인재를 등용하지 않고 자신의 사리사욕을 위해 인사권을 휘두른다. 리더가 사리사욕을 챙기면 아랫사람들은 더 큰 부패를 저지르게 되어 있다. 이런 상황에서는 공동체가 한 방향으로 가지 못하고 각자의 이기심을 채우는 방향으로 가게 된다. 결국 공동체는 무너진다.

넷째, 공동체 구성원이 행복하게 살고, 공동체가 장기적으로 발전해야 리더십이 인정된다. 리더십은 리더가 일하는 과정에서도 평가되지만, 결국은 리더가 일한 결과로 평가된다. 리더십의 평가 척도는 구성원의 행복과 공동체의 발전이다. 아무리 좋은 뜻으로 일했다 해도 구성원이 행복하지 못하고 공동체가 후퇴했다면 리더는 좋은 리더로 평가받을 수 없다.

공동체의 이익을 위해 일하는 리더, 능력 있는 리더, 사리사욕을 취하지 않고 공정하게 공동체를 한 방향으로 이끄는 리더, 구성원의 행복을 추구하고 공동체의 장기적 발전에 기여한 리더를 사람들은 좋아한다. 자신과 다음 세대 모두 행복할 것이기 때문이다. 이러한 리더에게 구성원들은 집단을 지배하고 통치하는 권력을 부여하고, 리더의 지시를 따른다. 동시에 이러한 리더에 의해 갈등이 해결되고, 공동체 구성원들이 통합됨에 따라 서로에 대한 신뢰가 증진된다.

가족의 경우, 리더인 가장은 가족 구성원의 안전, 의식주를 포함한 경제력, 전반적인 행복을 책임지고, 가족에게 문제가 발생한 경우 문제를 해결할 의무가 주어진다. 그 대가로 구성원은 가장의 권위를 인정하고 따른다. 이러한 가족 간의 합의가 이행되는 경우 가장과 가족 구성원 간의 신뢰가 증진된다. 뿐만 아니라 가족 구성원 간의 신뢰 역시 증진된다. 그러나 가장이 구성원을 보호하지 못하면 구성원은 가장의 리더십을 따르지 않고, 가족 신뢰가 붕괴되어 결국 가족 공동체가 해체된다.

연줄 공동체 역시 마찬가지이다. 연줄 공동체를 이끄는 리더, 즉 혈연 공동체의 문중 어른, 지연 공동체의 동네 어른, 학연 공동체의 선배, 종교단체의 원로 등이 혈연 공동체 전체를 위한 의사결정을 내리고, 구성원들이 공동체 리더를 따른다. 리더의 권위를 바탕으로 한 수직적 규범이 잘 지켜지는 경우 공동체 구성원 간의 협력이 원활하게 진행되고 신뢰가 발생한다. 반면, 이러한 규범이 지켜지지 않는 경우에는 리더와 구성원 간의 신뢰뿐만 아니라 공동체 내 신뢰가 훼손된다.

구성원의 자발적인 의지에 의해 단체가 형성되고, 구성원이 원하면 언제든지 가입과 탈퇴가 자유로운 사회단체에서도 리더십이 작동한다. 자발적인 사회단체에서는 리더가 구성원에 의해 선출되기 때문에 리더의 권위가 절대적이지는 않다. 그래도 리더의 역할은 중요하다. 리더가 단체를 안정적으로 이끌고, 단체의 목표를 효과적으로 수행하며, 구성원이 단체에서 구하고자 하는 바를 달성하도록 지원하고, 리더가 구성원에게 도움을 주는 경우 구성원은 리더를 신뢰하고 단체와 구성원에 대한 신뢰도 증가된다. 만일 리더가 구성원이 원하는 리더십을 발휘하지 못하는 경우는 구성원의 수평적 관계가 중요한 사회단체의 신뢰 역시 하락한다.

국가사회의 리더, 즉 정부 공직자는 사회단체와 달리 리더를 공식적으로 선출한다. 대통령과 국회의원을 선출하며, 선출된 정치인을 중심으로 입법부, 사법부, 행정부의 정부가 구성된다. 입법부에 소속된 국회의원, 사법부 내 대법원 판사를 비롯한 고등법원과 지방법원의 판사, 행정부에서는 대통령과 국무총리, 각부 장관과 차관, 그리고 고위공무원들이 리더층을 형성한다. 정부 리더에 대한 일반국민의 기대는 매우 높다.

정부에 대한 신뢰가 아무리 낮아도, 현대사회에서 어떤 문제가 발생하든 국민은 정부가 어떻게 대처하는지를 주시한다. 산불이 발생해도 정부를 탓하고, 범죄가 발행해도 정부 책임이며, 천재지변이 발생해도 정부를 바라본다. 어떤 사고가 나든 정부를 탓한다. 코로나 바이러스가 증가하거나 감소하는 만큼 정부에 대한 지지도가 오르고 내린다.

공직자는 엄격한 여론의 평가가 따른다. 일반 국민이 선행을 하는 경우에는 언론에 대서 특필되고, 많은 사람으로부터 박수를 받는다. 하지만 공직자가 선행을 하는 경우에는 칭찬이 인색하다. 공직자가 세금으로 연봉을 받았으니 당연한 일을 하지 않았느냐는 것이다. 공직자는 국민으로부터 연봉을 받는 만큼 일을 잘 해야 하고, 솔선수범해야 하며, 일절 부정을 저질러서는 안 된다는 것이다.

공직자는 능력뿐만 아니라 도덕적 관점에서도 일반 국민과 다른 높은 평가 기준을 적용한다. 일반국민이 도덕적으로 잘못하면 그럴 수도 있다고 이해하기도 하지만, 공직자가 같은 행위를 하는 경우 그냥 넘어가지 않는다. 일반 국민이 자녀를 외국에 유학시키는 경우에는 자녀를 위해 희생을 감수하는 좋은 부모라고 칭찬하기도 하지만, 공직자가 자녀를 외국에 유학시키는 경우에는 모범적 삶을 살지 않는 공직자로 비난받는다.

정부 역할이 그만큼 중요하기 때문이다. 정부 권력이 강력하고, 정부의 역할에 따라 국민 전체의 생활이 윤택해지기고 하고, 국민의 생명과 안전을 위협받기도 하기 때문이다. 국민은 수입에 따라 세금을 내고, 정부의 정책 방향에 따라 자신을 포함한 가족의 미래가 결정된다. 따라서 국민은 정부에 대한 기대 수준이 높다. 국민은 정부가 올바른 리더십을 발휘하고 보다 도덕적으로 행동하기를 기대한다. 현실적으로 국민의 기대 수준에 미칠 만큼 정부 리더십 수준이 높기는 어렵다. 그러니 신뢰 수준을 높이기는 쉽지 않다.

그럼에도 불구하고 정부가 능력을 발휘하여 비전을 제시하여 국민을 안심시키고, 중요한 국가 문제를 해결하며, 일반국민에 비해 도덕적으로 우월한 행위를 한다면 정부의 신뢰가 높아질 수 있다. 사회가 어려운 문제에 부딪칠 경우 일반시민은 리더를 바라본다.

사회가 위험 상황에 직면하거나 경제적으로 어려운 시기에 유능한 리더가 비전을 제시하고, 솔선수범한다면 국민들은 리더를 신뢰하고 따를 준비가 항상 되어 있다. 평소에도 리더가 노블리스오블리주를 주도적으로 실천한다면 일반시민들은 그 리더를 따르고 신뢰할 것이다. 이 결과 국가사회 전체의 신뢰도 증가된다.

공식적으로 선출된 리더는 아니더라도 일반시민은 그 사회의 공동체를 유지하기 위해 리더에게 필요한 역할을 요구한다. 정부 리더뿐만 아니라 경제, 사회, 학계, 언론계 등 전반적인 리더들이 각계에서 일반국민의 행복을 위해 자신의 역할을 다한다면 이들은 다양한 리더의 권위를 인정하고 신뢰를 보낼 것이다. 따라서 정부에 대한 신뢰가 하락하는 가장 중요한 이유는 취약한 정부 리더십이다.

어떤 집단이던 간에 리더십이 강한 리더를 보유한 집단은 일단 갈등이 발생하지 않는다. 리더가 유능하여 집단의 문제를 설득력 있게 구성원에게 알려주고 문제를 해결하기 위한 비전을 제시하며, 구성원 각자에게 적합한 임무를 맡기기 때문이다. 그리고 강한 리더는 구성원으로부터 사랑과 존경을 받는다. 구성원들이 해결하지 못하는 문제를 효율적으로 처리할 뿐만 아니라 그 과정에서 발생하는 이익을 구성원에게 돌려주기 때문이다.

민주적 리더십을 소유한 집단구성원은 일단 리더에 대한 신뢰가 높다. 그리고 집단의 문제가 해결되어 평화로운 삶을 살게 됨에 따라 구성원 간의 신뢰도 높다. 전투를 치르면 항상 승리하는 군대 지휘관은 부하로부터 무한 신뢰를 받는다.

리더의 말대로 따르면 자신의 생명을 보호할 가능성이 높고, 군대의 하위 단위 간에 유기적으로 움직여 결국 전투에서 승리한다. 장병들은 자신도 전투에서 일익을 담당했지만 리더의 리더십에 의해 전체 구성원이 유기적으로 맡은 역할을 다했기 때문이라는 점을 잘 안다. 따라서 집단구성원 모두가 지휘관에게 무한 신뢰를 보낼 뿐만 아니라 자신과 함께 전투한 전우들에 대해서도 신뢰를 보낸다.

리더십은 많은 문제를 해결한다. 개인이 해결하지 못하는 문제, 단체가 해결하지 못하는 문제, 법과 제도로도 해결하지 못하는 문제를 리더는 해결할 수 있기 때문이다. 모두가 자발적으로 노력해도 해결하지 못하는 문제를 리더는 해결하곤 한다.

그러니 일반국민은 좋은 리더십에 대한 기대가 높다. 좋은 리더가 있을 때 국민이 행복했고, 국가가 발전한 기억이 있기 때문이다. 따라서 좋은 리더가 있을 때 리더와 공동체뿐만 아니라 구성원 개인에 대한 신뢰마저 높아진다.

7. 시민문화(civic culture)

시민문화란 무엇인가?
시민문화는 어떻게 신뢰를 증진하나?
시민문화와 법·제도는 어떤 관계가 있을까?

제2차 세계대전 이후 독립한 많은 신생국가의 특징을 설명하면서 선진국과 개발도상국의 제도를 비교하는 것이 유행한 적이 있다. 발전도상국이 선진국처럼 발전하지 못한 이유가 제도의 차이에 있다는 가정을 한 것이다. 선진국과 발전도상국의 제도적 차이점을 분석하고, 선진국 제도를 신생 발전도상국에 이식하면 자연스럽게 후진국도 선진국이 될 수 있을 것이라는 데 초점을 맞추었다. 이에 따라 선진국의 전문가들이 발전도상국에 고문단 형식으로 파견되었고, 선진국, 특히 미국 제도가 발전도상국에 도입되었다.

발전도상국에 선진국 제도가 도입된 후 기대한 대로 발전도상국이 선진국과 같이 개혁되었을까? 결과는 예상과 달랐다. 선진국에서는 잘 작동되던 제도가 발전도상국에서는 작동되지 않았다. 무엇이 문제인가?

법과 제도가 바뀌었지만 사람이 바뀌지 않았고, 사람들의 관행이 바뀌지 않았기 때문이다. 민주적 제도를 도입하였더라도, 개발도상국의 정치인과 공무원, 일반국민은 민주적으로 행동하지 않는다. 선진국에서는 규정에 맞게 서류가 작성되면 일처리가 진행되지만, 개발도상국에서는 규정에 맞게 서류가 작성되더라도 관행대로 뇌물을 주지 않으면 일처리를 하지 않았다. 아무리 제도가 바뀌어도 사람의 행태와 문화가 바뀌지 않는 한 제도가 제대로 실행되지 않았다.

제2차 세계대전 이후 독립을 쟁취한 다수의 개발도상국이 선진국 제도를 도입하였지만 민주주의를 실현하지 못하였다. 대의 민주주의를 실현하기 위해 일반시민 모두에게 평등한 투표권을 제도적으로 보장한 결과, 국정을 올바로 이끌 유능한 후보자보다 자신에게 술값과 밥값을 주고 자녀의 직업을 알선해주는 후보자에게 투표한다. 참여 민주주의 시스템 제도를 도입한 결과, 일반시민들은 자신의 의견을 제시하지 않고 정치인의 선동을 자신의 의견으로 착각하여 결국 정치인의 지시를 맹목적으로 추종하는 결과를 가져온다. 행정의 민주화를 이루겠다고 권한을 하위공무원에게 위임한 결과, 권한을 위임받은 하위공무원이 권한을 행사하여 시민의 편의를 제공하는 것이 아니라 자신의 업무를 줄이고 휴가를 늘이기 위해 자신의 권한을 사용한다.

법과 제도가 민주적으로 바뀌어도 사람의 관행이 바뀌지 않았기 때문이다. 법과 제도가 잘 만들어졌다고 해서 그 법과 제도가 잘 이행되는 것은 아니다. 오히려 법과 제도를 이행할 사람들의 수준, 즉 시민문화가 성숙하지 않으면 민주주의도 요원하고, 신뢰 사회도 맞기 어렵다. 오히려 법과 제도가 허점이 있더라도 시민문화가 성숙한 곳에서는 민주주의도 정착되고, 사람들 간의 신뢰도 높다. 시민문화의 성숙도에 따라 사회 구성원의 협력과 행복이 결정된다.

새치기를 하면 벌금을 물린다는 규정이 없다고 해도 구성원 모두가 줄서기를 한다면 법과 제도가 불필요하다. 주차장에서 접촉사고가 발생해도 사고를 낸 사람이 사고를 낸 자동차에 자발적으로 자신의 이름과 전화번호를 남긴다면 값비싼 보안용 카메라를 설치할 필요가 없다. 다른 집에 도둑이 든 경우 이웃에 사는 사람이 자발적으로 신고하여 절도범이 체포되는 아파트 단지는 도둑이 잘 들지 않을 것이다. 이 아파트는 살기 좋은 아파트라는 평판을 얻을 것이고, 주민의 주거 만족도도 높으며, 집값도 오를 것이다. 시민문화가 성숙한 곳에서는 이웃 간 협력이 잘되고, 신뢰 역시 높다.

그러면 시민문화가 성숙하다고 법과 제도가 전혀 필요 없을까? 법과 제도 없이 시민문화로만 높은 신뢰를 유지하기는 쉽지 않다. 어느 사회나 극단적인 이기주의자가 있고, 일시적으로 자신의 단기적인 이익을 추구하기 위해 법과 제도를 어기고, 시민문화를 무시하는 사람이 나타날 수 있다. 특히 법과 제도에 허점이 있는 경우에는 이런 사람들이 더 많이 나타날 수 있다. 법과 제도의 강제력이 작동하지 않는다면 법을 어기고 자신의 이익을 위해 행동하는 이기주의적 행동이 증가할 가능성이 높다. 또한 남에게 피해를 주는 범법행위도 증가한다. 이 결과 선량한 다수에게 피해가 돌아간다. 이러한 상황이 방치되면 더 많은 사람이 법과 제도, 질서, 약속, 사회문화를 어기고, 결국 사회적 신뢰가 하락할 수 있다.

사람은 천사가 아니다. 자신의 행동을 아무도 감시하지 않고, 자신이 알아서 행동해도 된다면 자신의 이익을 위해 다른 사람의 이익을 해칠 가능성이 있다. 따라서 시민문화가 성숙한 사회에서도 법과 제도가 필요하다. 또한 시민문화가 성숙한 사회 구성원들은 법과 제도를 잘 갖추기 위해 더욱 노력한다. 시민문화가 성숙한 선진국이 개발도상국보다 법과 제도의 개혁을 위해 더 많은 시간과 비용을 지출한다. 시민문화가 성숙한 사회에서도 신뢰사회를 구축하기 위해 지속적인 노력이 필요하다. 구성원의 역량과 신뢰가 높고, 사회문화가 성숙한 사회도 그들이 보유한 장점을 지키기 위해서 일정한 수준의 법과 제도적 장치가 필요하다.

그렇다면 법과 제도, 그리고 시민문화의 성숙 중 어떤 것이 더 중요할까? 결론부터 말하면 공식적 제도와 시민문화는 별개로 것이 아니라 서로 보완하면서 발전한다. 시민문화의 성숙으로 인해 공식적 제도가 발전되고, 역으로 공식적 제도가 발전되면 시민문화가 성숙된다.

시민문화는 사회 구성원들이 그 사회에서 자발적으로 형성하고, 발전시킨다. 누가 인위적으로 이끄는 것이 아니라 사회구성원 모두 함께 노력함으로써 형성된다. 가장 중요한 것은 구성원의 역량이다. 역량 있는 구성원들이 자발적으로 공동체에 참여하여 활동함으로써 의견이 조율되고 합의된다. 구성원들이 필요하다고 판단하면 법과 제도로 발전시키기도 한다.

강제력이 약한 사회문화만으로는 구성원들의 이익을 보호하고, 사회를 유지 및 발전시키기 어렵다고 판단되는 경우, 강제력이 발동되는 법과 제도를 만드는 것이다. 결국 사회문화를 유지하고 발전시키는 구성원들의 역량이 결국 법과 제도로 연결되는 것이다. 사회 구성원들이 신뢰하고 협력하는 역량이 곧 사회문화를 형성하고, 동시에 그들에게 필요한 법과 제도로 발전된다.

한편, 법과 제도를 통해 사회문화가 성숙되기도 한다. 발전도상국의 경우 대부분의 법과 제도가 그 사회에서 자발적으로 형성되기보다 선진국의 제도를 도입한 것이다. 이렇게 개발도상국이 선진국의 법과 제도를 도입한 경우 그 사회 구성원의 역량 및 사회문화와의 불일치로 인해 제대로 기능하기 어려운 경우가 대부분이지만, 한국, 대만, 싱가폴 등과 같이 발전에 성공한 국가는 선진국에서 도입한 법과 제도를 그 나라의 실정에 맞게 수정하여 법과 제도를 정착시키기도 한다. 일부 성공적인 개발도상국의 경우 공식적 제도의 도입을 통해 사회 구성원의 역량이 증진되고, 사회문화가 발전되기도 했다.

따라서 그 사회 구성원의 역량 및 사회문화 성숙도에 따라 법과 제도의 수준을 다르게 적용할 필요가 있다. 일단 사회문화가 덜 성숙한 곳에서는 보다 명확한 법과 제도적 틀이 확립될 필요가 있다. 하지만 신뢰가 높고 사회문화가 성숙한 사회에서는 법과 제도가 필요 이상으로 구성원들을 규제할 필요가 없다. 법과 제도가 구체적이고 강할 경우 사회의 유연성이 떨어지기 때문이다.

4장.

신뢰의 유형

인간관계가 다양한 만큼
다양한 종류의 신뢰가 존재한다.
다양한 유형의 신뢰는
각각 장점도 있고 단점도 있다.

1. 사적신뢰(particularized trust)와 일반신뢰(generalized trust)

사적신뢰란 무엇인가?
일반신뢰란 무엇인가?
사적신뢰와 일반신뢰는 어떻게 다른가?

우슬래너(Uslaner)는 신뢰를 사적신뢰(특정신뢰로 부르기도 함)와 일반신뢰로 구분하였다. 사적신뢰는 신뢰자가 가족, 친척, 친구, 이웃, 종교모임을 함께 해 온 사람들 간의 신뢰, 즉 개인적으로 이미 잘 알고 있는 사람에 대한 신뢰이다. 사적으로 특별한 관계에 있는 사람은 자신에게 특별한 이익을 제공할 것이라는 기대가 있고, 현실적으로 특별한 이익을 나눈다. 서로가 무엇을 필요로 하는지를 잘 알고 있기에 서로에게 필요한 도움을 주고받는다. 양보와 타협이 잘 되고 갈등의 여지도 없다. 때로는 이들을 위해 손해를 감수하기도 한다. 자신이 필요할 때 이들이 손해를 감수하면서까지 자신을 돕기도 하기 때문이다. 자신이 속한 집단 내 구성원에게는 우선권, 특혜를 베푼다. 이들에게는 다소의 편법을 눈감아 주기도 한다. 만일 이러한 사적관계를 거부하는 경우 집단구성원으로부터 처벌을 받기도 한다. 사적관계자에게 특별한 편의를 제공하지 않는 사람, 높은 신뢰를 보이지 않는 사람은 구성원들로부터 질타를 받고 따돌림당한다. 이들 집단 내에 있으면 삶이 편하다. 사적관계, 사적신뢰는 자신에게 이익이 되니 거부하기 어렵다. 그러니 사적신뢰는 높을 수밖에 없다.

그렇기 때문에 사적신뢰는 집단 밖에 있는 일반인에게는 공정하지 않다. 일반인의 관점에서 사적신뢰는 매우 자의적이다. 객관적이지 않고, 신뢰자 개인의 필요에 따라, 사적관계가 있으면 신뢰가 높고, 사적관계가 없으면 신뢰가 높지 않다.

반면, 일반신뢰는 특별한 사적관계가 없는 사람에 대한 신뢰이다. 일반적으로 익명의 사회, 서로를 잘 알 수 없는 거대도시사회에서 처음 만나는 사람들에 대한 신뢰이다. 사적인 관계가 없으니 자신에게 특별한 이익을 제공할 것이라는 기대를 하지 않는다.

다른 사람의 주관적이고 자의적 판단에 의해 신뢰 여부를 판단하는 경우, 사적관계가 있는 다른 사람을 이익을 보겠지만 사적관계가 없는 자신은 오히려 손해 볼 가능성이 있기 때문에 주관적이고 자의적인 사적신뢰를 거부한다. 누구에게도 치우치지 않는 공정한 신뢰가 자신의 이익을 보호할 것으로 생각하고 자신도 공정한 기준에 의한 신뢰에 의존한다. 즉 객관적이고 중립적인 법과 제도, 규정 등에 의해 예측 가능한 사실을 근거로 신뢰를 부여한다.

상거래에서 사적관계가 있느냐 여부에 따라서 거래할지, 말지를 결정하기보다, 처음 보는 사람일지라도 정당한 가격을 내는 사람과 거래한다. 자신과 사적관계가 있는 사람은 수가 많지 않기 때문에 이들과의 거래만으로는 자신의 이익을 추구하는데 한계가 있기 때문에 사적신뢰보다 일반신뢰를 선호한다. 공공기관에서 아는 사람에게 문서를 빨리 처리해주고 모르는 사람에게는 그렇게 하지 않는 것이 아니라, 알든 모르든 간에 모든 민원인에게 규정에 의해 일을 처리하기를 요구한다. 개인적 관계 유무를 떠나 모든 사람을 공정하게 대접하고, 모든 사람에게 같은 신뢰를 보낸다. 따라서 일반신뢰는 공정하고 객관적인 기준에 의해 결정된다.

2. 강한 신뢰(strong trust)와 약한 신뢰(weak trust)

강한 신뢰란 무엇인가?
약한 신뢰란 무엇인가?
강한 신뢰와 약한 신뢰는 어떻게 다른가?

그래노베터(Granovetter)는 신뢰의 작동에 초점을 두어 신뢰를 강한 신뢰와 약한 신뢰로 구분하였다.[6] 강한 신뢰는 가족, 친지, 친구 등 개인적 연줄이 두텁고 긴밀하게 연결되어 상호간의 신뢰가 강하게 나타나는 신뢰를 말한다. 한 마디로 혈연, 학연, 지연이라는 개인에게 특별하게 형성되는 네트워크는 상호간에 강한 신뢰로 나타난다는 것이다. 앞에서 살펴본 도이치와 우슬래너가 구분한 사적신뢰는 일반인이 아닌 특정인과의 관계를 나타내는 것인 반면, 그래노베터의 강한 신뢰는 특정인과의 관계에서 발생하는 신뢰의 작동이 강하게 나타난다는 것에 초점을 둔 것이

6_ Granovetter는 사람과 사람 간의 연줄(tie)을 강한 연줄(strogn tie)와 약한 연줄(weak tie)로 구분하였다. 여기에서는 Granovetter의 연줄에 대한 구분을 이용하여 신뢰를 강한 신뢰와 약한 신뢰로 구분하였다.

다. 사람 간의 관계에 있어서 어떤 일이 발생했을 때 특정한 사적관계가 미리 형성되어 있는 경우, 그 일을 처리함에 있어서 상호간에 강한 신뢰를 바탕으로 일을 추진한다는 것이다.

자식이 감기에 걸렸으니 감기약을 사겠다고 약사 친구에게 한 경우, 약사인 친구는 그냥 약만 주는 것이 아니라 친구의 상태를 더 알아보고 그에 적합한 약을 줄 뿐만 아니라 감기약을 먹기 편한 드링크제를 돈을 받지 않고 주는 것과 같이 친구 간의 강한 우정을 과시하면서 친구에 대한 강한 신뢰가 발생한다. 약을 사러 온 친구 역시 친구의 배려에 추가적으로 강한 연대를 느끼며, 친구가 요구하지 않았음에도 불구하고 친구가 경영하는 약국을 적극적으로 홍보한다. 현실적으로 사적신뢰와 강한 신뢰는 바라보는 관점이 약간 다를 뿐, 현실적인 현상은 같다.

반면, 약한 신뢰는 특별한 네트워크가 없는 일반인 간에 나타나는 신뢰를 말한다. 특별히 아는 사람이 아니라도 같은 공간 또는 구조 내에 있기 때문에 사람들 간에 기본적인 신뢰가 발생한다. 누구에게도 특별히 신뢰를 더 보내지도 않고 덜 보내지도 않는, 일반적인 관계에 의해 보편적으로 보내는 신뢰이다. 그러니 신뢰 역시 강하지 않다. 느슨하고 약하다.

하지만 그레노베터는 이렇게 "약한 신뢰"가 "강한 신뢰"보다 영향력이 강하다고 주장한다. 즉 특정인 간에 형성된 강한 신뢰는 네트워크의 수가 한정적이기 때문에 사회적으로 큰 영향을 끼치지 않는 반면, 일반인들 간에 형성된 약한 신뢰는 시민문화 또는 국가문화가 되어 네트워크의 수가 무한정으로 팽창할 가능성이 있기 때문에 정작 그 사회에 큰 영향력을 발휘한다는 것이다. 즉 특정한 혈연관계가 있는 가문에서 발생한 강한 신뢰는 해당 가문에 속한 소수의 사람들끼리는 좋은 역할을 하지만, 전체사회의 일반시민에게는 별 영향을 미치지 못하는 반면, 전체사회 내 일반인 간에 발생한 신뢰는 시민사회를 전반적으로 성숙시킴에 따라 그 사회 전체의 발전에 큰 영향을 미친다.

3. 태생적 신뢰(bonding trust)와 연결적 신뢰(bridging trust)

태생적 신뢰란 무엇인가?
연결적 신뢰란 무엇인가?
태생적 신뢰와 연결적 신뢰는 어떻게 다른가?

팩스턴(Paxton)은 신뢰가 발생하는 원천을 기준으로 태생적 신뢰와 연결적 신뢰로 구분했다.[7] 태생적 신뢰는 혈연, 지연, 학연, 종교, 이데올로기 등 한 사람이 태어나 자라면서 속하게 되는 공동체 내에서 구성원들과 자연스럽게 인간관계를 맺는 과정에서 발생하는 신뢰를 지칭한다. 태생적 신뢰는 신뢰가 연줄을 기반으로 형성된다는 측면에서는 사적신뢰와 유사하지만 태생적 신뢰는 자연적으로 형성된 공동체 내에서 신뢰가 작동한다는 점에 초점을 둔다. 자연적으로 발생한 연줄을 배경으로 구성원 수가 적은 집단에서 생성됨에 따라 구성원 간에 서로 긴밀하게 연결되

7_ Paxton은 사회자본(social capital)을 태생적 사회자본(bonding social capital)과 연결적 사회자본(bridging social capital)으로 구분하였다. 여기에서는 Paxton의 사회자본에 대한 구분을 이용하여 사회자본의 주요 요인인 신뢰를 태생적 신뢰와 연결적 신뢰로 구분하였다.

어 있기 때문에 태생적 신뢰는 상대적으로 구성원 수가 적은 집단 내에서 작동하며, 구성원 간에 높은 신뢰와 강한 협력을 이끌어낸다. 따라서 태생적 신뢰는 앞에서 살펴본 사적신뢰 및 강한 신뢰와 같은 의미로 사용된다.

태생적으로 동질적인 집단에서는 그들의 동질성 및 이익을 추구하기 위해 그들만의 강한 규범을 형성하여 다른 집단과 구분된 배타적 이익을 추구하는 성향이 나타난다. 공동체의 이익 수호를 위해 필요하다면 불이행자를 퇴출할 수도 있다. 구성원 상호 간에 자발적으로 서로를 강제하고 개입하기까지 한다. 예를 들어 친족을 바탕으로 한 씨족부락의 경우 구성원들 간의 관계에 두텁게 연결되어 신뢰 및 규범도 강하고, 때로는 서로에 대해 부당한 간섭을 하기도 하는 끈끈한 관계이다.

이런 성향으로 인해 태생적 신뢰는 구성원 간에 높은 신뢰와 강한 협력을 이끌어 내는 강점을 발휘하지만, 공동체 구성원 이외의 사람들에게는 배타적이다. 미국에서 이탈리아 시칠리아 출신의 마피아 조직이 형성되어 마피아 구성원 간에는 태생적 신뢰가 높게 형성되어 구성원 간에는 배타적 이익을 공유하였다. 그러나 마피아 조직의 태생적 신뢰는 불법 사업을 벌임으로써 전체 미국 사회에는 부정적인 결과를 가져왔다.

반면, 연결적 신뢰는 태생적으로 발생한 공동체 내에서만이 아니라 공동체를 뛰어넘어 다른 공동체 구성원 또는 집단과 집단 간에 소통되는 신뢰를 지칭한다. 공동체 내에서 작동하는 신뢰가 공동체 밖의 외부인, 외부 집단에게도 똑같이 작동하는 것이다. 일반적으로 연결적 신뢰는 일반신뢰 및 약한 신뢰와 동일한 의미로 사용된다. 단. 연결적 신뢰는 모든 사람 및 모든 집단 간에 동일하게 소통되고 연결된다는 신뢰의 작동에 초점을 둔 신뢰의 분류이다.

연결적 신뢰는 특별한 이해관계에 바탕을 두지 않고, 일반인 모두에게 객관적으로 고르게 적용되는 이해관계에 바탕을 둔다. 따라서 연결적 신뢰는 특정한 집단에게 한정하여 특별한 이익을 제공하지 않고, 전체사회 구성원에게 고르게 이익을 제공하는 역할을 한다.

4. 폐쇄적 신뢰(closed trust)와 개방적 신뢰(open trust)

폐쇄적 신뢰란 무엇인가?
개방적 란 무엇인가?
폐쇄적 신뢰와 개방적 신뢰는 어떻게 다른가?

콜만(Coleman)은 신뢰를 활용하는 주체를 중심으로 폐쇄적 신뢰와 개방적 신뢰로 구분하였다.[8] 폐쇄적 신뢰는 집단 내 구성원 간에만 작동하는 신뢰이다. 일반적으로 혈연, 지연, 학연, 종교, 이데올로기 등 사적으로 발전된 공동체 내에서 발전하기도 하지만, 태생적 연줄에 의존하지 않고 자신이 추구하고자 하는 목적을 달성하고자 조직한 집단에서 발전하기도 한다. 변호사협회, 의사협회, 약사협회, 전경련(전국경영자연합회) 등 자격을 갖춘 특정한 사람들의 이익을 수호하기 위해 조직된 이익집단이 대표적인 사례이다.

8_ Coleman은 네트워크를 폐쇄적 네트워크(closed network)와 개방적 네트워크(open network)로 구분하였다. 여기에서는 Coleman의 네트워크에 대한 구분을 이용하여 신뢰를 폐쇄적 신뢰와 개방적 신뢰로 구분하였다.

콜만(Coleman)은 아동교육을 위한 학부모들의 동아리 운영에 있어서 집단구조가 폐쇄적일수록 효율적으로 작동된다며 폐쇄적 신뢰의 장점을 지적했다. 소수의 특정한 학생의 부모들이 모여 그들 자녀만을 위한 특별한 교육 프로그램을 따로 개설하는 경우, 각 부모는 이 프로그램에 참여한 학생들을 공동으로 세심하게 배려할 수 있다. 이 프로그램에 참여한 부모들은 자녀들의 일상적인 행동을 공유함으로써 일부 자녀들이 나쁜 행위를 조기에 파악하여 대책을 수립할 수 있다. 이들 소수의 부모는 정기적으로 의사소통이 가능하고, 자신의 자녀 이외에 다른 자녀들도 올바로 교육받도록 서로 정보를 주고받을 수 있다.

부모 간의 협력이 강화된 결과, 프로그램의 성공 가능성도 높다. 따라서 집단구조의 폐쇄성에 의한 폐쇄적 신뢰는 규범 집행의 효과성을 높이고, 구성원의 협력을 높이며, 구성원의 의무와 기대를 향상시키고, 결국 그들이 하고자 하는 목표를 효과적으로 달성하는 역할을 한다.

그러나 이 교육 프로그램이 다수 학생에게 개방된다면 결과는 달라진다. 보살펴야 하는 학생의 수가 증가하여 부모의 세심한 관리가 불가능하다. 부모들은 교육 효과에 의문을 품게 되고, 자연스럽게 부모 간 상호 신뢰가 약화되어 프로그램에 대한 참여와 협력이 떨어진다. 결국, 교육 효과도 감소된다. 모든 학생들에게 고르게 교육 프로그램을 집행하는 민주적이고 개방적 네트워크는 구성원의 참여와 협력이 저하됨에 따라 목표를 달성하지 못하는 한계에 직면한다.

폐쇄적 네트워크의 효율성은 미국 뉴욕시에서 보석상을 하는 유대인 간의 협력 사례에서도 찾을 수 있다. 뉴욕시에는 유대인이 운영하는 다수의 보석상이 있다. 이들은 고객이 찾는 다이아몬드가 자신의 보석상에 없는 경우 다른 유대인 보석상 연합이라는 폐쇄적 집단의 협력을 이용한다. 다른 유대인 보석상에게 전화를 걸어 고객이 찾는 물건을 소장하고 있는지를 확인하고 다른 보석상이 소장한 다이아몬드를 고객에게 판매한다. 다른 보석상 역시 자신이 없는 물건을 찾는 고객이 있으면 또 다른 유대인 보석상을 소개함으로써 모든 고객을 놓치는 일이 없다.

또한 유대인 보석상 간에는 수백만 달러어치의 다이아몬드 거래를 품질보증과 정상적인 자금의 흐름을 보장하는 계약서 및 보험 없이 전화 한 통으로 끝낸다. 물건과 가격을 확인한 후 한 다른 보석상에게 다이아몬드를 보낸다. 그리고 다이아몬드를 고객에게 판매한 후 그들 나름의 방식으로 이익을 배분한다.

이들 유대인 간에는 다이아몬드 거래를 위한 계약서 작성과 보험 등의 절차가 신뢰로 생략함으로써 시간과 비용을 절약한다. 이렇게 유대인 보석상은 폐쇄적 신뢰를 통해 다수의 고객을 확보하고, 다양한 물품을 보유하여 유대인 이외의 경쟁자를 물리친다.

그러나 폐쇄적 신뢰는 폐쇄적 집단 내 구성원 간에는 참여와 협력을 증진시키고 그들 간의 이익을 공유하는 반면, 전체사회의 효용성을 떨어뜨린다. 폐쇄적 집단은 그 구성원만의 이익을 위해 다른 집단구성원과 정보를 공유하지 않고, 심지어는 정보를 왜곡하기도 하기 때문이다. 따라서 폐쇄적 집단 내 신뢰와 협력, 참여가 해당 집단구성원의 이익과 발전에는 도움이 되겠지만 사회 전체 구성원에게 도움이 되지 않기도 한다.

폐쇄적인 이익집단의 이익 수호를 위해 전체사회에 손해를 끼치는 사례는 너무도 많다. 국민 전체를 위해서 전문인의 수가 증가되어야 하지만, 해당 전문가 이익집단은 전문가 수가 증가되면 해당 전문가의 가치가 떨어지기 때문에 전문인의 수 증가에 극렬하게 반대하는 경우이다.

한편, 개방적 신뢰는 전체사회 모든 구성원에게 보편적으로 적용되는 신뢰를 말한다. 앞에서 살펴본 일반신뢰, 약한 신뢰, 연결적 신뢰와 많은 부분이 일치하는 신뢰이다. 개방적 신뢰는 누구나가 이용할 수 있는 신뢰이며, 누구나에게 고르게 적용된다는 신뢰 적용의 의미에 초점을 둔다.

제한된 인원의 이익을 수호하기 위해서는 폐쇄적 신뢰가 효과적이지만, 전체사회의 엄청나게 많은 사람이 공정한 이익을 보게 하려면 개방적 신뢰가 필요하다. 특정한 사람들만이 단기적으로 이익을 취하기 위해서는 그들만의 폐쇄적 신뢰가 효과적이지만, 전체사회 구성원들이 장기적으로 행복한 삶을 추구하기 위해서는 개방적 신뢰가 요구된다. 한마디로 개방적 신뢰는 전체사회 구성원들의 성숙한 시민문화를 필요로 한다.

5. 수직적 신뢰(hierarchical trust)와 수평적 신뢰(horizontal trust)

수직적 신뢰란 무엇인가?
수평적 신뢰란 무엇인가?
수직적 신뢰와 수평적 신뢰는 어떻게 다른가?

퍼트남(Putnam)은 집단 내 의사결정과정 구조에 따라 상이한 신뢰가 발생한다는 차원에서 신뢰를 수직적 신뢰와 수평적 신뢰로 구분했다.[9] 수직적 신뢰는 권위적 의사결정과정 구조를 지닌 수직적 조직에서 발생하는 신뢰이다. 집단에 필요한 대부분의 의사결정이 조직 윗선에서 이루어지고, 집단구성원은 이를 절대적으로 신뢰하고 따른다. 혈연, 지연, 학연, 종교, 이데올로기 등 연줄에 의한 동질적 집단에서 흔히 발생한다. 이러한 집단의 리더는 전통과 관습에 따라 연장자 또는 선임자가 맡으며, 때로는 리더의 자손에게 상속되기도 한다. 리더가 정해지면 리더에게 절대적

9_ Putnam은 조직의 의사결정과정의 구조에 따라 수직적 조직(hierarchical organization)과 수평적 조직(horizontal organization)으로 구분하였다. 여기에서는 Putnam의 조직의 의사결정과정 구조에 대한 구분을 이용하여 신뢰를 수직적 신뢰와 수평적 신뢰로 구분하였다.

권위를 부여하고, 리더의 능력을 의심하지 않으며, 리더의 결정에 대한 비판도 없다. 의사결정이 권위를 기진 상부에서 일방적으로 이루어지고, 결정된 의견은 조직 전체로 일사분란하게 전달되어 집행된다.

수직적 신뢰는 소수가 주도권을 행사하기 때문에 단체 구성원 간의 자발적인 의사가 활발히 개진되는 수평적 토론문화가 성립되지 않고, 토론 결과가 있더라도 무시된다. 따라서 아랫사람의 의견이 받아들여지지 않으니 아예 의견을 내지 않는다. 어떤 일이 발생하더라도 리더, 연장자, 선임자의 의견이 어떤지 눈치를 본다. 타당성 있는 다수의 의견은 힘 있는 소수의 개인적 의견이 공동체 전체의 의견으로 둔갑되기도 한다.

이에 따라 구성원 간의 수평적 정보전달 및 토론이 무의미한 공론이 되어버리고, 결국에는 수평적 논의는 자취를 감추게 된다. 이 결과 다수의 조직구성원들은 권위 있는 리더의 개인적 결정에 더욱 의지하고, 동료의 의견은 없는 것으로 치부하는 현상이 가속화된다.

이러한 권위적 조직의 수직적 신뢰에 대해 버만(Berman, 1997a)은 그 어떤 조직보다도 의사소통의 과정과 결과가 효율적이라고 하였다. 수직적 신뢰에 의한 의사소통이 단기적으로 매우 효율적이며, 위기에서 의사결정의 속도가 빠름에 따라 큰 강점을 보인다는 것이다. 문제가 단순하고, 환경변화가 없는 경우에는 수직적 신뢰에 의한 의사결정이 빠르고 정확하며 효율적일 수 있다.

그러나 퍼트남(Putnam, 1993a)은 남부 이탈리아의 중앙 통제적이고, 권위적이며, 상하의 관계가 뚜렷한 조직은 장기적인 신뢰를 쌓기 어렵다고 지적하였다. 조직 내 구성원 간의 신뢰는 강하지만, 다른 조직과의 이해관계의 차이에 따라 전체사회 측면에서는 갈등이 발생한다. 연줄을 중시한 남부 이탈리아는 수직적 신뢰를 발달시키면서 외부의 변화를 받아들이지 않고, 집단 내부에서의 다양한 목소리를 듣지 않음에 따라 집단 내부의 결속력은 강화된 반면, 장기적으로 전체사회의 신뢰와 효율성이 떨어지는 것을 지적한 것이다.

잉글하트(Inglehart, 1999) 역시 퍼트남(Putnam)의 연구를 경험적으로 뒷받침하고 있다. 가톨릭, 이슬람, 동방정교와 같이 수직적이고 권위적인 의사소통 문화에 익숙한 남유럽 및 동유럽 국가의 사회적 신뢰가 상대적으로 낮은 반면, 수평적인 의사소통이 발달한 프로테스탄트 문화를 배경으로 한 서유럽국가의 신뢰수준은 높다고 한다. 결국 수직적 신뢰는 수직적 집단 내에서의 신뢰수준이 높고 단기적으로 효율적으로 작동되는 반면, 장기적으로 높은 신뢰수준을 유지하기 어렵다는 것이다.

반면, 수평적 신뢰는 일반적으로 집단 규모가 커서 구성원 상호 간에 개인적인 연줄만으로 생활이 불가능한 거대사회의 조직에서 발생한다. 구성원 간에 연고가 없고, 상호 간 알지 못하니 누구도 다른 사람의 일방적인 의견을 따를 의무도 없고, 따를 이유도 없다. 윗사람도 없고 아랫사람도 없다. 모두가 평등한 권리를 갖는다. 리더의 선출로부터 수직적 문화는 통하지 않는다.

소수에 의해 일방적으로 선출된 리더는 사회 전체에서 인정받지 못한다. 구성원 전체의 합의에 의해 리더를 선출한다. 객관적으로 능력이 부족한 리더는 선출되지 못한다. 의사결정과정에서도 리더의 독주는 용납되지 않는다. 사회구성원 모두가 자신의 의견을 제시할 기회를 공정하게 보유하고 의사결정 과정이 투명하게 공개된 상황에서 전체사회에 도움이 되는 대안이 결정된다. 다양한 이해관계를 가지고 있는 개인 및 단체 모두에게 공정하게 이익이 제공되어야 사회구성원으로부터 신뢰를 획득할 수 있다. 이렇게 사회구성원이 자발적으로 참여하여 구성원 모두에게 적용되도록 제도화한 신뢰가 수평적 신뢰이다.

따라서 수평적 신뢰는 사회구성원 전체가 보편적으로 활용됨에 따라 이해관계가 다른 개인 및 집단 간에 갈등이 발생하지 않는다. 서로가 모르는 거대 익명 사회에서는 의사결정과정에서 권위와 연줄이 통하지 않고, 사회 전체 구성원에게 이익이 되는 아이디어가 수평적 참여를 통해 선택된다. 한마디로 사회문제를 해결할 수 있는 능력 있는 사람의 의견이 선택됨으로써 사회적 효율성을 높이고 사회발전을 이끈다.

전통적으로 지배하던 리더의 권위가 지속적으로 사회를 지배하는 것이 아니라, 사회의 변화에 따라 필요한 다양한 인재가 선택되어 사회를 일시적으로 통치하고, 시효가 지나면 새로운 리더에게 통치를 양도함으로써 새로운 사회문제를 지속적으로 해결한다.

하지만 수평적 신뢰는 이를 형성하고 유지하는 것이 쉽지 않다. 우선 사회구성원 모두가 자기 자신 및 자신이 속한 집단의 미시적 이익보다 사회 전체의 거시적 이익이 더 중요하다는 점을 깊이 인식해야 한다. 눈앞에 있는 단기적 이익보다 장기적 이익이 결국 사회 전체뿐만 아니라 자신에게 이익이 된다는 점을 이해하고 행동해야 한다.

다음으로 전체 사회구성원들이 수평적 신뢰를 형성, 유지하는데 필요한 제도의 필요성을 자발적으로 인식하고 참여하여 제도를 구축해야 한다. 전체 사회구성원의 합의에 의한 제도가 보편적으로 집행될 수 있는 여건까지 마련되어야 한다.

만일 제도를 위반한 구성원이 있다면 이를 제재할 수 있는 장치까지 마련되어야 한다. 결국 전체 사회구성원들이 제도를 이해하고 수행할 수 있는 역량이 증진되어야 수평적 신뢰가 작동될 수 있다. 이런 까닭에 개발도상국에서는 수직적 신뢰가 발달한 반면, 선진국은 수평적 신뢰가 주로 작동되고 있다.

6. 자의적 신뢰(arbitrary trust)

자의적 신뢰란 무엇인가?
자의적 신뢰의 강점은 무엇인가?
자의적 신뢰의 단점은 무엇인가?

자의적 신뢰는 한 사람의 신뢰 정도가 객관적 기준에 의해 결정되는 것이 아니라 신뢰자 개인이 다른 사람에 대한 신뢰 정도를 자신의 개인적인 취향에 의해 결정하는 것을 말한다. 자의적 신뢰는 신뢰자 개인의 지식과 경험, 성격, 기대와 예측, 의지 등에 의해 신뢰의 정도가 결정된다. 물론 개인이 처한 환경, 사회적으로 공유된 규범과 태도, 가치 등이 개인의 판단에 영향을 미치기는 한다. 그러나 자의적 신뢰에 가장 크게 영향을 미치는 요소는 신뢰자 개인의 이익이다. 자신에게 이익이 되는 사람은 신뢰하고 그렇지 않은 사람은 신뢰하지 않는다. 따라서 자의적 신뢰는 일반적으로 신뢰자 개인의 이익을 보호하기 위한 전략적 수단으로 기능한다.

앞에서 구분한 신뢰의 유형 중 사적신뢰-강한 신뢰-태생적 신뢰-폐쇄적 신뢰-수직적 신뢰는 자의적 신뢰로 분류된다. 자의적 신뢰는 사적으로 가까운 사람에게(사적신뢰), 태생적으로 동질적인 사람에게(태생적 신뢰), 자신과 함께 일을 도모하는 사람에게(폐쇄적 신뢰), 강한 신뢰를 보내며(강한 신뢰), 절대적으로 믿고 따르는(수직적 신뢰) 등 자신에게 이익이 되는 사람을 신뢰하는 것이다. "팔은 안으로 굽는다"고 자신과 가까이에 있는 가족과 이웃, 친지에게는 일단 신뢰하고 인간관계를 시작한다. 자신과 같은 종교를 믿는 사람, 이데올로기가 같은 사람, 공동이익을 추구하기 위해 함께 집단을 만든 사람은 일단 신뢰하고 편을 들어준다.

자신과 이해관계가 잘 맞는 사람들의 말을 들어주고 도와주어야 그들도 자신의 말을 신뢰하고 자신의 편을 들어줄 것이기 때문이다. 결과적으로 사적신뢰, 강한 신뢰, 태생적 신뢰, 폐쇄적 신뢰, 수직적 신뢰 등의 자의적 신뢰는 쉽게 편을 만들 수 있는 가까이에 있는 사람끼리 집단을 만들어 자신의 이익을 보호하기 위해 만든 신뢰이다.

자신에게 돌아오는 이익이 클수록 자의적 신뢰는 강하다. 규모가 작은 동질적·폐쇄적 집단일수록 구성원 간에 상호 이익을 보호하려는 의지가 강하고, 그에 따라 구성원 간의 신뢰가 강하다. 이런 집단에서는 구성원 서로가 어떤 행동을 하는지를 잘 안다. 한 사람이 다른 사람을 위해 희생하는 것도 잘 알고, 누군가 집단규범을 어기려고 하는 것도 서로 잘 안다. 집단을 위해 희생하는 사람에게는 그만한 보상이 따르고, 어기면 확실히 처벌한다. 집단 규모가 작으니 집단에게 이익이 돌아오면 자신에게 돌아올 몫이 크다. 따라서 서로가 강하게 신뢰하고 협력한다. 그러니 집단규범과 권위에 대한 충성도도 높다.

자의적 신뢰를 바탕으로 한 집단의 장점은 명확하다. 첫째, 자의적 신뢰는 쉽게 형성된다. 혈연, 지연, 학연, 종교, 이데올로기 등 자연적으로 발생한 집단에서 형성되니 신뢰 형성 비용이 발생하지 않는다. 자신이 가입 여부를 판단하기 전에 일단 집단에 속해 있는 경우가 대부분이다. 집단이 자신의 이익을 보호하니 탈퇴할 이유도 없다. 따라서 구성원의 집단에 대한 충성도가 매우 높다.

둘째, 자의적 신뢰를 바탕으로 한 집단은 구성원을 교육한다. 태어나면서부터 집단에 참여하여 집단규범을 배우고 익히며, 다른 구성원과의 대화와 협력을 통해 사회에 필요한 지식을 습득한다. 협력의 가치를 배우고, 양보와 타협의 미덕을 습득한다. 구성원 개인의 문제까지 집단이 관여하여 해결한다.

셋째, 자의적 신뢰를 바탕으로 한 집단은 구성원에게 다양한 도움이 된다. 구성원 상호간 자신이 가지고 있는 능력을 발휘하여 서로에게 도움을 준다. 중요한 정보를 격의 없이 교환하고, 학생에게는 장학금을 제공하며, 실업자에게 취업 자리를 알선한다. 능력이 다소 부족해도 채용하여 능력을 발전시키는 교육도 한다. 도움을 받은 사람은 자신에게 도움을 준 사람에게 평생 보답하려고 노력한다.

넷째, 자의적 신뢰는 강한 결속력으로 어떤 일이든 효율적으로 처리한다. 구성원 간 갈등이 거의 발생하지 않으니 갈등 비용을 아낄 수 있다. 자발적으로 정보를 제공하고 협력하니 거래비용이 발생하지 않는다. 결정된 사항은 구성원의 자발적인 참여로 일사불란하게 집행되기에 신속하고 정확하게 추진된다.

그러나 자의적 신뢰는 장점만큼이나 단점도 크다. 자의적 신뢰는 누가 누구의 신뢰를 평가하느냐에 따라 신뢰의 정도가 다르다. 같은 집단 내 같은 자질과 능력을 갖춘 구성원이라고 해도 신뢰의 정도가 개인에 따라 높을 수도 있고 낮을 수도 있다. 보통 집단에 대한 충성심이 강한 개인은 신뢰의 정도가 강한 반면, 충성심이 약한 개인은 신뢰가 낮다. 하지만 충성심이 강한지, 낮은지를 평가 기준이 개인마다 다르다. 또한 자신에게 이익이 되면 신뢰하지만 이익이 되지 않으면 신뢰가 철회된다.

이익이 되는지, 되지 않은지에 대한 평가 역시 매우 자의적이다. 집단이 처한 환경이 변함에 따라서도 신뢰가 높기도 하고, 낮기도 하다. 공동체가 구성원에게 큰 이익을 줄 수 있는 환경에서는 구성원 간 강한 신뢰가 발휘되는 반면, 구성원의 이익을 보호하기 어려울 때는 집단의 응집력과 신뢰가 급격히 약화된다.

둘째, 자의적 신뢰는 집단구성원에게는 긍정적인 반면, 전체 사회에게는 부정적으로 작용한다. 인종과 종교가 같다는 이유만으로 끈끈한 호의를 보이는 반면, 그렇지 않으면 배타적이다. 동질 집단 내에서는 자의적 신뢰가 끈끈하고 두텁게 형성되지만 다른 집단에 대해서는 적의를 보이기까지 한다. 가족 또는 친구 관계 등과 같이 매우 밀접하게 연결된 집단 내 신뢰는 폐쇄적으로 내부 구성원 간의 결속을 강화하고 신뢰를 증가시키는 반면, 내부 구성원 이외의 일반인에 대해서는 배타적으로 대하기까지 하는 등 넓은 범위의 사회 수준에서의 신뢰를 악화시킨다 (Knack, 2002; Portes & Landholt, 1996).

연줄을 이용하여 취업을 하는 경우, 취업한 당사자에게 득이 되고 그를 취업시킨 사용자는 취업자의 충성심을 개인적으로 활용하는 기회가 되는 반면, 해당 조직의 입장에서는 능력이 떨어지는 직원을 취업시킴에 따라 조직의 능력을 약화시키는 결과를 초래한다. 이에 따라 자의적 신뢰는 전체 사회 구성원의 입장에서는 불공정과 갈등을 일으키는 원인이 된다. 자의적 신뢰는 자신이 속한 폐쇄적 집단의 이익을 강조함으로써 사회내 다른 집단 및 전체 사회구성원의 이익을 후퇴시키기도 한다. 자의적 신뢰는 전체사회의 공익을 해치고, 파멸적 '지대추구'[10] 행위를 증진시킴에 따라(Olson, 1982; Knack, 2002) 사회의 발전을 후퇴시킨다.

셋째, 자의적 신뢰는 사회 전체의 변화와 발전을 가로막는다. 자의적 신뢰는 현재의 단기적 이익을 중시하고, 장기적 이익을 크게 고려하지 않기 때문이다. 사회가 발전되고 복잡해질수록 개방적 정보소통이 필수적이고, 다양한 전문가들의 다양한 정보가 활발하게 소통되어야 더 많은 아이디어가 생산될 수 있음에도 불구하고, 폐쇄적 공동체는 정보를 자신의 단기적 이익을 위해서만 사용하고, 다른 공동체와 소통을 거부함에 따라 전체사회의 발전에 장애가 된다. 이러한 이유로 Putnam(1995)과 Uslaner(2002)는 자의적 신뢰가 사회적으로 긍정적으로 작동하기보다는 반사회적인(anti-social) 기능을 한다며 신뢰 자체에 포함시키지 않았다.

10_ 지대추구(rent-seeking)는 사회에 특별한 기여를 하지 않으면서 자신의 부를 증진시키는 행위를 말한다. 일은 하지 않고 부동산 임대를 하면서 지대를 받는 행위가 대표적 사례이다. 지대추구를 하는 사회구성원들이 많을수록 사람들은 일을 하지 않고 부를 증진시킬 방법을 찾음에 따라 자원의 전체사회의 실질적 부가 감소하고, 소득 불균형이 심화되며, 정부 세입이 감소되어, 결국 국가의 토대가 무너진다.

7. 구조적 신뢰(structural trust)

구조적 신뢰란 무엇인가?
구조적 신뢰와 자의적 신뢰의 차이점은?
구조적 신뢰의 강점은 무엇인가?
구조적 신뢰의 단점은 무엇인가?

구조적 신뢰는 전체 사회구성원의 보편적 판단에 의해 형성된 객관적인 법과 제도의 기준에 의해 결정된 신뢰를 말한다. 자의적 신뢰가 개인의 자의적 판단에 의해 신뢰의 정도가 결정되지만, 구조적 신뢰는 신뢰의 정도가 법과 제도의 구조에서 결정된다는 특징이 있다. 루이스와 웨이거트(Lewis & Weigert, 1985)는 구조적 신뢰를 사회적·제도적 구조에서 발견되는 신뢰라고 하였고, 가핑클(Garfinkel, 1967)은 구조적 신뢰란 중력의 법칙과 같이 신뢰가 자연스럽고 보편적으로 지속적으로 기능하는 것이라고 했다.

샤피로(Shapiro, 1987)는 구조적 신뢰란 은행규제와 같은 사회적 구조에 의해 제공되는 것으로 보험 기능을 수행한다고 하였다. 즉 구조적 신뢰는 개인 및 소규모 집단의 사견이 아닌, 가치 중립적인 제도에 의해 사회구성원 다수가 보편적으로 부여하는 신뢰이다. 구조적 신뢰는 전체 사회구성원의 보편적 이익을 보호하기 위해 다수에 의해 제도적으로 수립된 장치이다.

앞에서 구분한 신뢰의 유형 중 일반신뢰-약한 신뢰-연결적 신뢰-개방적 신뢰-수평적 신뢰는 구조적 신뢰로 분류된다. 구조적 신뢰는 사적으로 가까운 사람이 아닌 평소에 모르던 일반인에게(일반신뢰), 동질적인 사람뿐만이 아니라 이질적인 사람에게까지(연결적 신뢰), 자신이 속한 집단 구성원만에한 제한하지 않고 누구나에게(개방적 신뢰), 특별한 배려 없이 보편적으로 공정하게 (약한 신뢰), 절대적으로 믿고 따르기보다 평등한 관계에서(수평적 신뢰) 발생한다.

"모든 사람은 평등하다"는 원칙하에 모든 사람을 특별하게 취급하지도 않고 배제하지도 않으며, 법과 제도에 따라 공정한 기준하에 신뢰 정도를 평가한다. 모든 사람이 받아들이기로 합의한 법과 제도를 지키면 신뢰하고, 지키지 않으면 신뢰하지 않는다. 누구도 예외일 수 없다. 결과적으로 구조적 신뢰는 특정한 개인의 이익을 위해 작동되지 않고, 전체 사회구성원의 보편적인 이익을 위해 제도화된 신뢰이다.

구조적 신뢰는 신뢰자의 개인적 판단이 아니라 사회구성원 전체의 합의로 형성된 법과 제도에 의해 신뢰의 정도가 결정된다. 법과 제도는 만민평등, 즉 모든 사람을 평등하게 대우한다. 자신과 친하든 친하지 않든 간에 구성원 모두를 평등하게 취급한다. 특정인에게 이익을 주지 않는다. 특정인에 의해 신뢰의 정도가 좌우되지도 않는다. 자의적 신뢰는 특정인이 다른 사람에 대해 특별히 신뢰 정도가 높을 수도 있고, 낮을 수도 있지만, 구조적 신뢰는 신뢰 정도가 누구든 높거나 낮지 않다. 길거리에서 처음 사람을 만났을 때 그 사람을 특별히 신뢰하거나 신뢰하지 않는 것과 같다. 법·제도적 구조가 모든 사람에게 보편적으로 적용되는 바와 같이 신뢰 정도 역시 모든 사람에게 보편적으로 적용된다.

소규모 연줄 집단을 중심으로 구축된 자의적 신뢰는 그들만의 단기적이고 배타적인 이익을 위해 작동하는 까닭에 전체 사회에는 신뢰를 구축하지 못한다. 그들 간의 신뢰와 협력은 증진되지만 전체사회에서는 분열과 갈등을 증폭시킨다. 전체 사회구성원의 장기적 이익을 훼손한다. 자의적 신뢰는 전체 사회를 유지하기 어렵다. 따라서 사람들의 생활 영역이 소규모 집단에서 거대사회로 확장될 때 전체 사회구성원들이 함께 살아갈 수 있는 방안, 즉 법과 제도 중심의 구조적 신뢰를 고안한 것이다.

이러한 사고에 의해 국가 시스템이 구축된 것은 현실적으로 산업혁명 이후이다. 산업혁명을 완수하기 위해서는 거대 조직에서 처음 만난 사람끼리 협력해야 했다. 익명성의 거대 조직, 거대 도시에 사는 사람 간에 신뢰가 있어야 거대 조직과 거대 도시가 제 기능을 발휘할 수 있다. 따라서 법과 제도를 통한 구조적 신뢰를 발전시켰다. 구조적 신뢰가 있어야 거대 조직과 거대 사회가 작동되어 기업 활동이 가능하고, 국가가 기능할 수 있다.

실제로 법과 제도가 잘 정착된 국가는 경제 수준이 높고 일반신뢰와 구조적 신뢰도 높은 반면, 법과 제도가 제대로 정착되지 않은 국가는 경제 수준도 낮고 일반신뢰, 구조적 신뢰도 낮다. 법과 제도에 의해 국가시스템이 유지되고 있는 서유럽 국가와 미국의 신뢰 수준이 높은 반면, 법과 제도가 무시되고 있는 동유럽 국가, 일부 아시아 국가, 남아메리카와 아프리카 국가의 신뢰 수준이 낮다.

이러한 구조적 신뢰 역시 많은 강점이 있다. 첫째, 신뢰를 획득할 방법이 표준화되어 있다. 구조적 신뢰는 신뢰의 기준이 명확하다. 자의적 신뢰는 개인 및 집단마다 신뢰를 부여하는 기준이 다르다. 신뢰를 획득하기 무엇을 어떻게 해야 하는지를 알 수 없다. 하지만 구조적 신뢰는 법과 제도를 따르면 신뢰를 획득하고, 따르지 않으면 신뢰를 획득할 수 없다. 법과 제도하에서는 모든 사람을 똑같이 대한다. 인종, 출신, 남녀, 지역, 종교 등의 차별이 없다. 모든 구성원이 장기적으로 국가사회에서 신뢰를 획득하여 행복하게 살 수 있는 방법이 정해져있기 때문에 사람들은 객관적인 신뢰를 획득하기 위해 국가사회가 요구하는 역할을 다 하려고 노력한다.

둘째, 법과 제도를 중심으로 형성된 구조적 신뢰는 개인 및 집단 간 갈등을 해소하고 전체 사회구성원을 통합시킨다. 소규모 연줄집단에서 형성된 자의적 신뢰는 집단별로 신뢰의 평가 기준이 다르다. 따라서 대규모 사회에서는 신뢰의 기준과 평가가 다양함에 따라 갈등이 발생한다.

하지만 구조적 신뢰는 기준이 제도화 됨에 사회구성원 누구와도 거래가 가능하다. 전체 사회구성원이 같은 제도하에서 통합됨에 따라 자의성에 의한 갈등이 제거되고 공정한 사회가 이루어질 수 있는 토대가 된다. 사회구성원은 연줄에 신경 쓰지 않고 법과 제도의 공정한 기준에 따라 자신의 실력을 키울 수 있다. 이로써 능력 중심의 통합된 사회가 이루어질 수 있다.

셋째, 구조적 신뢰는 사회 전체의 발전을 촉진시킨다. 구조적 신뢰는 개인 간의 상호관계와 정보공유가 국가의 공식제도 아래에서 이루어진다. 따라서 정확한 정보를 얻기 위한 비용이 크게 들지 않는다. 구조적 신뢰에 의해 처음 보는 사람, 외국인도 의사소통과 정보교환, 경제활동을 안심하고 행할 수 있다. 각종 데이터와 다양한 정보, 새로운 아이디어가 공정하고 값싸게 개방됨에 따라 정보 독점에 의한 지대추구가 최소화되며, 창의적 아이디어에 의한 경제활동이 활성화된다. 이 결과, 전체사회 발전에 도움이 되는 긍정적이고 건설적인 경제활동 및 사회생활이 증진된다.

반면, 구조적 신뢰 역시 단점이 있다. 첫째, 구조적 신뢰는 쉽게 형성하기 어렵다. 제도는 한 국가사회 전체 구성원의 합의가 이루어져야 하는데 구성원의 합의를 얻기가 쉽지 않다. 구성원들이 장기적 관점에서 다른 사람들의 다양한 이해관계를 상호 간에 이해하고, 타협과 양보를 통해 제도로 확립시키는 것이 쉽지 않다. 구성원들이 다양한 이해관계를 이해하기도 쉽지 않고, 이러한 다양성을 합의를 통해 제도로 녹여내는 것 역시 매우 어려운 과제이다.

대부분 오랜 기간 동안 갈등과 혼란, 좌절과 실패를 경험한 끝에 비로소 이루어낼 수 있다. 또한 제도가 확립하였다고 해도 현실에서 제대로 작동되는 것은 또 다른 차원이다. 특정한 법을 만들었다고 해서 그 법이 현실에서 다 작동되지는 않는다. 제도가 형성된 대로 구성원들이 이를 따라야 만이 제대로 작동된다. 따라서 한 나라에서 잘 작동되고 있는 제도를 다른 나라에서 그 제도를 모방한다고 해서 제대로 작동되는 경우가 많지 않다. 국가마다 독특한 역사적, 문화적 배경을 가지고 있기 때문이다.

둘째, 자의적 신뢰의 단기적 이익과 편리함에 익숙한 구성원들이 구조적 신뢰를 받아들이는 것은 매우 어렵다. 태어나서부터 부모와의 관계로부터 시작하여, 주변의 혈연, 지연, 학연 등에 의한 연줄 집단, 종교 집단 및 이데올로기 집단에서 제공하는 자의적 신뢰가 제공하는 단기적, 배타적 이익의 유혹을 뿌리치기는 쉽지 않다. 한편, 제도를 기반으로 한 구조적 신뢰의 장기적, 보편적 이익이 국가사회 전체의 발전을 이루어내어 결국 개인의 장기적 이익과 행복을 가져다 준다는 점을 전체 사회구성원에게 교육하고 이해시키는 것 역시 험난한 일이다.

자의적 신뢰가 작동하는 소규모 집단 중심 사회가 대규모 산업사회로 급격하게 이전되면서 새로운 법과 제도가 구축되고, 이를 구성원들이 수용해야 비로소 구조적 신뢰가 작동될 수 있다. 대규모 조직이 생산성 증진을 위해 새로운 대량생산체제를 도입해야 하고, 이에 따라 조직구성원들을 교육, 훈련시키기 위한 인사관리시스템도 구축해야 한다. 국가사회 역시 대규모 산업사회에 필요한 각종 법과 제도를 정비해야 한다.

그러나 모든 국가사회가 새로운 시스템을 받아들이지 못한 것이 역사적 사실이다. 산업시대에 맞게 법과 제도를 구축하고, 구성원들이 새로운 시스템을 받아들인 국가사회는 산업사회로의 진입에 성공한 반면, 시대의 변화를 거부하고 새로운 법과 제도를 구축하지 못한 국가사회는 구체제에서 벗어나지 못했다. 자의적 신뢰에 안주하여 구조적 신뢰를 발전시키지 못한 국가사회는 개방사회로 전환되었을 때 혼란과 갈등을 반복하고 끝내 경쟁력을 잃었다.

셋째, 모든 사람을 만민평등의 원칙하에 객관적인 법과 제도에 따라 대우하는 산업사회의 구조적 신뢰는 사람의 개성, 특성, 다양한 환경을 인정하지 않는다. 모든 사람을 획일적으로 대한다. 누구든 법과 규정에 따라 움직여야 한다. 자의적 신뢰의 강점인 개인의 특성 및 상황에 따른 관계의 다양성을 구시대적 유물로 취급한다. 인간적인 감정 이입도 없고, 배려도 없다. 개인의 다양하고 특별한 사정을 고려하지도 않는다. 환경이 변화해도 법과 제도가 변화되지 않는 한 과거의 문제를 반복한다. 개인의 다양성을 인정하지 않는다. 창의성도 인정하지 않는다. 그러니 환경이 급변하고 개인의 다양성이 존중되어야 하는 4차 산업혁명 사회에서는 구조적 신뢰의 한계를 드러낸다.

8. 상호계약적 신뢰(inter-contractual trust)

상호계약적 신뢰란 무엇인가?
상호계약적 신뢰와 구조적 신뢰의 차이점은?
상호계약적 신뢰의 장점과 단점은 무엇인가?

인류 역사에서 자의적 신뢰가 잘 작동되던 시기가 있었다. 원시시대와 농업시대 사람들은 규모가 작은 연줄 공동체에서 자의적 신뢰를 통해 인간관계를 형성하여 행복을 추구하였다. 이 시대에는 사회가 단순했다. 사람들은 삶을 유지하기 위해 다양하고 많은 정보가 필요하지 않았다. 그러니 다양한 사람들과의 교류할 필요도 없었다. 서로 잘 알고 있는 가족 및 이웃과 같은 소규모 공동체 구성원들과 잘 지내기만 하면 충분했다. 그들끼리, 자신들만을 위한 단순한 상부상조의 규범이 있으면 살아가는 데 큰 무리가 없었다. 따라서 이러한 소규모 공동체 내 태생적으로 연줄로 묶인 구성원 상호 간 신뢰와 협력 정도는 매우 높았다. 공동체 유지가 바로 삶에 직접적인 영향을 미치기 때문이다. 그러니 강제적인 법과 제도를 구축할 필요가 없었다.

그러나 사회가 발전하면서 사람들의 활동 영역이 넓어졌다. 아는 사람보다 모르는 사람들과의 교류가 대부분을 차지했다. 자의적 신뢰의 단점이 크게 드러났다. 잘 아는 사람과 잘 통해온 자의적 신뢰로는 모르는 사람, 다양한 생각을 가진 사람과는 소통되지 않는다. 사회 규모가 확대된 산업사회에서는 익명의 거대 조직, 거대 사회를 통해 다양한 사람들 간의 협력이 요구되지만 집단마다 자의적 신뢰는 각 집단마다 신뢰의 기준이 달라 집단간 소통이되지 않기 때문이다. 거대 산업사회에서의 자의적 신뢰는 다양한 집단 간의 갈등을 증폭시켰다.

거대 도시, 익명의 사회에서 구성원들 간에 신뢰와 협력을 위해서는 자의적 신뢰를 대체하는 새로운 신뢰 패러다임이 요구되었다. 이에 따라 인류는 모르는 사람 간에도 신뢰와 협력이 가능한 법과 제도를 중심의 구조적 신뢰를 탄생시켰다. 인간관계가 단순한 농업사회에 머문 이탈리아 남부에서는 자의적 신뢰로도 사회가 충분히 잘 작동된 반면, 산업이 발달한 이탈리아 북부의 대도시에서는 자의적 신뢰를 넘어 구조적 신뢰가 구축된 이유이다.

같은 논리로 산업사회에서 4차산업혁명사회로 전환될 때 산업사회의 법과 제도 중심의 구조적 신뢰가 한계에 봉착했다. 법과 제도는 사회의 변화를 고려하지 않기 때문이다. 4차 산업사회에서는 인간 욕구의 변화와 기술의 발전으로 인해 사회가 지속적으로 변화한다. 따라서 사회가 변화되면 이에 따라 법과 제도 역시 지속적으로 변화되어야 한다. 사회가 변화되면 불필요한 규정과 법, 제도는 폐지되어야 하고, 새로이 필요로 하는 법과 제도가 수립되어야 한다. 그러나 법과 제도를 개혁하기는 쉽지 않다. 다수 국민의 동의가 필요하기 때문이다. 법과 제도를 개정하기 위해서는 많은 시간이 소요된다. 극심하게 변화하는 사회변화에 맞추어 제도를 시시각각 변화시킬 수 없다. 사회변화에 맞추어 제도를 개선한다 해도 일시적인 방편일 뿐이다. 사회가 또 다시 변화되면 이전에 구축한 법과 제도는 구성원들을 규제하고 불편하게 한다. 결국, 사회환경이 급변하는 제4차산업혁명사회에서는 법과 제도를 기반으로 하는 구조적 신뢰로 사람들의 복잡하고 다양한 인간관계를 구축하는 데는 한계가 있다.

4차산업혁명사회로 진입하기 위해 인류는 새로운 신뢰 패러다임을 구축해야 하는 과제에 직면했다. 4차산업혁명을 완수하기 위해서는 지금까지의 산업사회 체제를 새로운 시대에 걸맞는 또 다른 체제로의 전환이 요구된다. 과거에 경험했던 것처럼 새로운 시대를 맞이하여 신뢰 패러다임 전환에 실패하면 사회구성원들로부터 신뢰를 통한 협력을 얻을 수 없다. 농업사회의 자의적 신뢰로 산업혁명을 이룰 수 없듯이, 산업사회의 구조적 신뢰로 4차산업혁명을 기약할 수 없다. 산업사회가 익명의 거대 조직과 사회 중심으로 운영되어 법과 제도 중심의 구조적 신뢰가 요구되었다면, 4차산업혁명사회에서는 사회변화에 적응하고 주도하는 새로운 신뢰 패러다임이 요구된다.

4차산업혁명사회에서 변화를 주도하는 힘은 과학기술의 발전이다. 컴퓨터 기술의 급격한 발전에 따른 빅데이터, 인공지능, 사물인터넷, 가상공간의 확대 등이다. 이러한 과학기술의 발전으로 인류는 누구나 실시간으로 세계 곳곳에서 발생하는 다양한 데이터와 정보를 접할 수 있다.

이를 바탕으로 지구촌 곳곳에 흩어져 살고 있는 다양한 전문가들이 실시간 소통하고, 협력함으로써 다양한 방법으로 새로운 분석을 통해 새로운 아이디어를 생산할 수 있다. 또한 인류는 가상공간으로까지 삶의 지평을 넓히고 있다.

이렇듯 제4차산업혁명사회에서는 시간과 공간을 넘어 새로운 정보와 아이디어, 상품 및 서비스가 쏟아져 나오고 있다. 그런데 법과 제도는 사람들의 신뢰와 협력의 기준을 제시하기 어렵다. 법과 제도는 각각의 단일한 국가가 구축하기 때문에 지구촌에 흩어져 살고있는 다양한 전문가를 통합할 방법이 없다. 더욱이 새로운 정보와 아이디어, 상품 및 서비스를 위한 법과 제도를 실시간으로 마련할 방법도 없다. 법과 제도 중심의 구조적 신뢰만으로는 4차산업혁명사회에서의 다양한 인간활동을 통합하는 신뢰의 기준이 될 수 없다.

따라서 4차산업혁명사회에서의 새로운 신뢰 패러다임은 구조적 신뢰를 넘어 환경의 지속적인 변화에도 작동되어야 한다. 새로운 신뢰는 다양한 사람들을 협력하게 함으로써 새로운 아이디어가 지속적으로 창출되어 4차산업혁명을 견인할 수 있어야 한다. 이 새로운 신뢰 패러다임은 상호계약적 신뢰(inter-contractual trust)이다. 상호계약적 신뢰는 지구촌에 살고있는 사람 누구든 자발적으로 참여하여 서로 지켜야 할 규약을 만들고 이 규약에 의거하여 인간관계를 형성하는 것이다. 다양한 사람들에 의해 다양한 규약이 만들어질 수 있고, 한 사람이 복수의 규약에 참여할 수 있다. 그리고 사회환경이 변화할 때 규약에 참여하는 구성원의 동의에 의해 규약을 언제든 새로운 환경에 맞도록 개정할 수 있다. 물론 새로운 규약을 받아들이지 않는 구성원은 언제든 탈퇴할 수 있다. 따라서 필요하면 언제든 누구와도 협력할 수 있는 규약을 만들어 다양한 사람들과 협력이 가능하고, 환경이 변화하면 언제든 능동적으로 대처할 수 있다. 단, 국가는 다양한 규약이 지켜질 수 있는 기본적인 법과 제도를 구축하는 역할을 맡는 것이다. 즉 사회가 변화할 때 기본적인 국가의 법과 제도를 바탕으로 한 구조적 신뢰는 크게 변화시키지 않은 채, 구성원의 자발적인 참여에 의한 상호계약적 신뢰를 개선함으로써 변화에 대응하는 것이다.

하지만 4차산업혁명사회의 상호계약적 신뢰 역시 만병통치약은 아니다. 상호계약적 신뢰는 모든 국가, 모든 국민에게 일률적으로 적용될 수 없다. 상호계약적 신뢰가 형성되기 위해서는 해당 국가사회의 시민문화가 성숙해야 한다는 전제가 있다. 상호계약적 신뢰의 바탕이 되는 규약이 형성되고 지켜지기 위해서는 규약에 참여하는 구성원들이 규약을 형성하는 목적이 무엇인지를 이해하고, 구성원 각자가 규약을 실행함에 있어서 다른 규약 참여자에게 도움이 되는 전문성이 보유해야 하며, 규약이 구성원 모두의 삶에 도움이 되기 때문에 규약을 자발적으로 실천해야 한다. 규약을 이행하지 않을 때 규제 또는 처벌이 두려워서 규약을 지키는 것이 아니라 규약이 자신의 삶에 필요하기 때문에 스스로 지키는 시민문화가 형성되어 있어야 상호계약적 신뢰가 작동될 수 있다. 따라서 시민문화가 성숙한 국가사회는 4차산업혁명을 위한 사회계약적 신뢰가 구축될 수 있는 반면, 시민문화가 성숙하지 못한 국가에서는 상호계약적 신뢰가 구축되기 어렵다.

2편.
신뢰의 진화

모든 것은 변화한다.
신뢰 역시 경쟁력을 높이는 방향으로 진화한다.

5장.

원시사회에서의 신뢰

원시사회에서
사람들은 생존을 위해
가족 신뢰를 바탕으로 협력했다.

〈원시사회 생활과 신뢰의 특징〉

구분	원시사회 특징
인간 생활	수렵, 채집
경쟁력	가족 공동체 신뢰 및 협력
의사결정 구조	수직적, 권위적
구성원 역할	리더·공동체에 대한 절대적 충성
신뢰의 특징	자의적·개인적, 폐쇄적
신뢰의 장점과 단점	강한 연대 / 가족 공동체 간 갈등

1. 원시사회 인간 생활

원사사회에서 사람은 어떻게 살았나?
원시사회 인간의 삶은 동물과 어떻게 다른가?

원시시대 사람들은 수렵과 채집을 통해 살았다. 살기 위해서 사냥할 동물이 많이 사는 곳, 곡물과 과일을 채집할 식물이 많은 곳을 찾아다녔다. 한곳에 오랫동안 머물면 수렵 및 채집 대상인 동물과 식물이 바닥나 먹거리 공급이 어려워지기 때문에 사람들은 지속적으로 이동 생활을 해야 했다. 사람 1명이 살기 위한 공간이 넓었기 때문이다. 인류가 아직도 수렵과 채집의 원시생활을 한다면 현재와 같은 도시생활은 전혀 불가능하다. 지구상에 인구도 현재와 같이 많이 살 수 없다. 사람이 원시생활을 한다면 지구상 인구가 500만명이 적정하다고 한다. 현재 인류는 80억명을 넘으니 1,000명 중 1명만 있어도 원시생활을 하기에는 정원 초과인 실정이다. 이렇게 원시시대에는 한 사람이 차지해야 하는 공간이 넓어야 했기에 많은 사람이 무리를 지어 함께 사는 것은 불가능했다.

그러나 사람은 혼자 살기 어렵다. 야생에서 혼자 살면 생존하기 어렵기 때문이다. 혼자 사냥하는 것도 어렵고, 혼자 곡식과 과일을 채집하는 것도 어렵다. 혼자서는 먹거리를 구하는 것이 어려울 뿐만 아니라 살아남기도 쉽지 않다. 혼자 살면 다른 육식동물의 손쉬운 먹이감이 될 수 있다. 또한 다른 동물들도 그렇듯이 원시사회 사람에게 가장 강력한 경쟁자는 다른 사람이다. 혼자 사는 사람은 다른 사람들로부터 영역을 쉽게 빼앗긴다. 따라서 혼자 사는 것보다 둘이 살려고 하고, 둘보다는 더 많은 사람으로 무리를 지어 사는 것을 선택한다.

원시시대 먹거리를 확보하기 위해서 가능하다면 넓은 공간을 보유하는 것이 좋고, 넓은 공간을 유지하기 위해서는 구성원의 수가 많은 것이 유리한 것은 사실이다. 그러나 원시시대에는 큰 영토를 보유한다고 해도 많은 구성원을 보유한 큰 무리가 함께 사는 것은 불가능하다. 큰 무리가 먹거리를 해결하기 위해서는 하루에 엄청나게 많은 곳을 돌아다녀야 한다. 그러니 집단 구성원의 수가 제한될 수밖에 없다.

따라서 다른 동물 무리처럼 원시시대 사람들은 가족을 중심으로 소수의 집단을 이루어 살았다. 부부를 중심으로 자식, 형제 등 혈연을 바탕으로 집단을 이루기가 가장 편하기 때문이다. 혈연을 중심으로 모인 공동체는 태어날 때부터 이익을 공유하고 상호 간 깊은 신뢰를 하는 관계이다. 이러한 이익 공유와 깊은 신뢰는 원시사회 생존을 위해 가장 필요한 요소이다. 혈연관계로 맺어지지는 않았지만 부부는 자신이 가지고 있지 않은 부분을 보완해주기 때문에 생존 및 유전자를 후세에 전달하는 특별한 존재이다. 그러니 부부는 자신이 생존하기 위한 가장 필요한 존재이다. 자신의 희생 없이는 가족이 유지되기 어렵고, 다른 가족 구성원들도 자신을 위해 언제든 희생을 감수한다는 것을 서로 잘 알고 있다. 원시사회에서 부부는 가장 신뢰해야 하는, 가장 신뢰할 수 있는 사람이다.

원시사회에서 부모와 자식과의 관계 역시 절대적인 신뢰를 바탕으로 한다. 자식을 위해서라면 자신의 목숨도 아깝지 않다. 자식의 행복은 자신의 행복보다 우선이다. 부모는 자식이 전혀 도움이 되지 않더라도 자식을 절대적으로 신뢰한다. 자식이 능력이 없으면 능력을 키워주기 위해 신뢰한다. 심지어 자식이 부모를 속이는 것을 알고 있다고 해도 부모는 자식을 위해 속아 주기도 하고, 궁극적으로 자식에게 이익이 되도록 자식을 신뢰한다. 부모의 입장에서 자식은 자신의 유전자를 후세로 전달하는 자신의 분신이기 때문이다. 자식의 입장에서도 부모를 신뢰하지 않을 이유가 없다. 성인이 되어 부모로부터 독립하기 전까지 부모는 자신의 생존과 이익을 절대적으로 지켜주는 존재이기 때문이다.

형제 역시 태어날 때부터 부모를 중심으로 이익을 공유한 공동체 일원으로 절대적 신뢰를 기초로 관계가 형성된다. 형제는 부모라는 절대적 신뢰자가 절대적으로 신뢰하는 대상이기 때문이다. 더욱이 원시사회에서는 부모와 형제, 4촌으로 이어지는 무리 내 절대적 신뢰와 협력이 확보되어야 생존할 수 있다.

따라서 원시사회에서 사람들은 생존을 위해 가족을 중심으로 무리생활을 선택하였다. 가족 공동체 내 구성원은 자신의 생존과 유전자 존속, 이익 추구를 위해 꼭 필요한 존재이다. 구성원이 위험하면 목숨을 걸고라도 구출한다. 구성원이 배우자가 필요하면 구성원 모두 배우자를 찾아 나선다. 먹거리가 생기면 많든 적든 간에 함께 나눈다. 가족을 보호하지 못하면 자신의 생명이 위험하고, 가족 공동체가 번성하면 자신의 삶도 윤택해지기 때문이다. 그러니 원시사회에서 가족은 서로 절대적으로 의존하고 신뢰하는 존재이다.

한편, 원시사회 사람들은 가족 이외의 다른 사람들에 대해서는 극단적으로 경계한다. 짝을 찾을 때와 같이 이웃 가족과 협력할 수밖에 없을 때를 제외하고는 이웃 가족들을 기본적으로는 경쟁자로 취급한다. 이들과 자신의 영역 내에서 마주치면 적의를 보이며 내쫓고, 실수로 다른 사람들이 사는 영역에 들어가게 되는 경우 공격을 받을 것을 염려하여 극도로 경계한다. 원시시대 사람들은 가족 구성원에 대해서는 절대적으로 신뢰하지만, 가족 이외의 모든 사람은 신뢰하지 않는다. 가족 구성원은 자신의 삶에 절대적으로 필요한 반면, 다른 사람들은 자신의 생존에 위협이 되기 때문이다.

2. 원시사회 신뢰의 경쟁력

원시사회에서 경쟁력이 강한 공동체의 특징은?
원시사회에서 사람들 간의 신뢰는 어떤 역할을 하나?

호랑이, 표범, 치타 같은 동물은 혼자 살아간다. 각자 영역을 가지고 그 안에서 먹이 활동을 한다. 다른 육식동물이 자기 영역으로 들어오면 목숨을 걸고 경쟁자를 내쫓는다. 같은 종의 육식동물 간에는 경쟁이 더욱 치열하다. 호랑이 영역에 다른 호랑이가 침입하면 서슴지 않고 물어 죽인다. 경쟁자를 제거해야 자신이 살아남을 가능성이 높기 때문이다. 혼자서도 살아남을 수 있는 능력이 있기 때문에 가족과도 협력하지 않는다. 그러니 신뢰도 없다. 다만 번식을 위해 필요할 때 잠시 암컷과 수컷이 함께 협력한다. 이때 암컷과 수컷 간에 잠시 신뢰를 주고받는다.

같은 고양이과 동물이지만 사자는 무리 생활을 한다. 숫사자 한, 두 마리에 열 마리 정도의 암사자가 함께 생활한다. 사자는 다른 어떤 동물보다도 힘이 강하지만 사자가 사는 아프리카 초원에는 경쟁해야 하는 다른 육식동물이 호시탐탐 사자의 영역을 침범하기에 협력하지 않고 혼자 생존할 수 없기 때문이다. 또한 사자는 힘이 강한 반면, 속도가 느리다. 빠른 동물을 잡을 수가 없다. 그 결과 자신보다 힘이 세고 덩치가 크지만 속도가 느린 동물을 사냥해야 한다. 그러니 사자가 생존하기 위해서는 협력이 필수적이다. 사냥 중에 자신이 위기에 빠질 경우 동료가 위험을 무릅쓰고 자신을 구할 것이라는 신뢰가 있어야 용감하게 사냥에 나설 수 있다. 사냥에 실패한 경우 다른 사자가 잡은 먹이를 나누어 먹을 것이라는 신뢰가 있어야 자신이 잡은 먹이를 동료와 나눈다. 특히 위험을 함께 나누며 사냥을 하는 암사자끼리의 신뢰와 유대감이 깊고 강하다. 협력할 필요가 있으니 서로 신뢰한다.

한편, 암사자와 숫사자 간에는 암사자 간의 신뢰와 다른 차원의 신뢰가 형성된다. 암사자 간에는 생존을 위한 강한 신뢰를 나누는 반면, 암사자와 숫사자 간에는 종족 번식과 영역을 지키기 위한 협력의 필요성에 의해 신뢰가 형성된다. 암사자와 숫사자는 종족 번식을 위해 서로 필요하기 때문에 상대방을 인정하고 신뢰를 보낸다. 또한 영역을 지키기 위해 암사자는 숫사자를 인정하고 신뢰를 보낸다. 숫사자는 무리의 안전을 위협하는 다른 경쟁 동물들을 영역 밖으로 쫓아낸다.

영역을 침범한 다른 숫사자는 자신의 영역을 뺏으려 할 뿐만 아니라 자신의 새끼를 죽이기 때문에 숫사자는 생명을 걸고 싸운다. 이 대가로 암사자는 사냥에 전혀 기여하지 않았음에도 불구하고 숫사자가 사냥한 고기를 먼저 먹게 놔둔다. 암사자는 자신이 잡은 먹이를 숫사자가 가로채는 것이 마음에 들지 않지만 무리를 보호하는 숫사자의 역할이 필요하기 때문이다. 이렇게 암사자와 숫사자 간에는 서로 다른 역할을 맡음으로써 서로를 신뢰하고 협력한다.

그러나 사자 간의 신뢰는 암사자와 숫사자 간이든, 암사자 간이든 간에 장기적이지는 않다. 숫사자가 노쇠하여 무리를 더 이상 보호할 수 없는 경우 암사자들은 그 숫사자를 무리의 리더로 더 이상 받아들이지 않고, 싸움에서 승리한 새로운 숫사자를 따른다. 또한 사냥할 능력을 상실하여 동료에게 도움을 줄 수 없는 암사자는 무리에서 축출당한다. 사자 무리에서의 신뢰는 영원하지 않다. 생존을 위해 필요에 따라 신뢰를 활용할 뿐이다.

원시사회 사람들 간의 신뢰 역시 사자 간의 신뢰와 크게 다르지 않다. 단지 사람은 사자보다 독립적인 생존 능력이 약하기 때문에 신뢰와 협력이 더 절실하다. 아무리 강한 사람도 원시사회 야생에서 혼자 생존할 수 없다. 혼자서 사냥하기란 거의 불가능하다. 채집도 혼자서는 쉽지 않다. 특히 홀로 떠돌이 생활을 하면서 안전을 보장할 수 없다. 혼자 떠도는 사람은 오래가지 않아 육식동물의 먹이가 되고 만다.

하지만 부부가 협력할 경우 생존 가능성이 높아진다. 자녀를 낳아 키울 수도 있다. 혼자 사는 것보다 부부간 협업은 수렵과 채집의 생산성도 높고, 외로움도 극복할 것이며, 자신의 유전자를 후대까지 전파할 수 있다. 육체 능력이 강한 남성은 수렵 활동에 전념함으로써 사냥 능력을 키울 수 있고, 여성은 상대적으로 위험이 덜 한 식물 채집을 맡음으로써 영양을 골고루 섭취하여 건강을 유지할 수 있다.

잠자리를 마련할 때도 둘이 협력하면 더 안전한 잠자리를 마련할 수 있다. 혼자일 때는 야생 동물이 쉽게 접근하겠지만 둘이면 위험을 감지하는 능력과 방어 능력이 배가 된다. 배우자와 함께 지식과 경험을 나누니 생존을 위해 필요한 정보가 증가된다. 협력을 통해 경쟁력이 높아진다. 그 결과 부부 간에 절대적 신뢰가 발생한다.

원시사회에서 부부만의 신뢰와 협력보다 피를 함께 나눈 형제와 무리를 이루면 생존 가능성이 더 높아진다. 아무리 능숙한 사냥꾼이라고 해도 혼자서는 여러 명이 함께 사냥하는 것보다 효율적일 수 없다. 여러 명이 사냥을 함께 하면 사냥 중에 맞이할 수 있는 위험도 낮아진다.

채취도 마찬가지다. 혼자 채취하는 것보다 여러 명이 함께 채취하면 먹거리를 발견할 가능성을 높일 뿐만 아니라 숲과 들판에서 노출될 수 있는 다른 동물의 공격을 사전에 방지할 수 있다. 야간에 잠자리에 들 때도 부부만이 함께 할 때보다 여러 명이 함께 있으면 보다 더 안전하다. 수렵과 채취를 위해 이동하면서도 임시 울타리를 더 튼튼하게 만들 수 있고, 여러 명이 함께 있으면 야생동물도 함부로 침범하지 못한다.

이렇듯 원시사회에서 혼자 사는 것보다는 부부가 가정을 이루어 함께 사는 것이, 한 쌍의 부부보다는 피를 나눈 형제, 자매가 함께 가족 공동체를 이루어 사는 것이 생존 가능성이 더 높다. 이들 가족 공동체는 다른 사람의 협력 없이는 자신이 생존할 수 없다는 것을 잘 알고 있다.

이들은 서로를 신뢰하지 않으면 협력이 불가능하다는 것을 본능적으로 이해한다. 가족 공동체의 신뢰와 협력이 바로 구성원 전체의 생존과 안전, 번영과 행복을 보장하기 때문이다. 그러니 가족 공동체 내 구성원 간에는 절대적 신뢰가 형성된다. 그리고 신뢰의 판단은 가족 공동체의 주관적인 결정에 의거한다.

한편, 가족 공동체 이외의 다른 사람과는 기본적으로 제로섬(zero-sum) 관계이다. 다른 가족이 자신의 영역에서 먹거리를 획득하는 경우 잘못하면 자기 가족의 생존이 위협받을 수도 있다. 영역을 침범하는 다른 사람 무리는 다른 육식동물보다 훨씬 위협적이다. 예외적으로 이웃 가족 공동체와 혼인 관계를 맺는 등 협력이 필요한 경우, 또는 평소에 단기적으로 협력을 해오던 이웃이 자연재해 등으로 인해 생존의 위협을 받는 경우 일시적으로 영역 침범을 양해할 수도 있다.

그러나 이러한 단기적 협력은 예외적일 뿐이고, 기본적으로 가족 구성원 이외의 다른 사람들과의 신뢰와 협력은 없다. 다른 사람들은 경쟁 상대일 뿐이다.

3. 원시사회 공동체 구성원의 역할

원시사회 집단의 특징은?
원시사회 집단 내 구성원은 어떤 역할을 수행하나?

원시사회 사람들은 그 시대 상황에 맞추어 자신의 생존과 이익을 추구하기 위해 가족 구성원과 신뢰를 나누고 협력한다. 신뢰와 협력의 이유는 자신의 생존과 이익이다. 자신에게 도움이 되면 신뢰와 협력을 나누고, 도움이 되지 않으면 거래하지 않는다. 게으름을 피우고 자기 이익을 앞세우며 가족 구성원에게 도움이 되지 않는 구성원은 공동체에서 쫓겨난다. 심지어 병들거나 나이 먹어 구성원에게 도움이 되지 않는 경우도 마찬가지이다. 그러니 누구나 자신이 다른 가족 구성원들에게 능력이 있고 보탬이 된다는 것을 보여주어야 한다.

원시사회 가족 공동체는 개인의 능력과 공헌도에 따라 역할과 보상이 따른다. 집단의 생존에 필요한 사냥에서 뛰어난 능력을 보이는 구성원에게는 능력과 공헌도에 합당한 대우를 한다. 가장 우수한 성과를 보여준 구성원에게는 공동체의 리더로 인정하는 보상이 따른다. 그 외의 구성원은 역할에 따라 대우하지만, 대부분의 경우 역할을 구분하기 어렵기 때문에 모두 평등하게 대우한다.

원시사회에서 리더는 구성원에게 가장 이익을 제공할 수 있는 능력 있는 자가 맡는다. 대체로 다른 구성원에 비해 육체적 능력이 뛰어나 집단 구성원에게 가장 큰 역할을 할 수 있는 사람을 리더로 인정한다. 힘이 강하고 속도가 빨라 사냥을 효과적으로 할 수 있고, 무리에 위협이 되는 경쟁 집단 또는 동물로부터 집단의 안전을 지킬 수 있기 때문이다. 리더는 다른 구성원보다 힘들고 위험한 역할을 맡는다. 이 대가로 구성원들은 리더에게 다른 구성원보다 더 많은 몫을 챙겨준다. 무리의 안전을 지키고 암사자가 사냥하기 어려운 힘센 동물을 잡을 때 앞장서서 힘을 발휘하는 숫사자에게 암사자가 사냥한 짐승까지도 배부를 때까지 먼저 먹게 두는 것과 같은 이치이다.

가족 공동체 리더는 공동체의 주요 사안에 대해 광범위한 권한을 행사하고 책임을 진다. 문제가 발생하는 경우 구성원이 모여 의견을 나누어 결정하지만, 리더를 맡고 있는 가장의 의견이 절대적이다. 리더의 판단에 따라 가족이 아닌 사람을 공동체 구성원으로 받아들이기도 하고, 리더가 구성원의 역할을 다하지 않는다고 판단하면 공동체에서 쫓겨나기도 한다. 리더는 공동체의 모든 구성원으로부터 리더의 능력에 대한 권위를 인정받고, 절대적 리더십을 행사한다. 반면, 리더의 능력이 떨어져 공동체의 이익을 효율적으로 달성하기 어렵다고 판단되면 바로 리더십이 박탈된다.

한편, 원시사회 가족 공동체는 외견상 모든 구성원이 공동체를 위해 자발적으로 자신의 역할을 찾는 것으로 보인다. 하지만 가장이 중요한 의사결정을 주도하고, 구성원들은 가장 중심의 공동체 권위에 절대 복종한다. 의사결정 과정에서 누구나 참여하고 의견을 나누기도 하지만, 실질적으로 리더의 생각이 공동체 전체의 의견으로 결정된다.

가족 공동체는 구성원 모두가 참여하여 수평적으로 의견을 나누는 것으로 보이기도 하지만, 실질적으로는 가장의 권위에 의해 수직적으로 결정되고 집행된다. 그리고 리더의 권위적 결정 사항은 구성원 전체가 무조건 따라야 한다. 구성원이 공동체에서 결정된 사항을 따르지 않는 경우 공동체로부터 쫓겨난다.

따라서 구성원은 가장과 공동체 구성원으로부터 인정받기 위해 전력을 다한다. 리더와 공동체에 절대적으로 충성을 다하는 것이 자신의 생존과 이익을 보호하는 유일한 방법이기 때문이다.

4. 원시사회 신뢰의 특징

원시사회에서 신뢰는 왜 필요한가?
원시사회 신뢰의 특징은 무엇인가?

원시사회 사람들은 가족 단위의 공동체를 이루면서 살았다. 가족은 부모를 중심으로 태어날 때부터 공동생활을 해옴에 따라 생존을 위한 신뢰와 협력이 쉽고 편하기 때문이다. 가족 공동체의 구성원 수 역시 생존에 필요한 수를 유지했다. 가족 공동체의 수가 많아지면 공동체를 분리했다. 원시사회에서는 집단 구성원이 필요한 수보다 많아지면 생산성이 더 이상 증가하지 않고, 감소하기 때문이다.

수렵 및 채집, 안전의 측면에서는 구성원이 많을수록 편리하다. 하지만 집단 구성원의 수가 증가하면 먹거리의 양도 증가해야 한다. 이를 위해 더 먼 곳까지 수렵과 채취를 위한 활동 공간을 넓혀야 한다. 그런데 하루만에 다녀오기 어려울 만큼 활동 공간이 넓어지면 문제가 발생한다. 다른 집단의 침입을 효율적으로 대처하기 어렵고, 먼 곳까지 다녀오려면 밤을 노지에서 보내야 하니 안전을 확보하기도 어렵다. 그러니 구성원 수가 많아지면 활동 공간을 넓히는 것보다 공동체를 분리하는 것이 더 효율적이다.

원시사회 공동체 구성원의 수가 일정 수준을 유지해야 하는 또 다른 이유는 신뢰와 협력의 문제이기도 하다. 구성원 수가 작을 때는 공동체를 위해 책임을 다하는지를 구성원 서로 잘 알 수 있다. 구성원 상호 간에 다른 구성원들을 감시하기 쉬우니 다른 구성원의 기대에 반하는 구성원이 발생하지 않는다. 그러니 구성원 간에 신뢰가 높다. 그러나 구성원 수가 증가하면 서로의 행동을 제대로 파악하기 어렵다. 서로의 기대에 어긋나는 구성원이 발생할 수 있다. 그러니 상호간의 신뢰가 떨어질 수 있다. 공동체 구성원 간의 갈등이 발생할 수 있다. 그 결과는 모두의 생존을 위협한다. 따라서 공동체 구성원은 자연스럽게 공동체의 분리를 원하게 된다.

결국, 원시사회 가족 공동체의 생존을 위해 구성원 수를 일정 수준으로 유지하게 된다. 보통 10명 내외에서 유지된다. 수렵과 채취가 용이한 곳, 먹거리가 많은 곳에서는 가족 구성원의 수가 증가할 수 있다. 즉, 원시사회 가족 공동체는 사람들의 생활 방식과 직접 관련된다.

따라서 원시사회 신뢰의 가장 큰 특징은 가족 공동체 구성원이 소규모로 유지됨에 따라 구성원 간의 신뢰가 매우 높다는 것이다. 신뢰가 높아야 가족이라는 운명 공동체가 유지, 발전될 수 있기 때문이다. 상대방이 절대로 이기주의적 행동을 취하지 않을 것이라는 높은 신뢰가 있어야 자신도 절대로 이기주의적 행동을 취하지 않는다. 높은 신뢰로 인해 공동체를 위해 헌신할 수 있다. 신뢰가 높지 않은 공동체는 구성원의 이기주의적 행동으로 인해 언제든지 갈등이 발생하고, 공동체가 붕괴된다. 원시사회에서 유지 및 번성한 가족 공동체의 생존을 위해서는 높은 신뢰가 필수조건이다.

둘째, 원시사회 공동체 구성원 간의 신뢰 판단 기준이 지극히 자의적이다. 가족 공동체 구성원 전체가 불필요한 인물이라고 생각하면 신뢰가 철회되고, 공동체에서 내쫓긴다. 대부분의 경우 공동체의 리더가 자의적으로 판단한다. 평가 기준이 명확하지 않다. 구성원의 합의 과정은 형식적이다. 다른 구성원의 자의적인 판단에 의해 신뢰의 정도가 판단된다. 공동체의 이익에 부합한 구성원에 대해서는 높은 신뢰를 보인다고 하지만 이익에 부합하는지 여부의 확실한 기준은 현실적으로 없다.

셋째, 원시사회의 신뢰는 폐쇄적이다. 가족 공동체 내 구성원 간에는 높은 신뢰와 강한 응집력을 보이는 반면, 다른 공동체 구성원을 신뢰하지 않는다. 공동체 구성원은 자신의 생존을 위해 필요한 존재이지만 집단 구성원 이외의 사람은 기본적으로 자신의 생존에 도움이 되지 않을 뿐만 아니라 언제든지 경쟁자로 돌변할 수 있기 때문이다. 자신과 자기 가족 공동체게 이 편안하게 잘 살기 위해서는 다른 가족 공동체가 없는 것이 편하다. 자기 가족 공동체가 번성하기 위해서는 경쟁하는 사람 무리가 없어야 하기 때문이다.

5. 원시사회 신뢰의 장점과 한계

원시사회 신뢰의 장점은 무엇인가?
원시사회 신뢰의 단점은 무엇인가?

수렵과 채취를 중심으로 한 원시사회는 인류가 탄생한 후 지금으로부터 1만 년 전인 B.C. 8,000년까지 약 20만 년 동안 지속되었다. 수렵과 채취의 원시적 생활 방식은 생산성이 높지 않아 삶의 방법을 개선할 여지가 거의 없었다. 더욱이 생존을 위한 집단 간의 치열한 경쟁으로 집단 간의 소통이 단절되어 다양한 집단에서 발전된 지혜를 모을 기회를 갖기가 어려웠다. 오랫동안 사회가 변화되지 못한 이유이다.

그럼에도 불구하고 원시사회 인류는 생존 가능성을 높이기 위한 다양한 방법을 찾았다. 근친교배의 경우 후손이 건강하지 못하고, 근친교배를 지속적으로 반복하는 경우 그 집단은 쇠퇴할 수밖에 없다는 것을 알게 되었다. 최소한 혼인은 다른 집단과 해야 하니 경쟁자인 이웃과 혼인을 위한 기간 동안만이라도 신뢰가 필요했다. 각 집단이 개발한 지혜와 정보를 교환하는 것이 생존과 번영에 도움이 된다는 점을 인식하고 이웃 집단과 소통을 위한 신뢰도 증가되었다. 지식과 신뢰의 발전에 따라 인구가 증가했고, 인류가 살 수 있는 영역도 넓어졌다. 그러나 기본적으로 원시사회 자의적이고 폐쇄적인 신뢰 구조로 인해 구성원 수는 모두가 서로를 알 수 있는 소규모 공동체를 벗어나지 못하는 한계를 보였고 이는 농업사회가 출현 때까지 지속되었다.

원시사회 가족 공동체의 신뢰는 원시사회에서 사람이 생존하고 번성하기 위한 목적을 달성하는데 적합하도록 발전하였다.

첫째, 이러한 가족 공동체의 신뢰를 통해 사람들은 척박한 원시사회에서 삶을 유지할 수 있었고, 후손을 번성시킬 수 있었다. 다른 육식동물에 비해 힘도 약하고, 생존을 위한 특별한 기능을 가지고 태어나지도 않았음에도 불구하고 인류는 후손을 늘렸고, 영역을 확장시켰다. 어느 동물보다도 확고한 가족 공동체 신뢰를 통해 경쟁력을 확보하였다.

둘째, 가족 공동체 신뢰는 구성원 간의 강한 신뢰를 발생시킴에 따라 강력한 협력과 강한 소속감을 배양한다. 가족 공동체는 기본적으로 다른 구성원을 자신과 동일시 한다. 부모가 자식에 대해 "또 다른 나(alter ego)"로 여기고 자식에 대해 무한한 희생을 감수하는 것과 같이 가족 공동체는 자신의 이익과 공동체 구성원의 이익을 동일시한다. 따라서 능력이 부족한 어린이에게 먹을 것을 우선 먹이고, 병자를 치료하며, 노인을 보살핀다. 가족이 자신을 위해 희생하니 자신도 가족에 대한 충성심이 자연스럽게 발생한다. 이러한 강한 신뢰, 강한 협력, 강한 소속감은 구성원 모두에게 행복한 삶을 영위하게 한다.

셋째, 가족 공동체의 신뢰를 통해 서로의 생존권을 인정하면서 평등한 삶을 추구할 수 있다. 서로가 무한 신뢰하기 때문에 구성원은 스스로 공동체에 도움이 되는 일을 찾는다. 그러니 서로에 대해 특별한 일을 하도록 강제할 필요가 없다. 힘이 약한 여성은 자신이 할 수 있는 육체적으로 힘이 덜 드는 일을 찾아 열심히 하고, 힘이 강한 남성은 거친 일을 자발적으로 맡는다.

여성은 여성 간에, 남성은 남성끼리 각자 능력과 기능에 따라 일을 분담한다. 이러한 분업으로 각 구성원의 기능의 전문화되고 결국 공동체 전체의 효율성이 증진된다. 이러한 가족 공동체의 분업에 의한 효율성 증진은 구성원 간의 강한 신뢰 없이는 불가능하다.

반면, 원시사회 가족 공동체 신뢰는 자체적인 한계를 보인다. 첫째, 원시사회 가족 공동체에서 형성된 신뢰는 단기적 이익을 추구한다. 생존과 번영을 중심으로 이익을 공유하는 가족 공동체는 단기적으로는 구성원 간에 강하고 두터운 신뢰가 형성된다. 그러나 상황이 바뀌어 더이상 이익을 공유하지 못하는 경우에는 신뢰가 철회될 수 있다.

사냥 중에 부상당한 동료가 발생한 경우 초기에는 상처를 치료해주고 먹을 것을 나누는 등 호의를 베푼다. 동료가 회복하여 함께 사냥에 나서게 될 수도 있기 때문이다. 호의를 베푼 사람은 차후에 동료로부터 자신의 노력을 보상받을 것을 기대한다. 그러나 부상이 깊어 회복이 장기화되면 이야기가 다르다. 장기적으로 집단에 도움이 되지 않는 경우 호의 베풀기를 단념한다. 부상자는 집단에서 퇴출당하든지, 혼자 살 길을 찾아 나서야 했다.

힘을 잃은 노인도 마찬가지이다. 한때는 강했던 청년이 나이를 먹음에 따라 사냥을 하기 어려워지면 부녀자가 하는 일 또는 힘이 덜 드는 일을 함으로써 집단의 일원으로서 역할을 할 수 있다. 그런데 점차 나이가 들면서 자신이 동료에게 도움을 주지 못하면 구성원으로부터 신뢰가 감소하기 시작한다. 먹을 것이 풍요로울 때는 노인과 병약자에게도 먹을 것을 나누지만, 먹을 것이 모자라면 노인과 병약자는 후순위로 밀린다. 원시사회 강한 신뢰는 공동체 구성원은 단기적 이익을 중심으로 자의적 판단에 의해 형성되는 것이기 때문에 언제든지 변화될 수 있다. 신뢰의 장기적인 안정성이 떨어진다.

둘째, 원시사회 가족 공동체 신뢰는 다른 집단과의 소통을 단절시킨다. 공동체 내 구성원 간에는 생존을 위해 간한 신뢰를 바탕으로 협력을 하지만, 이웃 집단은 생존을 위해 도움이 되지 않는다. 제로섬 게임(zero-sum game)을 하는 경쟁 대상이다. 원시사회 인간 집단은 생존을 위해 특정한 영역을 차지하고 수렵과 채취 활동을 한다. 이 영역을 자기 집단이 배타적으로 차지해야 안정적인 생존을 유지할 수 있다.

그러니 자기 집단 이외의 그 누구도 자신의 영역에 들어오는 것 자체를 허용하지 않는다. 만일 다른 집단 구성원이 자신의 영역에 들어왔다는 것은 자신과 집단의 생존을 위협하는 행위이다. 그러니 다른 집단 구성원은 신뢰 대상이 아니라 불신의 대상일 뿐이다. 즉 가족 공동체만의 강한 신뢰는 다른 집단에 대한 강한 불신심을 초래한다.

셋째, 가족 공동체의 자의적 판단에 의한 강한 신뢰는 신뢰의 개방성, 확장성이 약하다. 외부 세계에 대한 불신으로 이웃 간의 소통을 단절시킨다. 새로운 가치를 창출하기도 어렵고, 생활의 변화를 원하지 않음에 따라 발전 가능성이 낮다. 이 결과 인류는 100만년이 넘는 기간 동안 원시사회의 틀 안에 갇혀 살았다.

6장.

농업사회에서의
신뢰

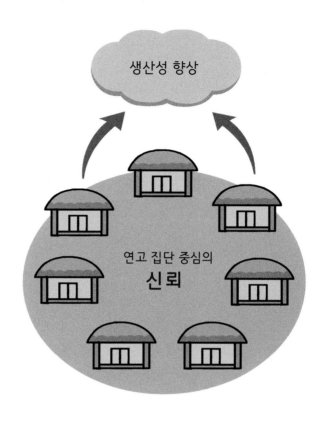

농업사회에서
사람들은 생산성을 높이기 위해
연고집단 중심의 신뢰를 바탕으로 협력했다.

〈농업사회 인간 생활과 신뢰의 특징〉

구분	농업사회 특징
인간 생활	농업, 축산, 어업
경쟁력	연고집단 신뢰 및 협력
의사결정 구조	수직적, 권위적 의사결정 구조
구성원 역할	리더·공동체에 대한 절대적 충성
신뢰의 특징	자의적·공동체 중심적, 폐쇄적
신뢰의 장점과 단점	강한 연대 / 연출 공동체 간 갈등

1. 농업사회 인간 생활

원사사회에서 농업사회로 변화한 이유는 무엇인가?
농업사회 인간 생활은 원시사회와 어떻게 다른가?

B.C. 8,000년 경 인류 생활에 혁명적인 변화가 일어났다. 약 20만 년 동안 수렵과 채집 활동으로 생활해 오던 인류는 기술의 발전과 정보의 확대로 농업사회로의 변화를 맞이했다. 인류가 오랜 원시사회를 통해 축적한 지식을 활용하여 농사와 목축, 어업활동을 하게 되었다. 생산성이 크게 향상되었다. 사람들이 원시사회의 지속적인 굶주림으로부터 탈출하고, 심지어는 여가생활까지도 누리게 되었다. 이 결과, 다양한 측면에서 인류의 생활상이 혁명적으로 변화되었다.

가장 큰 변화는 첫째, 농업사회로의 변화로 인구수가 획기적으로 증가했다. 수렵과 채집으로 1명이 살아갈 수 있는 영역에 농사와 목축을 하면 100명 이상이 살 수 있기 때문이다. 그 결과, 다른 가족 공동체와 더 이상 생존을 위한 경쟁을 할 필요가 없어졌다. 같은 영역에서 많은 사람이 함께 살면서 협력하면 생산성이 더 증가하기에 다수의 가족 공동체가 함께 사는 것을 선호했다. 가족 공동체 간의 연합으로 공동체 규모가 확대됐다. 농업사회로의 변화에 따른 생산성 증가, 그리고 인구의 증가로 이어졌다.

둘째, 농업사회로의 변화를 통해 원시사회의 지속적인 이주생활을 마감하고 한 곳에 정착하도록 했다. 농업사회에서 사람들은 먹거리를 위해 하루종일 야생을 헤매고 다닐 필요가 없다. 한곳에 정착하여 농사를 짓고 목축을 하면 더 많은 먹거리를 생산할 수 있기 때문이다. 원시사회 이주생활을 할 때는 거주지를 짓기 쉽고 허물기 편한 조립식 가옥에서 단순한 생활을 하였으나, 한곳에 오래 정착하다 보니 튼튼한 집을 제대로 지어 생활하였다. 생활하기 편한 곳에 너도나도 집을 짓다보니 마을이 생겼다.

셋째, 인구의 집중으로 직업의 분업화가 이루어졌다. 직업의 분화로 생산성이 더 크게 증가했다. 한 사람이 벼농사와 밀농사, 보리농사를 모두 짓는 것보다. 벼농사에 집중하는 것이 더 많은 양의 곡식을 생산할 수 있기 때문이다. 벼농사를 짓는 사람이 보리가 필요한 경우 자신이 소유한 벼와 다른 사람이 수확한 보리를 바꾸면 된다. 목축 역시 소와 말, 양, 염소를 모두 키우는 것보다 소라면 소, 말이라면 말 한 직업에 집중하는 것이 더 전문성과 생산성을 높인다. 농업사회 정착생활과 인구의 집중으로 인해 직업의 분화와 전문화가 증가되고, 이러한 변화는 생산성을 더 증가시켰다.

농업생산성의 증가로 인류는 생존에 필요한 농업활동에 모든 시간을 사용하지 않고, 휴식을 비롯한 다양한 활동을 할 수 있게 되었다. 그러다 보니 사람의 특성에 따라 직업의 다양성과 전문성을 확대했다. 대부분의 사람은 농사와 목축, 어업에 종사하였지만 어떤 사람은 도구를 만드는 일을 잘 하였고, 다른 사람은 옷을 잘 지었다.

농기구를 잘 만드는 사람은 대장장이가 되었고, 옷을 잘 짓는 사람은 복식업을 발전시켰다. 잘 노는 사람은 광대가 되었다. 농기구와 옷에 대한 수요가 커지면서 이들은 농업을 그만두고 자신의 기능을 직업화했다. 이렇게 자신의 특성에 따라 기능을 발전시키면서 직업의 분화를 가속화시켰고, 이에 따라 그 사회의 다양성이 증가했다.

넷째, 시장의 출현이다. 직업의 분화로 인해 생산된 다양한 생산물이 발생함에 따라 자연스럽게 시장이 형성되었다. 시장을 통해 서로의 생산물을 교환하였다. 시장의 발전으로 더욱 직업의 분화가 촉진되고, 생산성 증가도 가속화 되었다. 농업사회에서 작든 크든 간에 모든 공동체는 시장을 통해 각자의 생산물을 교환하였다. 다만 공동체 규모가 커짐에 따라 시장의 규모가 컸고, 시장의 규모에 따라 그 사회의 생산성 규모도 결정되었고, 그 사회의 문명 발전 수준도 결정되었다.

다섯째, 인류 문명이 발전했다. 생산성의 증가, 시장의 출현, 분업에 의한 직업의 다양화는 문자에 의한 기록이 요구된다. 어느 농산물이 어디에서 얼마나 생산되었는지가 기록되어 있지 않으면 농산물 증가를 위한 방법을 알 수 없다. 시장에서 수입과 지출, 공급이 정확하게 기록되어 있지 않으면 시장이 제 기능을 발휘하기 어렵다.

어떤 분야를 맡은 누가 어느 만큼을 생산했는지를 기록해야 그에 상응하는 대가를 줄 수 있다. 조직과 사회를 관리하기 위해서 문자가 요구된다. 이렇게 발명된 문자의 사용으로 다양한 사람에 의해 개발된 다양한 지식이 널리 소통되었고, 인류 문명이 빠르게 발전했다.

여섯째, 집단생활에 필요한 규범의 발전이다. 농업사회의 공동체 규모가 커지면서 사람들의 생활패턴이 다양화하였다. 다양한 사람들이 집단생활이 가능하기 위해서는 집단 규범이 필수적이다. 원시사회와 같이 가족 공동체의 우두머리인 가장의 자의적 판단에 의해 집단생활의 규범이 결정되어서는 농업사회의 집단생활을 유지할 수 없다.

시장에서의 교환은 집단 구성원 전체가 합의할 수 있는 기준에 의해 설정되어야 모든 구성원이 따른다. 따라서 농업사회에서는 다양한 구성원과 가족 공동체가 모두 받아들일 수 있는 집단규범이 발전하였다.

원시사회에서 농업사회로의 전환은 생산성의 급격한 증가를 통해 인구 확대를 비롯한 다양한 측면의 인간 생활을 변화시켰다. 원시사회에서 가족 공동체 중심의 신뢰를 통해 생활하던 사람들은 농업사회에서는 가족 공동체를 벗어나 혈연 및 지연으로 맺어진 연고집단을 중심으로 생활패턴을 확대해 나갔다.

이에 따라 농업사회 신뢰는 가족 중심적 신뢰를 넘어 다양하고 확대된 구성원 간에 통용되는 연고집단 신뢰로 발전되었다. 물론 모든 원시사회 가족 공동체가 농업사회 연고집단으로 확대된 것은 아니다.

단, 원시사회의 신뢰와 협력에서 고착된 가족 공동체는 농업사회로 전환되지 못하고 결국 도태되었고, 다양한 가족 공동체를 포용하여 폭넓은 신뢰와 협력을 정착시킨 연고집단은 농업사회로 발전되어 인구 규모가 증가하였고, 구성원들은 더욱 안전하고 윤택한 생활을 추구할 수 있게 되었다.

2. 농업사회 경쟁력

농업사회에서 경쟁력이 강한 집단의 특징은?
농업사회의 경쟁력은 원시사회와 어떻게 다른가?

농업사회는 개인의 육체적 능력이 강조되던 원시사회와 달리 집단 구성원의 협력이 생존을 위해 더 중요해졌다. 농업사회에서도 농업과 목축에 있어서 육체적 능력이 필요하기는 하지만 농업과 목축을 효과적으로 수행하기 위해서는 생산과정 전반에 있어서 다수의 협력이 절대적으로 필요하다. 혼자서 농사를 지으며 살아가는 것은 매우 어렵다. 농사를 짓더라도, 살아가는 데 필요한 다양한 영양분을 충족시킬 수 있는 다양한 농작물을 혼자 관리하기란 불가능하다. 더욱이 혼자 농업 또는 목축을 하는 경우 오래되지 않아 야생동물에게 키우던 농작물과 거축을 모두 **빼앗기**게 된다.

원시사회에서 살아왔듯이 10명 정도로 구성된 가족 구성원만으로는 농사를 효과적으로 짓기는 쉽지 않다. 땅을 개간하고 물길을 내기 위해서는 더 많은 수의 노동력이 요구된다. 더욱이 홍수를 막기 위해 제방을 쌓고, 가뭄을 극복하기 위해 저수지를 만들기 위해서는 100명 이상의 노동력이 요구된다. 한국과 중국, 필리핀 등에서 발견되는 계단식 농지를 건설하기 위해서는 많은 수의 인력이 동원되어야 한다. 계단식 농지로 가는 길을 어디에 어떻게 내는지가 합의되어야 한다. 더욱이 이미 건설된 농지 위에 새로운 계단식 농지를 건설하는 경우 계곡에서 내려오는 물길을 변경하여 가장 위에 있는 새로운 농지부터 물을 쓸 수 있도록 전체 농지 소유자의 합의가 선행되어야 한다. 집단 구성원 누구라도 자신의 이익을 지키겠다고 합의를 거부하면 농지를 확대하는 것이 불가능하다.

따라서 농업사회에서 효과적으로 삶을 영위하기 위해서는 가족 공동체보다 훨씬 많은 수의 구성원들이 공동의 목표를 수행하기 위해 협력하여야 한다. 더욱이 공동의 목표를 가진 다수의 구성원이 협력할수록 그 집단의 효율성이 증가하기에 한 사람의 노동력보다 집단 신뢰와 협력이 더 중요하다. 집단 구성원이 많을수록 모내기철에 넓은 농지에 절기에 맞추어 벼를 심을 수 있고, 추수철에는 한꺼번에 벼를 수확하는 것이 가능하다. 절기를 놓치면 수확이 감소한다. 제방이 필요하면 장마가 지기 전에 단번에 제방 건설을 마쳐야 한다. 제방을 일부만 쌓으면 장마철에 강물에 휩쓸려 아무것도 남지 않기 때문이다.

농업사회에서 집단의 규모가 커졌지만 집단 간 경쟁은 원시사회와 같이 치열하다. 원시사회에서 가족 공동체 간 생존을 위해 경쟁을 하듯이 농업사회에서는 상이한 연줄집단 간 생존을 위해 치열하게 경쟁한다. 동일한 연줄을 배경으로 다수의 가족 공동체가 모여 큰 규모의 연줄집단을 형성함으로써 농사를 짓고, 농업 생산성을 증가시키기 위해 규모를 키운 연줄집단은 집단의 영역을 넓혀갔다. 이 과정에서 집단 간의 다툼이 발생하고, 승리한 집단은 패배한 집단의 영역을 차지하였다. 그러니 집단 간 투쟁에서 승리하기 위해서는 구성원들이 공동목표를 인식하고 집단구성원의 정체성을 강화할 필요가 있다.

하지만 구성원 각자는 집단보다 자신의 이익이 우선이다. 집단 전체의 공동목표를 우선적으로 추구해야 집단이 경쟁에서 승리할 수 있음에도 불구하고 구성원 각자는 자신의 이익을 포기하고 집단의 이익을 우선시하기가 쉽지 않다. 따라서 농업사회 각 집단은 생존을 위해 구성원들이 집단목표를 우선시할 수 있는 강력한 집단 규범을 강구해야 했다. 이러한 규범이 철저히 형성된 집단은 생존하고 및 발전했지만, 그렇지 못한 집단은 쇠퇴했다.

이 집단규범은 그 집단의 종교로까지 승화된다. 구성원 모두에게 자발적으로 지키겠다는 의무감을 부여함과 동시에 절대적으로 지켜야만 하는 강제성을 가진다는 의미이다. 구성원 모두의 상상 속에 절대적인 신화를 창조하여 집단규범을 절대적으로 믿고 따르게 함으로써 구성원 전체를 하나로 묶을 필요가 있기 때문이다.

이를 바탕으로 구성원들은 개인주의적 행동을 자발적으로 부정하고 집단이 요구하는 집단행동을 따름으로써 집단 공통의 목표를 추구하게 된다. 종교적으로는 집단규범을 따르지 않으면 내세까지 천벌을 받을 것이라고 강제적으로 협박하기도 한다. 실제로 집단목표를 이행하지 않거나 태만한 구성원에게 집단의 이름으로 축출하기도 하고 사형을 집행하기도 했다.

물론 집단의 종교적 상징이 모든 구성원에게 평등하지 않을 수도 있다. 리더의 권력과 편의를 증진시키는 수단이 될 수 있다. 하지만 집단 규약이 구성원의 개인적 이익 추구를 금지하고 집단 전체의 이익에 기여할 것이라는 보편적인 인식을 제공한다. 집단 규약을 바탕으로 구성원은 공동선을 위해 다른 구성원을 신뢰하고 협력하려고 의도적이든 비의도적이든 행동하게 되고, 이 결과 집단 구성원 간에 공고한 소속감, 그리고 집단구성원에 대한 충성심을 바탕으로 강한 신뢰가 형성된다.

결과적으로 농업사회 연줄을 바탕으로 한 신뢰가 강한 집단일수록 집단 내 협력을 증진함으로써 집단의 효율성을 높인다. 생산성이 높은 집단은 각 구성원에게 분배할 자원이 많다는 것을 뜻하고, 이는 높은 신뢰와 협력으로 이어진다. 따라서 구성원 수가 증가될 가능성이 높고, 다른 집단과의 경쟁에서 승리할 가능성이 높다. 한 마디로 집단의 신뢰는 생산성 증가, 인구의 증가, 집단세력의 확대로 이어져 집단의 흥망성쇠에 지대한 영향을 미친다.

3. 농업사회 구성원의 역할

농업사회 집단의 특징은?
농업사회에서 집단 내 구성원은 어떤 역할을 수행하나?

농업사회에서 사람들 역시 원시사회에서 그랬듯이 자신의 생존과 번영에 유리한 생활을 개발하였다. 농업사회의 가족 공동체로는 농업사회에서는 생산성이 낮고 경쟁력이 약하기 때문에 가족 공동체에서 진화된 연고집단을 형성하였다. 집단 규모가 커야 이웃 집단에 비해 농업생산성을 키울 수 있고, 경쟁력을 높일 수 있기 때문이다. 농업생산성이 높아야 많은 인구를 거느릴 수 있고, 인구가 많아야 집단의 안전을 보장할 수 있다. 더욱이 집단의 인구가 많아야 이웃 집단을 정복하여 집단의 장기적 발전을 꾀할 수 있다.

농업사회의 연고집단은 원시사회의 가족 공동체에서 확장된 연고 중심의 운명 공동체이다. 흥할 때는 같이 흥하고, 망할 때도 같이 망한다. 구성원 모두가 "우리"인 것이다. "우리" 안에 있으려니 자연스럽게 혈연과 지연의 연고 중심으로 집단이 형성된다. 반면 자연스럽게 연고집단이 아닌 다른 집단, "우리"와 연고가 다르고, 생각이 다른 집단은 그들대로의 삶의 방식을 선택한다. 그러니 다른 연고집단은 "우리"에게는 도움이 되지 않을 뿐만 아니라, "우리"에게 손해를 끼친다. 따라서 "우리"는 내게 절대적으로 도움이 되는 선(善)이고, 다른 사람과 집단은 내게 해를 끼치는 악(惡)이다. "우리"는 더할 나위 없는 친구이지만, 다른 집단은 경쟁자요, 적이다. 다른 집단은 도움이 전혀 되지 않으니 소통할 필요가 없다. "우리"끼리 "우리" 방식대로 사는 것이 가장 좋다.

농업사회 연고집단은 필연적으로 소수에 의해 권위적으로 운영된다. 의사결정 과정이 민주적으로 운영되는 경우 혼란에 빠질 가능성이 높기 때문이다. 서로 강하게 신뢰하는 운명 공동체 내에서 이견이 존재하는 것은 집단의 순수성에 맞지 않는다. 내 것과 네 것이 있을 수 없고, 우리 것이어야 한다는 집단 이념에 부합하지 않는다. 누군가 의견을 발표하면 대부분 적극적으로 수용된다. 하지만 누군가 의견을 발표했을 때 이견이 대두되어 토론 끝에 이견이 수용될 경우 먼저 발표한 사람은 쓸데없는 의견을 내어 구성원을 혼란하게 만든 갈등 조장자로 낙인찍힌다.

그러니 구성원 대부분은 의견이 있더라도 제시하지 않는다. 아무도 의견을 제시하지 않으면 집단의 대표인 리더가 의견을 제시한다. 리더의 의견은 당연히 만장일치로 받아들인다. 그러니 리더는 아무도 의견을 제시하지 못할 때 비전과 방향을 제시하는 구세주가 된다. 결국, 집단 내 어떤 문제가 발생해도 구성원 모두는 의견을 제시하지 않고 리더의 지시를 기다린다.

결국, 리더의 일방적인 명령이 수직적이고 일방통행식으로 구성원 모두에게 전달된다. 구성원 모두는 리더와 자신을 동일시한다. 리더의 명령이 바로 자신의 뜻이고 집단의 뜻이다. 만일 리더의 명령을 받아들이지 않는 것은 자신의 뜻과 집단의 뜻을 거부한 사람, 집단의 배신자로 낙인찍힌다.

농업사회 연고집단은 대부분 리더 중심의 집단주의에 의해 지배된다. 구성원 개인의 다양성과 이익은 고려되지 않는다. 집단의 목표가 달성되어야 구성원이 생존할 수 있기 때문이다. 집단의 목표는 집단을 이끌어가는 소수에 의해 결정되지만 구성원 전체의 합의 형태로 발표된다. 소수의 권위적 결정이 구성원 전체의 자발적인 합의로 둔갑한다. 이것은 바로 구성원 전체의 의견으로 동일체 된다. 이의나 반대는 허용되지 않는다. 누구든 이의를 제기하면 집단의 이름으로 단호하게 비판한다. 집단 의견을 반대하는 자는 적으로 간주된다.

따라서 농업사회 집단의 명령은 자신이 추구하는 바를 실현하기 위한 수단이고, 무조건 따라야 하는 지상과제이다. 집단 구성원에게는 집단의 목표가 바로 자신의 삶의 목표요, 추구해야 할 가치이다. 집단의 목표는 항상 개인의 목표보다 앞선다. 집단이 필요로 한다면 목숨도 바친다. 집단은 구성원 전체의 삶을 보장하는 대신, 구성원에게 절대적인 충성을 요구한다.

농업사회 집단생활에서 개인의 특성은 무시된다. 육체적 능력을 비롯한 개인의 특성이 생산성 향상에 다소 기여하기도 하지만 절대적으로 필요지 않다. 집단을 위해 절대적으로 필요한 사람은 없다. 개인의 특징은 개인을 위해 사용되는 것이 아니라, 집단의 필요에 의해 개인의 특징이 이용될 뿐이다. 또한 농업사회 전문성과 다양성 등 특별한 재능을 사용할 용처가 거의 없다. 따라서 다양한 개인의 특징은 사장된다.

농업사회에서는 농사짓고, 가축 키우는 일이 가장 중요하다. 농업과 축산은 누구나 할 수 있는 일이다. 아무리 농사에 뛰어난 사람도 대체 가능하다. 힘이 센 농군이 다른 사람에 비해 더 많은 일을 하지만, 한 사람이 두 사람 몫을 할 수는 없다. 그러니 집단보다 우선적으로 보호해야 할 개인은 존재하지 않는다. 구성원은 누구나 집단 내 한 구성원일 뿐이다. 누구도 집단보다 중요할 수 없다. 그러니 누구도 집단의 이익을 침해해서는 안 된다. 오히려 개인은 집단을 위해서 언제든 손실을 감수해야 한다.

농업사회 집단 없이는 누구도 생존할 수 없다. 각 구성원은 집단이 자신에게 얼마나 중요한지를 잘 알고 있다. 자신이 집단에 비해 얼마나 미미한 존재인지를 잘 알고 있다. 당연히 개인은 집단에서 요구하는 역할을 수용한다. 구성원들은 집단을 중심으로 강한 응집력을 발휘한다. 즉 농업사회 연고집단에서는 집단만이 존재한다. 개인은 존재하지 않는다. 개인은 오직 집단 구성원으로서 존재할 뿐이다.

4. 농업사회 신뢰의 특징

농업사회에서 신뢰가 필요한 이유는?
농업사회 신뢰의 특징은 무엇인가?

원시사회에서 사람들은 그 사회에 필요한 가족 공동체 내에서의 신뢰와 협력으로 살았듯이, 농업사회에서의 사람들은 연줄집단 내에서의 신뢰와 협력을 형성하여 살았다. 농업사회에서는 가족 공동체의 신뢰만을 고집하는 집단은 도태되고, 가족보다 큰 규모의 집단생활을 해야만 생존할 수 있다. 농사를 지으려면 봄이 오는 한 시기에 모든 땅에 씨를 뿌리고 모를 내야 하며, 가을 추수철에 한꺼번에 곡식을 거둬야 한다. 그러니 집단의 규모가 클수록 분업과 협력을 통해 효율성을 높일 수 있다.

따라서 농업사회에서는 집단의 경쟁력을 높이기 위해 인구 규모를 지속적으로 늘렸다. 인구가 증가하면 새로운 영토를 늘리면 된다. 만일 영토를 넓히는 과정에서 다른 집단과 마주치면 그 집단을 정복하여 통합하든, 정복당하여 통합 대상이 되기도 했다. 따라서 이웃 집단은 끊임없는 경쟁자이다.

이러한 농업사회 연줄집단의 신뢰는 다음과 같은 특징을 보인다.

첫째, 농업사회 신뢰는 태생적으로 동질적이다. 운명공동체인 가족공동체가 확장된 연줄집단을 배경으로 하기 때문이다. 집단 구성원 내 누군가가 도움을 청하면 자기 일처럼 달려가 도움을 준다. 도움을 청하지 않더라도 미리 도움을 준다. 심지어 옆집 사람이 자신에게 부담을 주더라도 당연하게 받아들이기도 한다. 그럴만한 이유가 있으니 자신에게 부담을 준 것이라고 이해하는 것이다. 자신이 필요로 할 때 이들이 자신을 도와줄 것이기 때문이다.

반면, 이질적인 이웃 집단, 다른 집단은 극복 대상이다. 집단의 세력을 늘리는 과정에서 정복한 이웃 집단이 집단목표와 가치를 공유하여 동질화된다면 같은 운명공동체로 흡수되기도 하지만 정복한 이웃 집단이 동질화되지 못하면 멸족 또는 추방 이외에 다른 대안이 없다. 적과의 동침은 없다. 적과 목표와 가치를 공유하기 위해 합의는 없다. 태생적으로 동질적인 우리 집단에게는 강한 신뢰를 보내는 한편, 이질적인 다른 집단에 대해서는 철저한 불신이다.

둘째, 농업사회에서의 집단 내 구성원 간에는 강한 신뢰를 공유한다. 집단 내 구성원들은 생존과 번영이라는 공동 목표를 달성하기 위해 집단규범을 강하게 내면화하고 이를 운명으로 받아들인다. 집단이 잘 되면 나도 잘 되고, 너도 잘 된다. 나와 너의 생각이 같다. 집단 내 구성원은 모두 내게 도움이 되니 모두를 강하게 신뢰한다. 하지만 다른 집단 구성원은 전혀 다르다. 그들은 나와 목표와 가치가 다르다. 생각이 다르고 도움이 되지 않는다. 그들이 잘 되면 나는 손해다. 그러니 신뢰할 수 없다. 불신의 대상이다.

셋째, 농업사회 신뢰의 판단 기준은 원시사회와 같이 지극히 사적이고, 자의적이다. 연고집단의 목표와 가치가 그 집단의 생존을 위해 설정된다. 이웃 연고집단의 목표와 가치를 비교할 필요가 없다. 높은 곳에 사는 집단은 비가 많이 내려야 농사를 짓기 편하므로 기우제를 지내는 신당을 모신다. 낮은 곳에 사는 집단은 비가 많이 내리면 홍수가 날 위험성이 높으니 태양신을 모시는 신당을 중시한다.

윗마을 사람들은 비가 많이 내리기를 바라는 사람, 자신과 목표와 가치를 공유하는 사람을 신뢰한다. 물론 아랫마을 사람들은 이와 다른 목표와 가치를 공유하는 사람을 신뢰한다. 신뢰의 판단 기준이 집단마다 다르다. 윗마을에서는 아주 신뢰할만한 사람이지만, 아랫마을에서는 절대 신뢰할 수 없는 사람이 된다.

넷째, 농업사회 연고집단의 신뢰는 매우 권위적이고 수직적이다. 연고집단에서 신뢰하라고 하면 신뢰하고, 신뢰하지 말라고 하면 불신한다. 신뢰 여부에 관한 결정은 집단 내 소수의 리더가 한다. 구성원의 의견은 존중되지 않는다. 다른 의견을 내는 구성원은 집단의 이름으로 퇴출된다.

다섯째, 농업사회 연줄집단의 신뢰는 폐쇄적이다. 원시사회 신뢰가 가족 공동체 내에서만 폐쇄적으로 강한 신뢰를 보였던 것과 같이, 농업사회 신뢰는 자신이 속한 연고집단 내 구성원에 대해서만 강한 신뢰를 보인다. 연고집단 이외의 다른 집단, 다른 구성원에게는 절대 신뢰를 공유하지 않는다. 자신이 속한 연고집단은 자신의 생존과 번영에 직결되지만, 다른 집단은 자신의 생존에 위협이 되기 때문이다. 다른 집단이 우리의 목표와 가치를 받아들이지 않는 한 타협은 없다.

농업사회 신뢰는 상징과 인식을 공유하는 연줄을 바탕으로 한 집단의 특징을 반영한다. 농업사회에서는 같은 집단을 형성한 운명공동체의 생존과 번영, 이익이 구성원들이 함께 추구해야 할 목표와 가치이고, 이를 실현하는 것의 곧 정의(正義)이다. 집단의 이익에 반하는 것은 불의요, 부정이다. 당연히 집단의 목표와 가치를 공유하는 집단 내 구성원은 매우 신뢰할만한 정의로운 사람이다. 이에 반해, 다른 집단에서 다른 목표와 가치를 추구하는 사람들은 신뢰할 수 없는 공정하지 못한 사람이된다.

5. 농업사회 신뢰의 장점과 한계

농업사회 신뢰의 장점은 무엇인가?
농업사회 신뢰의 단점은 무엇인가?

가족 공동체 중심으로 생활하고 신뢰를 형성한 원시사회는 농업사회를 맞이하여 농업생산성 증가와 경쟁력 강화를 위해 연고집단으로 규모를 키웠다. 이런 변화에 적응하기 위해 신뢰 역시 가족 중심적 신뢰에서 연고단체 중심의 신뢰로 변화됐다. 이에 따라 농업사회의 신뢰 역시 원시사회의 신뢰로부터 확장, 변화된 특징을 보인다.

농업사회에서의 연고집단 중심의 신뢰는 첫째, 구성원을 강하게 연결시키고, 구성원 간의 협력을 증진하였다. 혈연, 지연, 종교 등의 연줄로 이어진 연고집단은 가족 공동체의 연장선상으로 태어나면서 알게 된 연고를 바탕으로 형성된다. 이들은 태어나면서 연고집단 구성원으로부터 도움을 받아왔다. 집단이 흥하면 자신도 흥하고, 집단이 망하면 자신도 망한다. 따라서 이성적으로 판단하기 전에 집단이 필요하다면 무슨 일이든 한다. 집단 구성원이 도움이 청하면 이유 불문하고 도움을 준다. 집단이 바로 이들이 믿는 종교요, 운명공동체이다. 집단과 구성원이 옳다고 하면 무조건 옳다. 이에 반해 다른 집단은 경쟁상대방이다. 다른 집단이 흥하면 우리 집단이 불리하다. 그러니 이유 불문하고 다른 집단은 신뢰하지 않는다. 그러니 같은 집단 내에서의 신뢰는 강하고, 구성원 간에는 강한 연결고리가 형성된다.

둘째, 농업사회의 연고집단 중심의 신뢰는 집단 내 구성원의 안전과 삶을 보장한다. 일상생활 모든 일을 함께 논의하고, 서로 도왔다. 내 땅과 네 땅이 구분되어 있지만 함께 일한다. 급한 일, 바쁜 일이 생기면 자신의 일을 미루고 앞다투어 도움을 주었다. 도구가 필요한 경우 주인의 허락 없이도 이웃집 것을 사용한 후 돌려주었다. 그러니 이웃 간에 서로 잘 되기를 진심으로 바란다. 이웃이 잘 되면 자신에게 득이 되기 때문이다. 농업사회에서 빈부격차에 의해 발생한 소수의 리더는 다수의 평민을 보호하였다. 흉년이 들면 곳간을 풀었다. 어려운 일이 발생한 구성원에게 다양한 도움을 주었다. 다수의 평민은 리더의 의견을 존중하고 리더가 진실로 잘 되도록 정성껏 자신이 할 수 있는 능력으로 리더에게 보답했다.

셋째, 농업사회의 연고집단 신뢰는 현재까지 작동되기도 한다. 연고집단 구성원들은 서로 다른 구성원들을 위해 자신이 보유하고 있는 자산을 이용하여 최대한 서로 돕는다. 자녀를 함께 키우고 교육한다. 내 자식은 내가 돌보고, 네 자식은 제가 돌보는 것이 아니라, 모든 자식을 공동으로 교육한다. 연고집단 성인은 모두 연고집단 아이들의 교육자이다. 자식들이 성장한 후 일자리가 필요한 경우 서로 직업을 알선해준다. 연고집단 구성원은 능력이 부족해도 우선적으로 채용하고, 특별한 대우를 한다. 연줄에 의해 직업을 구한 부하직원 직장에서 일을 열심히 할 뿐만 아니라 퇴근 후에서 상사가 시키는 일은 무엇이든 다 하며 절대 충성한다. 연줄을 활용하여 상사와 부하직원 모두 득을 본다.

농업사회 연고집단 신뢰는 다양한 장점을 보이는 반면, 본질적인 특징으로 다양한 한계를 보인다. 첫째, 연고집단에서 형성된 "자기 집단을 위한" 자의적 신뢰는 비민주적이다. 외견상 집단 내 모든 일이 구성원들의 절대적인 지지에 의해 결정되는 것처럼 보이지만, 실질적으로는 리더가 절대적 결정권을 갖는다. 구성원의 절대적 지지는 리더의 의견뿐이다. 연고집단의 의사결정 구조에서는 힘이 없는 구성원의 발언은 의사결정과정을 방해하는 것으로 기본적으로 다수에 의해 비난받는다. 따라서 리더를 제외한 누구도 자신의 의견을 밝히지 않는다. 리더가 구성원 모두에게 자유롭게 의견을 제시해달라고 해도 그들은 리더의 의도가 무엇인지를 파악하려고 애쓸 뿐이다. 리더가 의견을 밝히는 즉시 구성원들은 즉각적으로 구성원 전체의 의견으로 합리화한다.

따라서 어떤 리더를 만나느냐에 따라 단기적으로 그 집단이 크게 발전할 수도 있고, 급격하게 집단이 쇠퇴할 수도 있다. 알렉산더와 마케도니아, 카이사르와 로마, 몽골과 징기스칸, 나폴레옹과 프랑스, 세종대왕과 조선 등의 사례에서 나타나듯이 강하고 유능한 리더는 국가를 발전시켰다. 반면, 히틀러와 독일, 무솔리니와 이탈리아. 히로히토와 일본 등의 사례와 같이 강한 독재자는 국가를 단기적으로 발전시키는 것 같았지만 국가를 패망으로 이끌었다. 아무튼 자의적 신뢰는 구성원의 자발적인 참여에 의한 민주적이고 수평적인 의사결정을 방해하고 권위적인 리더에 의한 수직적 의사결정을 양산할 가능성이 높다.

둘째, 원시사회 연고집단 신뢰는 해당 집단에게만 통용될 뿐, 다양한 집단에 보편적으로 통용되지 않는다. 힘이 강한 부족이 이웃 부족을 흡수하는 경우 힘이 강한 부족의 신뢰 시스템은 유지되는 반면, 흡수된 부족의 신뢰 시스템은 소멸된다. 따라서 각 집단은 자신의 정체성을 지키기 위해 더욱 집단 내부 구성원의 단결력을 공고히 하고 외부 집단에 대해서는 대화와 소통을 거부한다. 이러한 이유로 농업사회에서의 연고집단 신뢰는 집단 내에서는 강한 신뢰를 바탕으로 구성원 간의 소통과 협력을 원활하게 하지만, 집단 간에는 오히려 불신을 키운다.

윗마을에서는 풍년을 맞기 위해 비가 많이 내리라고 기우제를 지내지만, 아랫마을에서는 비가 많이 오면 홍수가 나기 때문에 기우제를 지내는 것은 이적행위이다. 윗마을의 정의와 선이 아랫마을에서는 불의요 악이다. 연고집단 신뢰는 미시적인 관점에서는 높은 신뢰를 보유한 선진사회로 보이지만, 사회 전체의 관점에서는 집단 간 전혀 소통되지 않는 불신의 사회이다. 한 집단에서 어떤 일을 추진할 때 다른 집단에서는 극렬하게 반대한다. 집단 간 소통과 협력은 매우 어렵다.

셋째, 농업사회 연고집단 신뢰는 변화와 개혁에 장애가 된다. 변화와 개혁은 연고집단의 기존 질서를 흔드는 일이기에 절대 반대다. 외부와 교류할 이유가 없다. 따라서 외부와의 정보가 단절된다. 새로운 가치를 창출하기도 어렵고, 생활의 변화도 쉽지 않으며, 발전 가능성이 낮다. 결국 산업혁명으로 사회가 혁명적으로 변화하였음에도 불구하고 변화를 거부하고 농업사회의 연고집단을 고집한 집단과 국가는 엄청난 시련을 겪었다. 산업화의 변화를 선도한 영국은 세계를 지배하였고, 영국을 이어 산업화를 받아들인 서양국가는 선진국 대열에 일찍 진입하여 풍요로운 복지국가를 유지하고 있다. 서양에서도 산업화를 늦게 받아들인 동유럽과 러시아는 아직도 서구국가의 대열에 합류하지 못하고 있다.

동양에서도 마찬가지이다. 산업화의 변화를 일찍 받아들인 일본은 서양국가의 풍요를 누린 반면, 역사상 가장 풍요롭던 중국은 변화를 받아들이지 않은 까닭에 산업시대 이후 오랫동안 선진국의 침탈을 당한 것이다. 한국을 비롯한 다른 동양국가 역시 변화와 소통을 거부하고 폐쇄적 집단 논리에 안주함에 따라 그 대가를 치른 것이다.

농업사회 연고집단 신뢰는 B.C 8,000년 경부터 원시사회로부터 탈피하여 18세기 중반 산업혁명이 발생하기까지 약 1만년 동안 지속되었다. 산업사회에서는 알고 있던 사람끼리 모여 형성한 연고집단이 더 이상 구성원의 생존과 번영을 지킬 수 없기에 해체된다. 그리고 익명의 거대도시, 거대조직 내에서 자신이 이익을 수호할 수 있는 방법을 찾는다. 사회가 혁명적으로 변화함으로써 인간의 삶의 형태가 바뀌고, 인간 간의 신뢰 형태도 변화하였다.

7장.

산업사회에서의
신뢰

법

제도

거대 사회　　　거대 조직

산업사회에서 인류는
거대 사회, 거대 조직에서 생활하기 위해
법과 제도 중심의 구조적 신뢰를 발전시켰다.

〈산업사회 생활과 신뢰의 특징〉

구분	산업사회 특징
인간 생활	2차 산업, 거대도시, 거대조직
경쟁력	익명의 사회 내 일반적 신뢰 및 협력
의사결정 구조	법과 규정에 의한 의사결정
구성원 역할	개인의 이해관계에 따른 선택
신뢰의 특징	구조적·국가 내 보편적, 개방적
신뢰의 장점과 단점	국가 내 만민 평등한 구조적 연대 / 국가 간 갈등

1. 산업사회 인간 생활

원사사회에서 산업사회로 전환된 이유는 무엇인가?
산업사회 인간 생활은 농업사회와 어떻게 다른가?

인류는 18세기 중반 영국에서 시작한 산업혁명으로 인해 또 다른 시대, 산업사회를 맞이했다. 증기기관과 디젤기관 등 기계의 발명과 분업을 통한 조직화를 통해 생산성을 혁명적으로 증가시킴으로써 새로운 시대를 열었다. 농업 중심에서 공업과 상업 중심으로 산업을 전환함에 따라 물질적 풍요를 가능케 하였다. 새로운 산업은 수많은 노동자를 농촌에서 도시로 이주시켰고, 거대조직은 각지에서 몰려온 다양한 사람들이 함께 일할 수 있는 새로운 시스템을 도입하였다. 이로써 인류의 삶은 근본적으로 변화를 겪게 되었다.

농업사회에서 산업사회로의 전환은 인류의 생활을 근본적으로 변화시켰다. 첫째, 생활의 중심이 농촌에서 도시로 옮겨졌다. 공업의 발전으로 공장에서는 노동 인력이 필요했고, 공장주는 노동력을 확보하기 위해 농업에 종사하던 사람들을 더 많은 임금으로 유인했다. 농촌에서 의식주 중심의 최소한의 소비생활을 하고 있던 가난한 농부들이 물질적 풍요를 꿈꾸며 도시로 이전했다. 농촌보다는 도시 노동자에게는 여러 방면에서 기회가 주어졌다. 도시 노동자는 일정한 임금을 받아 의식주를 해결할 뿐만 아니라 당시 농촌에서는 누리기 어려운 의료혜택과 자녀 교육의 기회를 받을 수 있게 되었다. 따라서 농민들은 도시에서 주어지는 다양한 물질적 풍요와 미래의 삶의 안정을 위해 도시 노동자가 되었다. 한편 산업화가 진전되어 농촌 역시 기계화가 진행되어 농촌에 노동력 수요가 줄어들었다. 이들 유휴 인력이 도시로 흡수되면서 도시화가 가속화되었다.

둘째, 농촌 중심의 봉건제가 해체되고, 자본주의 시스템이 등장했다. 토지를 기반으로 한 농업 생산성 증가는 한계에 이른 반면, 공업 및 상업 생산성의 획기적인 증가로 도시의 부가 농촌을 압도하였다. 이 결과, 공장을 소유한 신흥 자본가의 부가 토지를 소유하여 권력을 행사하던 전통적인 왕과 귀족의 재산과 소득보다 비교할 수 없을 정도로 압도하였다.

왕과 귀족은 전통적인 권위와 군대를 배경으로 자본가를 압박하여 세금을 징세하고 통치를 유지하려고 했지만, 신흥 자본가는 압도적인 부를 바탕으로 군대를 조직하여 왕과 귀족의 군대를 제압하고 봉건제를 해체하였다. 그리고 자본가가 주도하는 의회 정치, 관료제에 의한 통치 시스템을 구축했다.

셋째, 연고집단이 쇠퇴하고 공식적인 규정과 제도를 중심으로 한 사회단체가 발전했다. 농업사회의 연고집단에서 발전된 규범은 목표와 가치관을 공유하는 해당 집단 구성원을 통합할 수 있지만 익명의 거대도시로 유입된 다양한 사람들을 통합할 수는 없다. 폐쇄적 1차사회(Gemeinschaft)의 가치 및 규범은 다양한 구성원 및 집단이 모인 개방적 2차사회(Gesellschaft)에서는 갈등을 조장할 뿐이다.

따라서 산업사회에서는 연줄을 벗어나 익명의 다양한 사람에게 통용될 수 있는 새로운 시스템이 요구되었다. 농업사회 연고집단 내에서 의사결정을 주도하던 왕과 귀족의 일방적이고 수직적인 명령은 거대도시의 이질적 집단에게는 더 이상 통하지 않는다. 부르주아 혁명에 의해 주권이 왕과 귀족으로부터 능력 있는 자본가에 넘어간 이후 이들 자본가는 법에 의한 시스템을 제도화했다.

만민평등의 보편적 선거를 통해 의회를 구성하여 국가의 방향과 정책을 토론하고 결정했다. 의회에서 합의된 결정은 법으로 공포되고, 행정부에서 집행되며, 사법부에서 적법성을 심의한다. 구조화된 법은 국가 구성원 전체에게 평등하게 적용된다. 혈연, 지연, 학연, 종교 등 어떤 연줄, 어떤 집단에 속했는지 불문하고 남녀노소 및 지위고하에 차별 없이 평등하게 적용된다. 모든 국민은 농업사회의 폐쇄적인 집단논리에서 벗어나 산업사회에서는 다양한 사람들과 소통하고 협력할 수 있는 법과 제도에 의한 시스템 하에서 자발적으로 사회단체를 조직하여 자신의 능력과 개성을 마음껏 발휘하게 되었다.

넷째, 국가 시스템뿐만 아니라 산업사회의 조직 역시 다양한 구성원을 공정하게 대우하는 규정과 제도 중심의 조직으로 전환되었다. 산업사회의 거대조직은 조직의 규모가 크기 때문에 연줄에 의한 구성원만으로는 유지될 수 없다. 거대조직이 목표를 달성하기 위해서는 다양한 구성원이 목표를 중심으로 통합되어야 하기 때문에 구성원의 업무 및 행동 방식을 모두 규정에 의해 제도화하였다. 누구든 해당 업무를 맡는 사람은 자의적인 판단을 배제하고 규정대로 업무를 수행하라는 의미이다. 자신의 배경이 어떻고 가치관이 어떻든지 간에 조직 내에서 업무를 수행하는 데 있어서는 자신의 개성 및 특성을 발휘하지 말 것을 요구했다. 누구든 예상이 가능한 방식으로 업무를 수행해야 조직구성원 전체가 유기적으로 통합되어 조직의 목표를 달성할 수 있기 때문이다.

조직구성원의 선발 및 승진에 있어서도 연줄을 통한 자의적 판단을 배제하고 규정에 의해 능력과 경쟁력을 기준으로 판단한다. 그래야 조직은 조직대로 능력 있는 인재를 선발하여 조직의 목표를 달성할 가능성이 높고, 구성원은 구성원대로 이곳 저곳에 연줄을 댈 필요 없이 조직이 원하는 능력을 키우는데 집중할 수 있다. 결국 산업사회에서 전체사회의 경쟁력을 강화시키기 위해 기계적 조직이 탄생하였다.

다섯째, 사회 다양성 및 전문성 증가이다. 농업사회에서 각각 다른 가치관과 신념체계를 가지고 살아오던 사람들이 도시로 몰려들었다. 각자 폐쇄적인 집단에서 동질적인 생각과 삶을 유지하던 사람들이 이질적인 다양한 사람을 접하게 되었다. 자신의 삶만이 옳다고 생각했던 사람들이 전혀 다른 삶이 옳다고 생각하던 사람들과 함께 같은 장소에서 만나서 일하고 살게 되었다. 이질적 구성원들이 거대도시에서 다양성을 유지하면서 살 수 있게 되었다.

한편, 거대도시의 거대조직은 구성원에게 전문성을 요구한다. 거대조직 내에서 분업화된 업무를 빠르고 정확하게 수행하는 사람에게는 보수를 올려주고 승진도 시켜주었다. 자신의 출신 배경보다 실력으로 대우받는다. 전문성이 높아지면 더 좋은 직장과 위치가 보장된다. 또한 인구의 도시 유입으로 도시 생활에 필요한 새로운 직업, 즉 교육자, 법률가. 언론인, 사무직, 운송업 등 각종 서비스업이 발생했다. 노동의 분화와 직업의 다양화로 인해 사회의 다양성과 전문성이 급격하게 증가하였다.

여섯째, 정치 이데올로기(ideology)의 출현 및 대립이다. 산업사회의 경쟁력을 강화시키기 위해 확립한 법과 제도는 만인을 구조적 시스템 하에서 모든 사람을 공정하게 대우하였지만, 결과적 평등까지 보장하기는 어렵다. 현실적으로 자본가 계층이 산업사회를 주도하다 보니 자연스럽게 자본가 중심의 법과 제도가 정착되었다. 자유주의 이데올로기 중심의 자본주의에 의해 "빈익빈, 부익부" 현상이 나타났다.

이후 마르크스는 자유주의 이데올로기가 소수 자본가가 다수 노동자를 착취하는 구조적 모순을 지녔다고 비판하면서, 다수 노동자를 위한 사회주의 이데올로기를 대안으로 제시하였다. 이 결과, 산업사회에서는 인간의 자유를 우선적으로 내세우는 자유주의 이데올로기와 결과적 평등을 바탕으로 국가 시스템을 설계한 사회주의 이데올로기가 대립하였다.

산업사회에서는 산업기술의 발전에 의해 왕과 고관대작뿐만 아니라 일반시민까지도 먹고 사는 것 이외의 다양한 물질적 욕구를 충족할 수 있게 되었다. 돈이 있다면 그동안 가질 수 없는 더 좋은 옷, 더 좋은 집, 더 안정적이고 편한 미래를 가질 수 있게 되었다. 농업과 목축을 해야만 먹고 살 수 있는 것이 아니라 사람들이 원하는 다양한 가치를 생산하면 더 많은 돈을 벌게 되었다.

많은 사람이 생산한 농산물의 가치는 낮게 책정되고, 공장에서 생산한 새로운 물품의 가치는 높게 책정되었기 때문이다. 그러니 사람들은 부가가치가 높은 직업, 물질적 풍요를 찾아 농촌을 떠나 도시로 이주했다. 이러한 변화가 먼저 일어난 국가, 즉 산업화를 먼저 달성한 국가는 선진국이 되었고, 산업화가 늦은 국가는 후진국으로 전락했다. 결론적으로 물질적 풍요를 위해 사람들은 농업사회 생활방식을 포기하고 산업사회 생활방식을 선택한 것이다.

2. 산업사회 경쟁력

산업사회의 경쟁력은 농업사회와 어떻게 다른가?
산업사회에서 경쟁력이 강한 집단의 특징은?

산업혁명으로 인해 생산성 및 경쟁력이 혁명적으로 증가했다. 농업사회에서는 부의 기준은 얼마나 많은 농업생산물을 생산하느냐이고, 따라서 얼마나 큰 토지를 소유하느냐가 경쟁력을 결정했다. 넓은 토지를 보유해야 많은 농산물을 생산할 수 있고, 그 결과 많은 인구를 유지할 수 있다. 인구가 많아야 국방력을 높임으로써 시스템을 유지하고, 필요하면 영역을 넓힐 수 있다.

그러나 산업혁명 이후에 인류가 추구하는 가치는 기본적인 의식주 충족뿐만 아니라 다양한 물질적 풍요로 전환되었다. 농업시대에는 인구가 많으면 국방력이 강한 것으로 평가됐지만, 산업시대에는 인구뿐만 아니라 탱크와 야포, 비행기 등 다양한 첨단무기를 보유해야 한다. 즉 산업사회 경쟁력의 척도는 농업생산성이 아닌, 산업생산성이다.

산업사회에서 산업생산성을 획기적으로 증가시킨 가장 큰 요소는 기계화와 조직화이다. 기계화는 전 산업 분야에서 사람의 육체 능력보다 1,000배 이상의 높은 생산성을 증가시켰다. 농업사회에서 옷 한 벌의 옷감을 짜려면 한 달 이상 걸려야 했지만, 산업사회에서 원단공장에서는 10여 명의 노동자가 기계를 이용하여 수만 명이 입을 수 있는 옷감을 하루 만에 제작해낸다. 대형 공사 현장에서 굴삭기 1대는 최소 300명, 최대 3,000명의 인력이 일하는 분량의 일을 감당한다.

농업도 마찬가지다. 한 사람이 하루 종일 일해도 열 평의 땅을 제대로 일구기 어렵지만, 트랙터는 하루에 10만평 이상의 농지를 더 깊게 일구어낸다. 전쟁도 마찬가지이다. 19세기 중반 아편전쟁에서 인구가 20배 이상 많은 청나라가 영국에게 무참하게 패배한 이유도 기계의 성능 차이에 기인한다. 인구가 많고, 병력이 아무리 많아도 성능 좋은 대포를 보유한 군대에게 상대가 안 된다. 산업혁명에 성공한 서구가 아직도 세계를 주도하고 있고, 농업사회에 머물러 있는 아시아와 아프리카 국가가 경제생산성에서 아직도 뒤쳐져 있는 이유이다.

산업사회에서의 조직화 역시 생산성을 획기적으로 증가시켰다. 테일러(F. Taylor)는 "과학적 관리"에서 조직화된 분업으로 생산성이 300배 이상 증가한다고 하였다. 분업을 통한 조직화로 노동자에게 같은 장소에서, 같은 일을 반복적으로 수행하게 하면 업무의 숙련도가 증가되고 업무의 변동에 따른 시간의 낭비를 줄임에 따라 업무 효율성이 증진된다.

테일러는 당시 노동자가 300년 전 귀족보다도 더 나은 물질적 풍요를 이루며 살게 된 것을 분업의 결과로 설명한다. 무인도에서 지내는 로

빈슨 크루소가 의식주 모두 원시적 생활을 면치 못한 이유도 혼자 의식주 모두를 해야 했기 때문이다. 현대인이 물질적 풍요를 누리며 살 수 있는 데에는 분화와 분업에 의한 조직화의 결과이다.

산업사회는 기계화와 조직화를 통해 생산성을 증가시키기 위해 다양한 가치, 습관, 태도, 행동, 규범 등을 배경으로 살아온 농업사회의 이질적 집단을 통합하여야 했다. 이를 위해 혈연, 지연, 학연, 종교 등 특정한 연줄을 넘어서 이들 모두에게 적용되는 법과 제도를 발전시켰다. 농업사회에서는 다른 사람과 신뢰를 바탕으로 협력하기 위해 그가 속한 집단논리를 수용해야 했지만, 산업사회에서는 특정한 집단논리를 고려할 필요 없이 만민을 평등하게 대우하는 법과 규정을 따르면 된다. 구조화된 법과 제도는 "내가 아는 사람"과 "내가 모르는 사람"을 차별하지 않는다. "연줄이 있는 사람"과 "연줄이 없는 사람"을 공정하게 다룬다. 아무리 잘 아는 사람이라도 법 절차를 무시하면 허가를 내줄 수 없고, 내가 모르는 사람이라도 법 절차에 하자가 없으면 허가를 내주어야 한다.

따라서 산업사회 구성원 간의 신뢰와 협력 역시 구조화된 법과 제도를 통해 이루어진다. 처음 만난 사람이라도 법과 제도를 지키는 사람은 신뢰하고 협력할 수 있고, 아무리 잘 알고 있는 사람이라도 법과 제도를 따르지 않는 사람은 신뢰도 협력도 할 수 없다. 즉 산업사회에서 인류는 산업사회의 특징을 반영하여 법과 제도라는 객관적인 공적 구조 하에서 신뢰하고 협력하면서 생활하게 되었다.

산업사회에서의 기계적 조직은 기계화와 조직화가 가능하도록 객관적인 법과 규정에 의거하여 집단 내 구성원의 역할과 협력 관계를 설정한다. 조직목표를 달성하기 위해 필요한 업무를 설계하고 업무를 수행하는데 필요한 구성원의 자질과 능력을 규정화한 후, 자질과 능력을 소유한 사람을 선발한다. 따라서 구성원의 개인적인 성향과 연줄을 고려할 이유가 없다. 기계적 조직 내에서 규정에 따라, 상사의 지시에 따라 자신의 능력을 발휘할 인재가 필요할 뿐이다.

선발한 사람의 능력이 부족하여 업무를 수행하는데 문제가 있는 경우에는 다른 사람으로 교체한다. 능력이 우수한 경우에는 능력에 맞는 보직으로 전환시키거나 승진시킴으로써 그 사람이 그 조직에서 일하도록 한다. 산업사회 조직은 구성원에게 주어진 업무를 수행할 것을 요구할 뿐이다. 개인적 연줄에 의해 특별한 충성을 원하지 않는다. 조직의 목표를 달성하기 위해서는 연고 또는 충성심보다 업무를 수행할 능력이 필요하기 때문이다.

3. 산업사회 개인과 집단의 역할

산업사회 조직의 특징은?
산업사회에서 조직 구성원은 어떤 역할을 수행하나?

농업사회에서 사람들은 출신과 배경 등 연고가 같은 사람들이 공동의 이익을 추구하기 위해 모여 집단을 이루었다. 혈연, 지연, 학연, 종교 등 연고를 중심으로 형성된 집단은 자신들만의 특수한 이익을 추구하기 위해 그들만의 가치관과 행동양식을 구축하였다. 농업사회에서는 연고집단 내에서 구성원들이 추구하는 행복과 이익을 충분히 찾을 수 있기에 연고가 다른 집단과 굳이 협력할 필요가 없다. 따라서 농업시대 대부분의 연고집단은 자기들만의 폐쇄성을 강화하고 외부인에게는 배타적이었다. 소속된 집단에 충성하고 같은 구성원과는 신뢰와 협력을 증진시킨 반면, 다른 집단과 다른 구성원에게까지 신뢰와 협력을 이어갈 필요가 없다.

그러나 산업사회에서 연고집단은 구성원의 새로운 욕구를 충족시키는 데 한계를 보였다. 규모가 작은 연고집단은 산업사회에서의 거대조직과 같이 생산성을 높이고, 구성원에게 다양한 물질적 혜택을 제공할 수 없기 때문이다. 산업사회의 익명화된 거대도시에서 사람들은 대부분의 일상생활을 생면부지의 사람들과 함께 나눈다. 직장동료, 업무대상자, 같은 건물 또는 옆 건물에서 일하는 다양한 사람을 만나고 있지만 이들 대부분은 서로를 모른다. 이들은 다양한 곳에서 거대도시로 모인 사람들이기 때문이다. 이들의 가치관과 태도가 서로 다르다. 서로에 대해 관심을 가진들 특별히 얻을 것도 없으니 서로에게 관심이 없다. 알 필요가 없다. 자신이 다른 사람에게 특별한 대접을 바라지도 않고, 자신 역시 누구에게도 특별한 대접을 하지 않는다.

익명의 거대도시, 거대조직 내에서는 연줄로 이어진 사람을 찾기 어렵다. 집단의 규모가 워낙 크니 집단구성원 간에 서로의 이름과 얼굴을 정확하게 알지 못한다. 인구 100만, 1,000만이 넘는 산업화된 거대도시에서는 사람들끼리 서로를 알 수 없다. 따라서 익명의 거대사회에서는 모두가 지키기로 합의한 구조화된 법과 제도가 마련되어야 질서가 유지된다. 자연스럽게 법과 제도라는 기준에 의해서 서로를 신뢰하고 협력한다.

결국 생산성을 높이기 위해서 농업사회에서 산업사회로 전환되었고, 연고집단 중심의 신뢰와 협력은 거대사회의 거대조직 중심의 법과 제도 중심의 구조적 신뢰와 협력으로 전환되어야 했다. 따라서 산업사회 법과 제도를 구조화하는데 성공한 국가는 산업사회로 먼저 진입할 수 있었고, 법과 제도를 구조화하지 못한 채 농업사회의 폐쇄적 집단규범과 자의적 신뢰에 머물렀던 국가는 산업사회로 진입하지 못한 것이다.

산업사회의 거대조직은 엄청나게 많은 수의 노동자를 고용하여 단일한 조직목표를 달성하도록 조직화하였다. 다양한 가치관과 배경을 소유한 구성원을 조직목표를 위해 함께 업무를 수행할 수 있도록 설계하였다. 조직화 과정에서 구성원의 다양한 가치와 배경을 고려하는 것은 불가능하다. 그러니 각 구성원의 임무와 권한을 법규와 매뉴얼로 규정화하였다.

대규모 조직에서는 분업화와 표준화가 이루어진다. 100명, 1,000명, 심지어는 10,000명 이상의 인원이 각자 맡은 바 임무를 일사불란하게 수행하도록 한다. 분업이 세분되면 될수록 효율성이 높아진다. 한 자리에서 단순한 일을 반복하면 그 업무에 대한 이해가 향상되고, 전문성이 증진됨에 따라 더 정확하고 빠르게 업무를 수행할 수 있다. 분업의 결과 구성원은 조직이라는 거대한 기계의 부속품 역할을 하게 된다. 조직은 조직구성원에게 특정한 가치관 및 태도를 요구하지 않고, 표준화된 업무를 수행할 것을 요구한다. 업무가 표준화되어 있기에 조직구성원 중 한 사람이 사직서를 제출하고 나가면, 언제든지 다른 사람으로 대체해도 조직이 정상적으로 작동된다.

산업사회 기계적 조직의 업무방식은 비인격화(impersonality), 공식화(formality), 문서화(documentation)를 통한 객관적 업무 수행이다. 비인격화는 자신의 특징 및 개성을 업무에 반영하지 말라는 것이다. 사견에 의하여, 사적 이익을 위해 업무를 판단 및 수행하지 말고 규정에 의거하여 조직 전체의 이익을 위해 업무를 수행할 것을 의미한다.

공식화는 조직의 업무를 수행함에 구성원이 제시한 의견은 개인의 의견이 아니라 조직의 공식적 입장이라는 것이다. 따라서 조직의 업무는 자의적 판단에 의거하여 사적 방식으로 수행하지 말고 조직의 객관적인 공식 입장에서 판단하고 수행할 것을 말한다.

문서화는 의사결정 과정을 투명하게 밝히는 역할을 한다. 더 중요한 것은 문서화로 인해 의사소통 및 업무의 효율성을 높이는 것이다. 예를 들어 10명 이하의 구성원에게는 회의 중 또는 전화로 업무협조 사항을 요청하는 것이 문서에 의한 의사소통보다 효율적이다. 하지만 조직구성원이 100명 이상인 대규모 조직인 경우에는 대면 또는 전화로 업무협조를 요청하는 것보다 문서에 의한 업무가 훨씬 효율적이다.

산업사회에서 다양하고 이질적인 구성원들이 한 조직에 모여 조직목표를 달성하기 위해 함께 일하게 하기 위해서는 조직의 구조화된 규정과 제도가 반드시 필요하다. 이들은 규정과 제도 하에서 협력한다. 규정과 제도를 준수하는 동료는 신뢰하고, 규정과 제도를 준수하지 않는 동료는 신뢰하지 않는다. 전날까지도 알지 못하던 사람이 오늘 조직의 구성원이 되면 조직의 규율을 따르고 규정에 따라 업무를 함께 한다. 옆자리에서 일하고 있는 동료와 굳이 친할 필요도 없다. 함께 일하던 동료가 다른 조직으로 말없이 갈 수도 있다. 같은 조직에서 일한다고 특별한 애정을 가질 필요도 없고, 조직이 다르다고 적의를 갖지 않는다. "우리"도 없고 "남"도 없다. 그러니 누구에게도 폐쇄적이지 않고, 누구에게나 개방적이다. 연줄이 작동되지 않고 조직이 자신을 특별하게 대접하지 않으니 개인도 조직의 이익을 특별히 수호할 필요가 없다. 개인의 필요에 의해 조직을 선택하고, 조직에 들어가면 규정대로 행동하면 그만이다. 연줄이 사라지고, 개인주의를 바탕으로 한 법과 제도 중심의 조직원리가 구축된다.

산업사회 조직은 의사소통 방식도 규정에 의해 제도화된다. 최고관리자는 규정에 의해 조직구성원으로부터 보고받고 명령을 내린다. 중간관리자 역시 규정에 의해 최고관리자에게 보고하고 하급자에게 명령을 내린다. 하급자는 규정에 따라 상급자의 명령을 받아 업무를 수행하고 규정에 없는 문제가 발생하는 경우에는 상급자에게 보고하고 상급자의 지시에 의해 업무를 수행한다. 조직 내에서의 상급자와 하급자 관계 역시 철저하게 제도화된 규정에 의해 이루어진다.

반면, 공식화된 조직업무 이외의 개인적인 일은 철저히 사적으로 이루어진다. 조직의 최고관리자라고 해서 업무 이외의 사적 문제까지 하급자에게 명령할 수 없다. 상급자의 권위는 조직 내 업무 영역에서만 이루어진다. 농업사회 연줄집단의 리더의 권위가 공적 문제뿐만 아니라 사적 영역에서도 통했던 것과 전혀 다르다.

산업사회 조직구성원의 선발과 임명도 제도화된 규정에 따른다. 연줄에 의한 정실을 배제하고 객관적인 능력에 따라 선발 및 임명함으로써 조직의 능력을 증진시키기 위함이다. 따라서 취업을 원하는 사람들은 연고집단에 줄을 대기보다 실력을 늘려야 한다. 승진을 원하는 구성원 역시 자신의 실력과 업적을 보여주어야 한다. 자신의 객관적인 능력을 인정하고 받아주는 조직에 입사하여 조직의 규정에 따라 조직이 부여하는 업무를 수행하고, 조직발전에 기여하는 경우 승진하고 연봉도 오른다. 물론 능력을 보여주지 못하면 해고될 수도 있다. 반면 조직이 객관적으로 능력을 보인 직원을 인정하지 않아 임금을 올려주거나 승진을 시켜주지 않을 경우 자신의 능력을 인정하는 곳으로 직장을 옮기기도 한다. 산업사회에서는 농업사회의 집단처럼 구성원을 보호하지도 않고, 무조건적 충성을 요구하지 않는다. 조직의 규정에 따라, 개인의 능력과 이해관계에 따라 조직도 구성원을 선택하고, 구성원도 조직을 선택한다.

물론 산업사회의 조직에서도 개인적 연줄에 따라 긴밀한 관계를 유지하는 구성원도 존재한다. 거대조직에서도 연줄이 닿는 사람을 만나는 경우 조직의 규정에 없는 도움을 서로 주고받기도 한다. 선배는 후배를 챙겨주고, 후배는 선배를 따른다. 그러나 농업사회에서와 같은 긴밀한 관계를 유지하기 어렵다. 능력이 없는 선배, 후배, 동료를 마냥 감쌀 수 없다. 능력이 없는 동료와 함께 하다가는 자신에 대한 평가가 떨어져 손해를 입을 수 있기 때문이다. 그리고 능력에 의해지 않고 정실에 의해 운영되는 조직은 결국 쇠퇴한다. 조직 전체의 능력이 떨어지기 때문이다. 결과적으로 산업사회에서는 연줄의 위력은 더욱 약해지고, 능력제(merit system)가 정착된다.

따라서 산업사회에서의 조직 내 개인 간의 관계는 철저하게 객관적인 법과 규정 하에서 설정된다. 조직은 구성원에게 법과 규정에 따라서 능력을 발휘할 것을 요구하고, 법과 규정에 정해진 것 이상의 자발적인 충성심을 요구하지 않는다. 상사의 명령 역시 규정에 의한 것만 따르면 그만이다. 규정에 정해져 있지 않은 것은 무엇이든 거부할 수 있다. 이로써 공적 영역에서는 만민평등한 수평적 관계가 기본적으로 정착되었다. 이렇게 산업사회로 진입한 국가사회는 구조적 신뢰의 협력을 통해 생산성을 엄청나게 증가시켰고, 구성원들은 물질적 풍요를 누리게 되었다.

4. 산업사회 신뢰의 특징

산업사회에서 신뢰가 필요한 이유는?
산업사회 신뢰의 특징은 무엇인가?

농업사회에서 사람들은 자신의 생존과 번영을 위해 연줄을 배경으로 한 연고집단 구성원 간의 신뢰와 협력을 발전시켰다. 그러나 산업사회의 거대사회, 거대조직에서는 연줄로 인한 신뢰로는 익명의 구성원들을 통합시키기가 불가능하다. 다양한 사람들이 저마다 자신의 가치가 옳다고 주장하고 "내 편"과 "네 편"을 가른다면 거대도시와 거대조직 내 다양한 배경을 가진 구성원들은 갈등과 혼란에 휩싸이게 된다. 더욱이 산업사회에서는 연줄을 바탕으로 한 신뢰와 협력은 무능과 부패의 상징이 되었다.

농업사회에서는 사회가 단순하여 개인 간의 능력보다 집단에 대한 충성도가 중요했다. 그러나 산업사회에서는 사회가 다양화하여 개인의 전문성에 따라 능력의 차이가 크게 나타났다. 산업화된 조직에서는 충성도가 아니라 능력 있는 구성원이 필요했다.

이에 따라 산업사회에서는 구성원 간의 신뢰와 협력 방식을 법과 제도로 구조화하였다. 익명의 거대사회, 거대조직에서 모든 구성원이 지켜야 할 사항을 법과 규정으로 제도화하였다. 상대방이 아는 사람이든 모르는 사람이든 상관없이 법과 규정대로 하면 신뢰하고 협력한다. 친한 사람이든, 친하지 않은 사람이든 상관없이 법과 규정에 의거하여 행동하면 신뢰하고 협력하지만, 그렇지 않으면 신뢰도 협력도 없다.

조직 내에서 아무리 친한 동료라 할지라도 규정에 어긋나는 것을 요구하는 경우 그 행위에 대해서 신뢰할 수 없기에 요구를 들어주지 않는다. 반면, 자신이 모르고 있던 조직구성원이 규정에 따라 정당한 업무협조를 문서로 요청하는 경우 규정에 따른 절차에 의거하여 협력한다.

현실적으로 만민평등한 법 적용으로 조직의 능력을 향상시키기 위해 19세기 말 영국과 미국에서 공무원 임용제도를 엽관제(spoils system)에서 능력제(merit system)로 개혁하였다. 농업사회 정부조직은 업무가 단순하여 공무원의 능력이 크게 중요하지 않았기에 연줄로 임용된 공무원도 업무를 수행하는데 문제가 나타나지 않았다. 오히려 자신을 임명한 임명권자에 대한 충성이 긍정적으로 작동했다.

그러나 산업사회에서는 연줄로 임용된 공무원의 한계가 들어났다. 엽관제에 의해 임용된 공무원들이 업무에 있어서 무능함을 노출했다. 산업사회에서는 업무를 수행할 능력이 중요해진 것이다. 따라서 연줄의 고리를 끊기 위해 공무원의 정치적 중립과 능력에 따른 공무원 선발이 제도화되었다.

이러한 변화를 이끈 산업사회의 구조적 신뢰는 첫째, 태생적 동질성을 벗어나 모든 구성원을 연결한다. 연줄 중심의 태생적 신뢰는 소규모 동질적인 집단에서는 작동되는 반면, 다양하고 이질적인 배경을 가진 익명의 구성원들이 모인 거대사회, 거대조직에서는 법과 규정으로 사람들을 연결한다. 신뢰의 기준이 서로 다른 사람들을 법과 제도로 통합했다. 결국, 산업사회의 거대사회, 거대조직은 농업사회의 연줄집단 중심의 동질적 신뢰의 한계를 극복하기 위해 만민평등한 법과 제도를 중심으로 한 구조적 신뢰를 구축함으로써 다양한 구성원들이 서로 의사소통할 수 있는 토대를 마련하였다.

둘째, 산업사회의 구조적 신뢰는 연줄에 의한 강한 친분관계 및 충성심을 배제하고 능력주의를 정착시켰다. 연줄에 의한 강한 충성심은 산업사회 거대조직에서는 소규모 집단 간 갈등과 반목을 부추긴다. 산업사회의 거대조직을 운영하는 데에는 구성원의 특별한 충성심이 필요하지 않다. 구성원들은 조직의 규정에 정해진대로 각자 자신에게 주어진 업무를 충실하게 수행하면 된다.

따라서 산업사회 조직은 연줄에 의해 구성원을 채용하지도 않고, 승진시키지도 않는다. 모든 구성원의 능력에 따라 대접하는 것이 조직을 발전시키는 지름길이다. 조직목표를 효과적으로 달성하기 위해서는 능력 있는 구성원이 필요하기 때문이다. 따라서 산업사회 거대조직은 법과 규정을 공정하게 운영하고 있다.

셋째, 산업사회의 구조적 신뢰의 판단 기준은 공적이고 객관적이다. 농업사회의 자의적인 연고집단 신뢰로는 거대사회, 거대조직의 다양하고 이질적인 구성원들을 통합시키지 못한다. 자의적인 판단은 소수에게 득이 될 수는 있지만 다수에게 득이 될 수 없기 때문이다. 다수의 구성원을 통합시키기 위해서는 다수가 납득할 수 있는 객관적인 기준에 의해 신뢰 여부가 결정되어야 한다. 다수의 구성원에 의한, 다수를 위한 기준이어야 다수 구성원이 납득할 수 있는 공적이고 객관적인 정의를 실현할 수 있다.

넷째, 산업사회의 구조적 신뢰는 구성원의 수평적이고 민주적 관계에서 발생한다. 농업사회의 연고집단 중심의 자의적 신뢰는 연고집단을 이끄는 소수의 리더에 의해 자의적으로 결정되어 구성원들에게 수직적이고 일방적으로 전달된다. 이러한 수직적 의사결정은 산업사회의 거대사회, 거대조직에서는 받아들여지지 않는다.

구성원들이 각자의 위치에서 전문성을 가지고 자신의 역할을 다 하고 있기 때문에 리더를 위한 리더의 자의적 결정을 받아들이지 않는다. 자신이 직접 의사결정에 참여하지 않더라도 객관적인 기준으로 선발된 대표에 의해 민주적으로 논의되어야 받아들인다. 규모가 작은 조직의 규정일지라도 사회적으로 받아들일 수 있어야 한다.

다섯째, 산업사회의 구조적 신뢰는 법과 제도를 받아들이는 사람이라면 누구에게나 개방된다. 농업사회의 자의적이고 배타적 신뢰로는 익명의 거대도시에서 살아가는 다양한 시민을 통합할 수 없다. 자의적이고 배타적인 신뢰는 소규모 집단 내에서는 단기적으로 매우 효율적으로 구성원 간의 협력을 이끌어 낼 수 있는 반면, 대규모 집단의 장기적 이익을 보장할 수 없다.

배타적 신뢰에 의한 이익 추구 사례가 많아지면 구성원들은 너도나도 단기적인 사적 이익을 추구하게 된다. 구조적 신뢰의 근간이 흔들리고, 결국 구성원 모두가 불신과 갈등에 빠진다. 모든 구성원이 지키고, 모든 구성원에게 개방된 법과 제도에 의한 구조적 신뢰를 구축하지 못하면 산업사회를 유지할 수 없다. 구성원 모두가 장기적인 국가사회의 발전d을 유지하여 개인적인 행복을 추구하기 위해서는 배타적 신뢰구조를 혁파하고, 산업사회의 개방적 신뢰구조를 정착시켜야 했다.

산업사회가 도래하였다고 해서 모든 국가가 구조화된 법과 제도를 정착한 것은 아니다. 법과 제도의 정착에 성공한 국가 및 지역사회는 산업화에 성공하였고, 법과 제도의 구축에 성공하지 못한 곳은 산업사회에 진입하지 못했다. 같은 역사적·문화적 배경을 보유한 이탈리아에서 법과 제도에 의한 구조적 신뢰가 정착된 이탈리아 북부는 산업화에 성공하여 경제발전 및 민주적 거버넌스를 실현한 반면, 연줄을 바탕으로 한 인간관계 및 배타적 집단 중심의 신뢰가 만연된 이탈리아 남부는 농업사회에 고착됨에 따라 경제발전 및 민주적 거버넌스가 지체되었다(Putnam, 1993).

국가적으로도 법과 제도 중심의 구조적 개혁에 성공한 국가는 산업사회로의 진입에 성공하여 국가발전을 이룬 반면, 대부분의 개발도상국은 구조적 개혁에 실패하여 연줄 중심의 농업사회에 머무름에 따라 산업사회로의 진입에 실패하였다.

5. 산업사회 신뢰의 장점과 한계

산업사회 신뢰의 장점은 무엇인가?
산업사회 신뢰의 단점은 무엇인가?

산업사회의 구조적 신뢰는 국가 내 모든 구성원에게 적용되는 법과 제도를 바탕으로 한다. 농업사회의 폐쇄적·자의적 신뢰는 아는 사람, 같은 집단에 속한 사람, 연줄로 이어진 사람과의 신뢰로써 모르는 사람에게는 배타적인 반면, 산업사회의 구조적 신뢰는 연줄과 관계없이 법과 제도가 규정된대로 모든 사람에게 공정하게 적용된다. 제도에 정해진대로 법과 규정을 지키면 신뢰하고 협력하며, 그렇지 않으면 신뢰하지 않는다.

이러한 산업사회의 구조적 신뢰는 다음과 같은 장점이 있다. 첫째, 익명의 대규모 사회를 통합하는 역할을 한다. 거대한 사회 시스템 내의 각 구성원 또는 집단의 다양한 가치와 행동을 법과 제도로 통합하여 개인 간, 집단 간 발생할 수 있는 갈등을 최소화한다. 구조적 신뢰를 바탕으로 익명의 대규모 사회 내에 있는 개인 또는 조직이 거대한 시스템의 일부 기능을 수행함으로써 전체사회를 통합하여 동일한 목표를 향해 움직이도록 한다.

둘째, 산업사회의 구조적 신뢰는 구성원 일부를 위한 주관적이고 자의적 판단을 배격하고 전체구성원의 공적 이익을 수호하기 위해 객관적인 기준을 중심으로 공정한 사회를 정착시켰다. 주관적이고 자의적 판단이 지배하는 사회에서는 권력 소유 여부에 따라 중요한 결정이 이루어짐에 따라 권력을 소유한 사람이 자신의 이익을 위하여 권력을 행사할 가능성이 높다. 그러나 법과 제도를 중심으로 다른 사람의 신뢰 여부를 결정하는 산업사회에서는 객관적인 기준에 의해 중요한 의사결정이 이루어진다. 법과 규정이라는 객관적 기준은 모든 사람에게 공정하게 적용함으로써 모든 사람에게 동일한 기회를 제공한다.

셋째, 산업사회의 구조적 신뢰는 연줄에 의한 배타적 신뢰를 약화시키고 객관적인 능력을 인정함에 따라 능력주의 사회를 구축하였다. 산업사회에서도 조직의 리더가 연줄을 동원하여 조직구성원을 채용하려고 할 수 있다. 그러나 산업사회의 거대조직에는 엄청나게 많은 인원이 필요하기 때문에 연줄만으로 구성원을 채우는 것이 불가능하다.

따라서 연줄 없이 구성원을 선임할 바에는 실력 있는 인재를 등용하게 된다. 또한 시간이 지나면서 산업화조직의 목표를 달성하는 데는 구성원의 능력이 사회 전체의 효율성을 높일 뿐만 아니라 개인에게도 도움이 된다는 것이 나타난다. 당연히 연줄을 위주로 구성원을 채용하던 리더 역시 실력 위주로 구성원을 선임하게 된다. 이로써 조직의 능률성이 증가하고, 결국 사회 전체의 효율성이 증가한다.

넷째, 산업사회 구조적 신뢰는 대중 민주주의를 가능하게 한다. 능력 위주의 사회의 정착은 대중교육의 활성화를 이끈다. 거대조직이 능력 위주의 구성원을 선발하게 됨에 따라 임금을 많이 주는 거대조직에 들어가기 위해 교육을 받는 것이 중요해짐에 따라 대중은 자발적으로 자신과 자녀의 교육에 투자한다. 이로써 전국민의 기본적인 교육 수준이 올라가고, 전국민의 교육수준 증가는 정치의식의 향상을 이끌며, 정치의식의 향상은 결과적으로 대중의 정치참여와 대중 민주주의 시대를 열었다.

한편, 산업사회의 구조적 신뢰는 사회의 많은 문제를 해결하는 큰 장점이 있는 만큼 단점도 존재한다. 첫째, 법과 제도 중심의 구조적 신뢰는 개인과 집단의 특성을 감안하지 않고, 조직의 목표달성, 구성원 전체의 통합에 초점을 맞추어 설계되었다. 산업사회의 기계적 조직은 법과 규정에 따라 분업화된 계층제 구조로 공식화, 문서화, 비인간화 등의 업무 방식으로 운영된다. 이러한 구조적·업무적 특징에 의해 조직이 하나의 거대한 기계처럼 운영됨에 따라 조직 전체의 효율성을 높인다.

이런 조직의 효율성은 사회 전체의 효율성을 높이고, 그에 따라 사회 구성원의 물질적 풍요를 가져온 것은 사실이다. 그러나 산업사회의 물질적 풍요가 바로 인간의 실질적 행복을 보장하지는 못한다. 구조적 신뢰는 개인을 모두 일률적으로 취급하고, 개인의 다양한 삶의 가치와 행복을 고려하지 않기 때문이다. 구조적 신뢰는 인간의 물질적 효율성, 즉 도구적 합리성을 추구할 뿐이다. 따라서 물질만능주의를 양산하고, 개인의 다양한 가치가 무시되기도 한다.

둘째, 산업사회의 구조적 신뢰는 이데올로기 대립과 갈등을 격화시켰다. 산업사회의 법과 제도는 인간을 어떻게 바라보는 관점인 이데올로기에 따라 극단적인 두 체제를 정착시켰다. 인간의 자유와 경쟁력을 우선적인 가치로 전제하는 자유주의 체제, 그리고 인간의 존엄성과 평등을 우선적인 가치로 전제하는 사회주의 체제는 산업사회를 극심한 대립과 갈등으로 몰아넣었다.

인간의 다양한 가치와 행복보다 우선하는 이데올로기에 의해 지난 70년 이상 동안 수많은 국가에서 전쟁이 벌어졌고, 엄청난 인력과 자금이 냉전에 소모됐으며, 인간의 자유와 행복이 이데올로기 이름으로 억압됐다.

셋째, 산업사회의 구조적 신뢰는 환경변화에 취약하다. 법과 제도를 바탕으로 형성된 사회구조와 조직구조는 일단 확립된 후에는 지속되는 성향이 있다. 환경이 변화함에도 불구하고 환경변화를 고려하지 않은 채 구조화된 기존의 방식으로 계속 작동된다. 환경변화에 따라 국민이 새로운 정책을 요구함에도 불구하고 지나간 낡은 제도에 입각하여 불필요한 규제를 남발하기도 하고, 더 이상 원하지 않는 서비스를 반복하여 제공한다. 급변하는 사회에서는 더욱 문제가 심각하다. 하루가 다르게 새로운 기술이 발전하여 새로운 문제가 발생하고 있음에도 불구하고 과거의 방식을 고집한다.

넷째, 구조적 신뢰는 인간의 다양성을 고려하지 않고, 인간의 창의성을 사장시킨다. 구조적 신뢰에 의해 인간관계가 형성되는 기계적 관료제는 모든 구성원에게 조직이 부여한 업무를 규정대로 일률적으로 수행할 것을 요구한다. 조직구성원은 조직이란 언제든 대체 가능한 기계의 한

부품일 뿐이다. 인격이 반영된 다양한 접근은 조직이 원하지 않는 오류로 취급한다. 물질적인 풍요로움 이상의 다양한 가치 있는 삶을 원하는 현대인에게 구조적 신뢰에 의한 과거의 획일적인 삶을 강요한다.

다섯째, 산업사회의 구조적 신뢰는 글로벌 협력과 4차산업혁명사회로의 발전을 가로막는 장애물이 되기도 한다. 4차산업혁명사회에서는 구성원의 자율적이고 창의적인 아이디어가 성공의 열쇠이다. 따라서 국가를 불문하고 다양한 아이디어가 교환될 수 있어야 한다.

그러나 산업사회의 구조적 신뢰는 중앙집권화된 동일한 시스템 내에서만이 대화와 협력이 가능할 뿐이다. 4차산업혁명사회로 진입하기 위해서는 탈중앙화와 참여자의 자율적 규제에 의한 프로토콜을 바탕으로 자율적이고 공정한 참여가 필수불가결함에도 불구하고 산업사회의 구조적 신뢰는 이에 역행하는 역할을 하고 있다.

8장.

4차산업혁명사회와 신뢰

창조적인 삶

↑

과학기술 발전

↑

신뢰와 협력

시간과 공간의 한계

4차산업혁명사회에서 인류는
시간과 공간의 한계를 넘어 다양한 사람들과
신뢰와 협력을 통해 과학기술을 발전시킴으로써
창조적 삶을 살고자 한다.

〈4차산업혁명사회 생활과 신뢰〉

구분	4차산업혁명 특징
인간 생활	4차산업기술(빅데이터, 인공지능, 로봇, 사물인터넷) 활용, 시공을 초월한 국제적 관계, 가상공간
경쟁력	인간의 창의성, 과학기술 향상, 소통 및 협력, 글로벌 네트워크, 가상공간 활용
의사결정 구조	글로벌 스탠다드, 수평적·자율적 의사결정
구성원의 역할	자율적 참여, 자기 규율
신뢰의 특징	자율적, 상호계약적 신뢰
신뢰의 장점과 단점	정보 소통 확대, 다양성 증가. 글로벌 협력 증진, 능력주의 정착, 성숙한 개인과 사회 주도 / 정보비대칭, 불평등 심화, 공동체 가치 위협

1. 4차산업혁명사회의 인간생활

산업사회가 4차산업혁명사회로 전환된 이유는 무엇인가?
4차산업혁명사회에서의 인간생활은 산업사회와 어떻게 다른가?

18세기 중반부터 250여년 동안 지속되던 산업사회는 21세기 초반 급격하게 변화한 인간생활과 기술혁명으로 4차산업혁명사회로 패러다임이 전환되었다. 반도체와 컴퓨터 성능의 급발전으로 빅데이터(big data), 인공지능(artificial intelligence), 로봇(robot), 사물인터넷(IoT) 등의 기술이 인간생활에 활용됨으로써 사회는 새로운 국면을 맞게됐다. 4차산업 기술의 혁명적 발전으로 인해 인류의 삶이 또다시 근본적으로 변화했다.

산업사회에서 인류는 법과 제도를 바탕으로 기계화, 표준화, 조직화를 통해 기계적 조직 내에서 분업행위를 함으로써 생산성을 획기적으로 증가시킨 바 있다. 이 결과 표준화되고 규격화된 물질적 풍요를 누리게 되었다. 산업사회에서는 농업사회에서 해결한 먹거리를 비롯하여 입는 옷과 사는 집, 그리고 생활에 필요한 갖가지 상품과 서비스를 풍족하게 사용할 수 있게 되었다.

하지만 표준화된 산업사회에서는 기계화, 표준화의 결과로 표준화된 옷을 입고, 자동차를 타고, 아파트에서 생활하게 되었다. 사람의 욕망은 끝이 없다. 표준화된 물질적 만족에 그치지 않고, 다른 사람과 다른 자신만의 개성 있는 삶을 추구하기 시작했다. 소비생활에 있어서도 똑같은 먹거리, 옷, 자동차, 아파트를 탈피하고자 했다. 물질적으로 자신의 개성을 나타낼 수 있는 상품에 아낌없이 돈을 지출하기 시작했다. 결국, 표준화된 상품과 서비스는 가치가 하락하고, 개성을 살리는 독특한 상품과 서비스는 가치를 인정받았다. 개성 추구가 대세가 되었다.

수요가 있으면 공급이 따르는 법이다. 자신의 스타일에 맞는 옷, 남다른 옷에 기성복 가격의 10배, 100배가 된다고 해도 구매할 사람이 있다면 이에 맞춤 서비스를 제공하고 더 많은 돈을 벌려는 사람이 있기 마련이다. 문제는 아이디어와 기술력이다. 새로운 상품 및 서비스를 창출하려면 새로운 아이디어가 요구된다.

그런데 컴퓨터 성능의 발전에 의해 개성을 추구하는 사람들의 새로운 요구를 기술적으로 받혀줄 수 있는 세상이 되었다. 새로운 기술은 다양한 아이디어를 실현가능하게 하였다. 그리고 이러한 새로운 아이디어와 기술은 사람들의 다양한 욕구를 실현하는 동시에 완전히 새로운 세상을 펼쳤다.

4차산업혁명사회에서 새로운 아이디어와 기술이 모든 분야에서 개발되고 발전되었다. 빅데이터 기술의 발전으로 지구촌에 있는 모든 정보를 쉽고 빠르게 알 수 있다. 고객의 동향을 실시간으로 한눈에 볼 수 있으니 무엇을 생산해야 돈을 벌 수 있는지를 파악할 수 있다. 인공지능 기술의 발전으로 지금까지 밝혀진 과학적 기술을 기반으로 예측할 수 있는 미래를 바로 파악할 수 있다. 인공지능과 로봇을 연결하여 사람이 수행하던 모든 표준화된 업무를 컴퓨터로 장착된 기계로 대체할 수 있다. 사물인터넷 기술의 발전으로 모든 개인이 수행하고 있는 일상생활 정보를 파악하고 관리할 수 있게 되었다.

4차산업혁명사회로의 변화는 인간생활을 획기적으로 변화시켰다. 산업사회에서는 조직이 중심이었다면, 4차산업혁명사회는 사람, 즉 창의적인 개인이 중심적 역할을 하면서 사회를 이끌어 간다. 산업사회에서는 조직에 들어가 조직이 부여하는 업무를 해야 했지만 4차산업혁명사회에서는 개인이 무엇을 어떻게 하느냐가 중요해졌다. 조직의 입장에서도 구성원이 정시에 출근하여 부여된 업무를 수행하는 것보다 문제를 스스로 해결하는 것을 요구한다.

그러니 조직은 정규직 직원을 고용할 이유가 없다. 필요하면 문제를 해결할 능력 있는 사람과 필요한 기간만큼 계약을 맺기를 원한다. 개인의 입장에서도 조직이 더 이상 중요한 생활터가 아니다. 능력이 있는 사람은 어디서든 일할 곳이 많다. 산업사회에서와 같이 조직에 들어가서 급여를 받는 것보다 자유직으로 일하는 것이 급여도 많고 자유롭게 활동할 수 있기 때문이다. 4차산업혁명사회에서는 누구나 새로운 아이디어가 있으면 바로 상품화가 가능하고, 글로벌 협력으로 많은 돈을 벌 수 있다.

4차산업혁명사회의 또 다른 특징은 활동 공간의 확대이다. 산업사회에서는 사람들의 생활영역이 국가로 한정되었다. 외국으로 나가기 위해서는 많은 시간과 절차가 필요했다. 하지만 4차산업혁명사회에서는 글로벌 사회 전체가 사람들의 생활공간이 되었다. 굳이 외국에 나가지 않더라도 실시간으로 대화가 가능하다. 자료를 들고 다닐 필요도 없다. 모든 정보가 실시간으로 공유된다. 특정한 나라의 법과 제도를 따라야 할 이유도 없다. 필요하면 언제든 국적을 바꿀 수 있다. 특히 가상공간에서는 공간의 제한이 있을 수 없다.

글로벌 사회에서 누구와도 실시간 대화가 가능하고, 계약이 가능하며, 협력이 가능하다. 개인 간의 모든 벽이 허물어졌다. 모든 사람은 자신이 보유한 특성과 개성대로 자유롭게 역량을 펼치고, 자신이 원하는 사람과 함께 어떤 일이든 할 수 있는 사회가 되었다.

2. 4차산업혁명사회의 경쟁력

4차산업혁명사회의 경쟁력은 산업사회의 경쟁력과 어떻게 다른가?
4차산업혁명사회에서 경쟁력이 강한 개인과 집단의 특징은?

산업사회에서는 다른 사람과 같은 표준화된 일을 할 줄 알아야 살 수 있었다. 거대한 조직에 들어가 표준화된 규정에 따라 표준화된 작업장에서 표준화된 행동을 수행하는 것이 관건이었다. 그러나 4차산업혁명사회에는 기술의 진보로 인해 대부분의 표준화된 작업은 컴퓨터 프로그래밍에 의해 기계로 대체된다.

예를 들어, 산업사회에서 20만 마리의 닭을 키우기 위해서는 50여 명의 노동자가 작업을 해야 했다. 물과 모이를 주고, 계란을 수거하고, 온도가 올라가면 창문을 열고 선풍기를 틀어주고, 온도가 내려가면 선풍기를 끄고 창문을 닫고, 청소하는 등 모든 과정을 사람이 해야 했다. 그러나 4차산업사회에서는 컴퓨터 프로그래밍과 기계를 연결함으로써 이 모든 일을 자동화 처리한다. 닭 20만 마리를 키우는 양계농장에 2명이 컴퓨터 조정장치를 관리하면 된다. 4차산업혁명사회에서 표준화된 업무는 모두 자동화 기계, 즉 로봇으로 대체되고 있다.

산업사회에서 페인트 물감을 판매하는 판매상은 수만 가지 색깔의 페인트를 색깔별로 저장할 창고를 보유하고 있어야 한다. 수만 가지 색깔별로, 용기의 크기도 수십 가지이니 창고가 엄청나게 커야 했다. 그러나 컴퓨터 프로그래밍으로 창고가 필요 없게 됐다. 빨간색, 파란색, 노란색, 검은색, 흰색의 페인트만 있으면 색깔별 양의 배합에 따라 어떤 색도 만들 수 있다. 컴퓨터 프로그래밍으로 주문된 색깔을 배합하고 주문된 양만큼 적당한 용기에 넣어주는 것은 너무도 간단한 일이다.

표준된 업무뿐만 아니라 현실에서 이성적으로 생각할 수 있는 일은 대부분 기술의 발전으로 자동 처리가 가능하다. 바코드의 개발로 어느 상품이 어디에서 언제 생산되어 어떤 유통과정을 거쳐 최종 소비자에게 도착했는지 정확하게 알 수 있다. 불량품이 발견되면 언제 어디에서 누가 무슨 문제를 일으켰는지를 알아내어 문제를 바로 해결할 수 있다.

우유의 질이 떨어지는 경우 어느 농장의 몇 번 젖소가 어떤 병에 걸렸는지를 알 수 있다. 물류의 배송에서 보낸 사람과 받는 사람 간에 어떤 절차를 거쳐 물류가 배송되었는지를 모두 추적할 수 있다. 이 과정이 대부분 자동화 처리되어 배송 시간도 빠르다. 저녁을 먹은 후 아침 식사 대신에 죽으로 대체하기로 하고 휴대폰으로 주문하면 다음 날 새벽 4시에 문 앞까지 배달되는 것이 가능하다. 반복적인 업무는 어떤 것이든 자동화가 가능해졌다.

원격 카메라와 사물인터넷의 발전으로 비대면, 원격으로 일 처리가 가능해졌다. 업무를 굳이 회사에 나가지 않고 집에서도 가능하다. 회의를 굳이 한곳에 모여서 할 필요가 없다. 밖에서 집에 들어가기 전에 온도를 원하는 대로 높일 수도 낮출 수도 있다. 원격 카메라와 중앙 제어 컴퓨터, 그리고 휴대폰을 연결하면 지정된 곳에서 어떤 일이 일어나고 있는지를 언제든 살펴볼 수 있고, 원하는 대로 결정하여 명령만 하면 그대로 실행된다.

빅데이터 처리 기술과 인공지능의 개발로 단순한 업무뿐만 아니라 인간이 오랜 기간 동안 발전시킨 전문분야까지도 빠르고 정확하게 대체한다. 이세돌과 알파고의 바둑대국에서 7판 중 이세돌이 한 번밖에 이기지 못한 것이 충격이라고 했지만, 실제로 그 한 번의 승리가 사람이 인공지능을 이긴 유일한 승리이다. 이제 최고의 바둑 프로기사가 인공지능에게 3점을 놓고 두어야 할 정도로 인공지능의 학습과 계산능력은 모두가 인정하고 있다.

바둑 이외에도 인간의 이성 능력을 바탕으로 한 전문영역은 대부분 인공지능에게 물려주게 되었다. 법률지식, 회계능력, 의료기술, 주식거래 등 방대한 자료를 검토하고 학습하는 것은 인공지능의 판단이 더 정확하고 빠르다. 다만 사람이 아니라 인공지능이 판단하여 문제가 있을 경우 누가 책임질 것인가 하는 법적 문제, 이해당사자의 반대 등으로 인해 빠르게 도입되지 않을 뿐, 언젠가는 인공지능이 대세가 될 것이라는 데는 이의를 다는 사람이 없다.

이렇듯 4차산업혁명사회의 경쟁력은 산업 사회와 전혀 다른 패러다임으로 전환되었다. 첫째, 4차산업혁명사회의 경쟁력은 사람의 창의적 능력에 좌우된다. 4차산업혁명사회에서는 조직의 최고관리자가 주도하고 구성원은 규정과 명령에 의해 분업화된 업무를 수행하는 산업 사회의 조직은 더 이상 경쟁이 되지 않는다. 조직의 최고관리자 혼자 조직이 처한 환경변화를 모두 감지하고 대응할 수가 없기 때문이다. 4차산업혁명 사회에서는 고객의 요구가 끊임없이 변화하고, 기술이 지속적으로 발전한다. 이렇게 시시각각 변화하는 환경에 대응하기 위해서는 조직관리자 혼자 아이디어를 내서는 부족하다. 조직구성원 모두의 적극적인 아이디어 개발과 참여가 필요하다.

4차산업혁명사회에서는 문제해결 능력을 지닌 창의적 인재가 주역이다. 4차산업혁명사회의 창의적 인재는 산업사회의 전문가와 근본적으로 다르다. 산업사회는 기계 부속품이 각자 분업화된 전문분야를 보유하고 각자 자신에게 맡겨진 업무를 담당하면 하나의 완성체가 되었지만, 4차산업혁명사회는 분업화된 전문분야만을 이해하는 것을 넘어서 전체 조직이 당면한 문제와 변화된 환경을 이해하고 대처해야 하는 문제를 스스로 해결할 것을 요구한다.

4차산업혁명사회의 창의적 인재는 인간과 사회에 관한 전반적인 교양을 습득하고 자신의 전문분야를 지지고 있어야 한다. 자신의 전문분야가 사회 전반에서 어떤 역할을 하고 있음을 이해하여야 사회가 변화하면 자신의 역할을 어떻게 변화시켜야 할지를 알 수 있기 때문이다. 즉 4차산업혁명사회의 창의적 인재는 새로운 문제를 스스로 발견하여 해결하는 사람, 예상가능하고 정해진 일을 처리하는 기계와 달리 정해지지 않은 일을 해결하는 능력을 보유한 사람을 말한다.

따라서 4차산업혁명사회에서의 일자리는 창의적 인재 중심으로 재편된다. 새로운 일자리는 4차산업혁명을 이끄는 기술과 관련된 것이다. 세계 10대 기업 중 아마존, 애플, 구글, 삼성, 페이스북, 마이크로소프트 등 7개가 IT 관련 기업인 것과 같이 빅데이터, 인공지능, 로봇, 사물인터넷, 무인자동차, 드론, 나노, 원격의료 등 신기술의 발전이 산업화하면서 새로운 일자리를 창출하고 있다. 이러한 기술이 개인의 개성을 나타내는 다양한 욕구를 만족시키는 방향으로 발전하면서 보다 다양한 일자리를 양산할 것이다.

둘째, 4차산업혁명사회의 경쟁력은 빅데이터, 인공지능, 로봇, 사물인터넷 등 자동화된 과학기술의 활용에 달려있다. 산업사회에서 사람이 수행하던 표준화된 업무를 모두 이들 자동화된 기계로 대체하는 것이 생산성과 경쟁력을 높이는 지름길이다. 업무 방법이 정해져 있어서 인공지능이 검토하고 학습 가능한 일은 인공지능이 결정하고 로봇이 수행하는 것이 사람보다 훨씬 빠르고 정확하게 수행하기 때문이다.

한편, 인공지능과 로봇이 하지 못하는 창의적인 업무는 사람의 몫이다. 4차산업혁명사회의 다양하고 복잡한 문제는 인공지능과 로봇이 해결할 수 없기 때문이다. 인간의 다양한 욕구는 사람만이 알 수 있다. 엄청나게 많은 빅데이터를 수집하여 분석하는 일은 인공지능에게 맡기면 되지만, 어떤 문제를 해결하기 위해 어떤 자료를 모아 분석하라는 지시는 사람만이 할 수 있다. 로봇이 지시받은 일을 효율적으로 수행하지만, 고객의 복잡한 요구를 이해하고 업무를 지시하는 일을 위해서는 사람이 있어야 한다. 시시각각 변화하는 고객의 요구에 대한 대응은 사람의 일인 반면, 사람이 정해 놓은 일은 인공지능과 로봇이 처리함으로써 업무의 효율성을 달성한다.

셋째, 4차산업혁명사회의 경쟁력은 정보소통을 통한 개인 간의 협력이다. 특별한 전문성이 없는 일반인 간에도 4차산업혁명사회의 인터넷을 통해 실시간으로 무한정 정보를 공유할 수 있다. 누가 무엇을 생산하고, 누가 무엇을 필요로 하는지 실시간으로 공유된다. 공급자와 소비자를 구분하지 않는다. 누구든 공급자로 참여할 수도, 수요자로 참여할 수 있다. 필요한 것을 생산하면 팔리고, 팔고 싶으면 소비자의 정보를 파악하여 생산하면 된다. 정보를 파악하기 위해 특별히 시간과 돈을 낭비할 필요가 없다. 또한 정보 네트워크를 통해 누구와도 협력이 가능하다. 협력을 통해 무한한 경쟁력 향상을 위한 시너지 효과를 발생시킬 수 있다.

전문가의 경우는 정보소통과 협력으로 인해 경쟁력이 급격히 상승한다. 기술의 진보는 전문성의 세분화로 이어진다. 따라서 부분을 담당하고 있는 각 전문가가 전체 시스템을 이해하기란 쉽지 않음에 따라 전문가 혼자 해결할 수 있는 문제는 거의 없다. 어떤 문제든 전문분야 간의 협력이 필수적이다.

예를 들어, 간암 환자를 진단하기 위해서는 간암 전문의의 지식만으로는 정확한 진단과 치료가 어렵다. 간암이 발생한 원인이 간 문제에만 그치지 않기 때문이다. 간암의 원인이 다른 장기로부터 발생할 수도 있고, 각종 기관의 상호작용에 의해 발생할 수도 있다. 더욱이 간암 치료를 위해서는 신체의 다양한 기관에 대한 전문지식이 필요하다. 따라서 간암 환자의 진단과 치료를 위해서는 간암 전문 의사뿐만 아니라 다양한 분야의 전문 의사들이 모여 함께 진단과 치료 방향을 논의해야 한다. 이렇듯 4차산업혁명시대에는 인간과 사회에 관한 기본 지식을 바탕으로 다른 분야 전문가와의 상호 협력이 필수적이다.

넷째, 글로벌 협력을 통한 경쟁력 향상이다. 4차산업혁명사회의 기술은 국가 간의 장벽을 무너뜨렸다. 시스템이 다른 국가 간에도 인터넷을 통해 정보는 흐른다. 이에 따라 모든 사람은 자신이 어느 국가에 속하든지 글로벌세계 누구와도 소통과 협력이 가능하다. 새로운 아이디어, 기술, 정보는 누구와도 공유할 수 있고, 협력이 국가 간의 장벽을 넘어 누구와도 이루어질 수 있다.

따라서 더 많은 사람과 더 많은 정보, 기술, 아이디어를 주고받을 수 있다. 이러한 협력을 통해 새로운 기술을 더 빠르게 진보하고, 인류의 경쟁력은 더욱 향상될 것이다. 만일 새로운 아이디어와 기술을 자신만 이용하려고 통제하려는 개인, 조직, 국가는 글로벌 협력에서 배제될 뿐이다.

다섯째, 공간의 확대는 물리적 공간에 그치지 않는다. 4차산업혁명사회에서는 더 많은 가상공간이 창조되고 확대되어 기술을 진보시키고, 경쟁력을 강화한다. 가상공간이 창조됨에 따라 현실의 물리적 공간이 가상공간으로 확대되고 있다. 단순히 컴퓨터 게임을 즐기던 공간으로만 활용되는 가상공간은 지속적으로 인류의 모든 생활영역으로 확대되고 있다. 더욱이 가상공간은 물리적 공간을 대체할 뿐만 아니라 물리적 공간과의 병존을 통해 인류의 영역을 확대시킨다. 이러한 가상공간의 확대는 기술을 더 빠르게 진보시킴으로써 경쟁력을 증가시키는 토대가 되고 있다.

3. 4차산업혁명사회 공동체 구성원의 역할

4차산업혁명사회 조직의 특징은?
4차산업혁명사회에서 조직의 구성원은 어떤 역할을 수행하나?

농업사회에서 산업사회로 넘어가던 시기에는 의식주 모든 부문에서 공급이 부족했다. 그러니 생산된 상품과 서비스는 바로 소비됐다. 공급이 부족하고 수요가 많으니 고객의 요구가 단순하였다. 공급자가 일률적인 상품과 서비스를 생산해도 모두 소비된다. 따라서 조직은 고객의 요구를 배려할 필요가 없다. 고객의 요구가 변화하지 않으니 새로운 상품과 서비스를 생산하기 위해 고민할 필요가 없다. 조직의 최고관리자가 목표를 정하고 업무수행 방법을 규정화하고 매뉴얼을 만들어 놓으면 조직구성원들은 정해진대로 이를 따르면 되었다.

그러나 4차산업혁명의 도래로 환경이 급격하게 변화하면서 조직 내 구성원의 역할에 관한 패러다임 역시 변화했다. 산업사회가 성숙하여 물질적 풍요가 달성되자 상황이 바뀌었다. 사람들이 판에 박힌 상품과 서비스에 대해 싫증 내기 시작했다. 상품과 서비스 소비에 있어서 자신의 개성에 맞출 것을 요구하기에 이르렀다. 발 빠른 공급자는 새로운 아이디어와 발전된 과학기술을 활용하여 새롭고 다양한 상품과 서비스를 고객에게 제공했다. 가격을 높게 책정해도 새로운 상품과 서비스는 날개 돈 친 듯 판매됐다. 소비자는 뻔하고, 개성 없는 싼값의 상품을 거부하고, 비싸더라도 자신만의 개성을 표현할 수 있는 상품을 요구했다. 공급자는 이에 맞추어 돈을 벌었다. 개성과 다양성의 시대로 바뀐 것이다.

이러한 변화는 산업사회의 조직을 변화시켰다. 조직관리자가 목표, 규정, 매뉴얼을 정하고, 조직구성원들은 이를 따르는 조직, 표준화·획일화된 상품과 서비스를 생산하는 조직은 고객의 다양한 욕구를 맞출 수 없게 되었다. 최고관리자 혼자서는 급격한 환경의 변화, 고객의 다양한 욕구에 대응할 수 없게 되었다. 최고관리자 혼자 새롭고 다양한 상품과 서비스를 생산하기 위한 아이디어를 낼 수 없기 때문이다. 조직이 생존하기 위한 새로운 아이디어는 현장에서 고객을 접촉하는 구성원들이 제안할 수 있는 것이지 최고관리자만으로는 대처할 수 없기 때문이다. 이에 따라 4차산업혁명사회에서는 조직의 최고관리자가 아니라 현장에서 일하는 조직구성원들의 다양한 아이디어가 필요해졌다.

4차산업혁명사회의 구체적인 변화는 다음과 같다. 첫째, 4차산업혁명사회에서는 어느 조직이든 창의적이고 능동적인 구성원들이 주인공이다. 조직은 사람의 창의성이 생명이기 때문이다. 4차산업혁명사회에서는 산업사회에서 중시되던 표준화, 획일화, 매뉴얼화, 프로그래밍화가 가능한 업무는 인공지능과 로봇으로 대체된다. 일시적으로는 인공지능과 로봇이 대세로 보일 수 있다. 그러나 인공지능과 로봇 등의 과학기술은 사람들이 지시하는 일을 빠르고 정확하게 수행하는 도구이다. 인공지능과 로봇은 사람이 설계해 놓은 일을 할 뿐이다. 인공지능과 로봇이 인간의 창의성을 대체할 수는 없다. 결국 새로운 것을 만드는 것은 인간의 창의성이다. 미래를 창조하고 개척하는 일은 사람만이 할 수 있는 일이다. 따라서 4차산업혁명사회의 조직에서는 구성원은 관리자의 지시에 의해 업무를 수행하던 산업사회 조직의 관행을 벗어나 급변하는 환경을 이끌어가기 위해 창의적으로 업무를 개척할 것이 요구된다.

둘째, 4차산업혁명사회 모든 전문인, 조직구성원에게는 시공을 초월한 협력과 연결이 강조된다. 조직 내외를 막론하고 어느 곳에서, 어떤 일을 하든 간에 누구도 대체할 수 없는 일을 전문성을 보유한 사람, 즉 전문가도 단독으로 새로운 가치를 창조하기는 대단히 어렵다. 과학기술의 진보에 따라 전문분야가 더욱 세분화되고, 세상은 더욱 다양하고 복잡해지기 때문이다. 따라서 다양하고 복잡한 새로운 문제를 해결하기 위해서는 인간사회에 대한 기본적인 이해를 바탕으로 전문영역 간의 협력이 필수적이다. 4차산업혁명사회는 어디에서, 어떤 일을 하든 자신의 개성과 특징, 장점과 열정으로 문제를 해결하는 데 도움이 되는 전문가가 가치를 인정받게 되고, 이들이 영역과 국가를 초월하여 협력하여야 문제가 해결되는 특징을 보인다.

셋째, 4차산업혁명사회 조직은 조직구성원에게 정해진 조직의 규정과 매뉴얼을 수동적으로 따르기만을 요구하지 않고, 조직이 처한 문제를 적극적으로 함께 해결할 것을 요구하면서 책임과 권한을 이양한다. 산업사회에서는 조직의 문제를 해결할 권한과 책임은 오롯이 최고관리자가 가지고 있었다. 조직 환경이 복잡하지 않으니 혼자 결정해도 해결할 수 있었기 때문이다. 조직구성원들은 최고관리자의 권한과 책임하에 명령한 대로, 정해진대로 자신에게 맡겨진 업무를 수행하면 되었다. 그러나 고객의 요구가 다양화하고 기술이 하루가 다르게 발전하는 등 조직환경이 복잡해지니 최고관리자 혼자 다양한 문제를 해결할 수 없게 되었다. 조직의 문제를 해결하기 위해 조직구성원들의 능동적인 참여와 협력이 필요하고, 이에 따라 구성원에게 그 대가로 권한과 책임의 배분한다.

이에 따라 조직구성원의 역할도 변화했다. 조직구성원에게 능동적으로 문제를 찾아 자기 책임하에 해결하는 역할이 주어졌다. 물론 모든 구성원이 능동적일 수는 없다. 따라서 능동적인 역할을 하는 구성원들에게는 책임과 권한을 배분하고, 수동적인 구성원들에게는 책임과 권한을 배분하지 않는다. 4차산업혁명사회를 이끌어가는 사람은 이들 능동적인 구성원이다. 4차산업혁명사회의 조직은 책임과 권한을 배분받은 능동적인 구성원의 적극적인 아이디어 창출이 조직의 활력과 능력, 경쟁력이 강화될 수 있기 때문이다.

넷째, 4차산업혁명사회의 조직은 조직구성원에게 업무를 자율적으로 수행하게 하는 동시에 결과에 책임을 지도록 한다. 산업사회의 조직은 구성원에게 정시에 출근하여 정시에 퇴근할 것을 요구했다. 규정에 따라 정해진 시간 동안 정해진 일을 하도록 한 것이다. 그러나 4차산업혁명사회의 조직은 구성원들이 스스로 문제를 해결할 것을 요구한다. 언제, 어디서든 문제를 해결하는 것이 중요하다. 결과를 내면 된다. 그러니 조직

구성원에게 규정과 매뉴얼을 지킬 것을 요구할 필요가 없다. 시간과 장소를 제약할 필요도 없다. 구성원이 어느 조직에 소속되어 있는지도 중요하지 않다. 특정 조직에 소속되어 있더라도 언제든지 다른 조직과 협력할 수도 있고, 조직에 소속되어 있지 않아도 일을 하는데 특별한 어려움이 없기 때문이다. 결국 산업사회의 조직구조 역시 붕괴된다.

다섯째, 4차산업혁명사회에서 조직구성원 간의 관계가 수직적에서 수평적으로 변화된다. 4차산업혁명사회의 조직에도 상사와 부하는 있을 수 있지만 수직적인 명령과 지시가 통하지 않는다. 상사가 더 많은 아이디어, 문제해결 능력을 보유하지 않았기 때문이다. 각자 창의성과 전문성을 보유하고 있기에 상사가 부하의 업무를 이해하지 못할 수도 있다. 조직 내 누구라도 함께 업무를 수행함에 있어서 권위에 의한 명령과 지시로부터 상호 수평적인 대화와 협력관계로 전환된다.

결국, 4차산업혁명사회에서 공동체 구성원들은 기존의 틀에서 벗어나게 된다. 혈연, 지연, 학연, 종교의 연고가 자신에게 도움이 되지도 않고, 의무감을 가질 필요가 없다. 한 국가의 법과 제도가 글로벌 협력에 도움이 되지 않는다. 기업을 반드시 소유주의 국가에 설립할 필요도 없다. 가상공간을 만들어 기업을 설립할 수도 있다. 회의를 위해 특정한 장소에 모일 필요도 없다. 자신이 원하는, 자신이 원하는 모임을 언제든 어떤 제약 없이 만들 수 있다. 4차산업혁명사회의 과학기술로 각종 공동체의 틀에서 벗어나 글로벌 사회 누구와도 소통하고 협력할 수 있게 되었다. 아이디어만 있으면 누구나 새로운 세상을 만들 수 있다. 글로벌 신뢰가 정착되는 만큼 더 많은 사람과 협력하여 더 나은 세상을 만들 수 있다.

4. 4차산업혁명사회 신뢰의 특징

4차산업혁명사회에서 신뢰가 필요한 이유는?
4차산업혁명사회 신뢰의 특징은 무엇인가?

산업시대 사람들은 거대도시의 익명사회에서 자신의 이익과 행복을 추구하기 위해 국가 단위로 법과 제도를 바탕으로 한 구조적 신뢰를 구축하였다. 거대 익명사회에서 한 사람이 다른 사람을 신뢰할 것인지, 말 것인지는 그 사람이 법과 제도를 따르는가, 아닌가로 결정된다. 예를 들어, 처음 보는 사람과도 법과 규정대로 부동산 매매 절차를 따르면 상대방을 신뢰하고 매매를 진행한다. 그 사람이 누군지 모르더라도 규정에 맞으면 업무처리 과정을 신뢰하고 협력이 이루어진다. 평소에 알고 있던 사람이라 해도 법과 규정에 어긋나면 신뢰와 협력이 이루어지지 않는다. 이처럼 산업사회의 구조적 신뢰는 법과 제도를 중심으로 신뢰가 형성된다.

그러나 산업사회의 신뢰와 협력을 견인하던 구조적 신뢰는 4차산업혁명사회의 발전에 걸림돌이 되기도 한다. 사회환경의 급격한 변화로 법과 제도가 개정되어야 하는 경우가 너무도 자주 발생한다. 법과 제도를 시대에 맞게 개정해도 세상이 또 바뀌어 법과 제도를 상황에 맞게 또 개정해야 한다. 앞으로 어떻게 전개될지 모르는 미래를 법과 제도로 규정할 수 없기에 법과 제도가 늘 과거에 머물러 있다. 그러니 법과 제도는 상황에 맞지 않기에 신뢰와 협력을 보장할 수 없게 되었다. 따라서 4차산업혁명사회의 급변하는 상황에서의 신뢰는 산업혁명사회와는 근본적으로 다르게 정착될 필요가 있다.

첫째, 4차산업혁명사회 신뢰의 가장 큰 특징은 개인과 개인으로 이루어진 공동체가 신뢰 판단 기준을 주도적으로 형성하게 된다는 것이다. 산업사회의 구조적 신뢰는 구조화된 법과 제도에 의해 신뢰할 것인가를 결정하는 반면, 4차산업혁명사회의 신뢰는 사람들이 다양한 상황에 따라 판단한다.

물론 4차산업혁명사회에서도 모든 구성원이 합의하는 기본적인 법과 제도는 필요하다. 그러나 다양하고 복잡하고 실시 간 변화하는 상황을 법과 제도로 모두 규정하기란 불가능하다. 법과 제도로 다양한 상황에서 다양한 신뢰대상의 신뢰 여부를 판단할 수도 없다. 그러니 사람들이 직접 판단할 수밖에 없다. 따라서 일과 관련된 이해당사자들이 공동체를 만들어 신뢰를 판단한다.

둘째, 4차산업혁명사회에서 사람들은 사회의 변화에 주도적으로 참여한다. 사회의 변화가 자신의 삶에 직접적인 영향을 미치기 때문이다. 법과 제도를 맹목적으로 따르지 않고, 법과 제도가 제정 또는 개정될 때 적극적으로 참여하여 자신의 입장을 알리고 토론한다. 법과 제도의 장점과 한계를 잘 이해하고 있다. 법과 제도가 잘 정비되어 정착되면 사람들의 삶을 편하게 하기도 하지만 그렇지 않을 경우 독립적이고 개성적인 삶을 사는데 불편을 초래한다는 것을 잘 알고 있다. 그리고 사회가 변화되면 법과 제도 역시 변화되어야 하는데 법과 제도를 시시각각 변화시키는 것이 쉽지 않다는 것도 이해한다. 따라서 법과 제도는 필요한 만큼 최소화하고, 필요한 규약을 스스로 만들어 그 안에서 신뢰하고 협력한다. 다양한 상황에서 다양한 사람들과 다양한 사건에 대해 적절히 대처하기 위해서는 자신에게 도움이 되는 신뢰할만한 사람들과 논의하고 규약을 정하는 것이다. 필요한 규약은 만들고, 불필요한 것은 시시각각 폐기한다.

셋째, 다양성과 복잡성, 전문성이 증가된 4차산업혁명사회에서 사람들은 각자 삶의 방법, 일하는 방식이 다르다. 법과 제도로 규정된 표준화로는 사회의 다양성을 수용할 수 없다. 그러니 자신의 삶과 일을 자신의 특성에 맞는 사람, 자신의 개성과 어울리는 사람과 논의를 통해 새로운 틀을 형성하게 된다. 법과 제도는 전체사회에 필요한 기본적인 틀을 확립하고, 구체적인 방법은 참여하는 구성원들이 상호 계약을 통해 마련하는 방식이다.

이렇듯 4차산업혁명사회에서의 신뢰는 능동적으로 자신의 삶과 일을 자신의 방식대로 정하고 다른 사람들과의 관계 역시 다양한 방식으로 그들의 필요에 따라 정립된다. 사람들은 각자 독립적인 삶과 일을 수행하는 과정에서 다양한 상황에 필요한 다양한 형태로 서로 도움을 주고받는 것이다. 따라서 4차산업혁명사회에서는 이해당사자가 자율적으로 참여하여 상호 계약에 의거하여 신뢰를 형성한다.

넷째, 4차산업혁명사회의 상호계약적 신뢰는 신뢰의 대상을 글로벌로 확대한다. 상호계약적 신뢰는 가족과 연줄, 국가의 영역뿐만 아니라 이데올로기와 가치관 등 그 어떤 제한도 뛰어넘어 누구라도 참여하고 협력이 가능하다. 상호계약에 가입하고, 이를 따르면 누구와도 의사소통과 협력할 수 있다. 상호계약을 어긴 구성원은 바로 밝혀지고, 투명하게 모든 구성원에게 공개되기 때문에 상호계약 내에서는 신뢰가 보장된다. 또한 한 사람이 다수의 상호계약에 가입할 수 있음에 따라 개인의 활동 영역 역시 무제한 제공된다. 특히 개인 간의 연결이 가상공간에서 이루어질 경우 시간과 공간 등 일절 제한이 없다.

다섯째, 4차산업혁명사회의 상호계약적 신뢰는 전문가들이 적극적으로 참여함에 따라 전문분야의 협력이 활발해짐에 따라 전체사회의 전문성이 증가된다. 산업사회의 조직은 최고관리자의 지휘하에 조직이 일사불란하게 움직이는 대규모 조직이 영향력을 크게 행사하는 반면, 4차산업혁명사회에서는 창의적이고 문제해결 능력을 지닌 전문가들의 수평적 협력이 영향력을 행사한다.

수직적 권위보다는 수평적 협력, 기계적 조직보다는 의사소통과 협력, 조직의 규모보다는 개인의 창의성과 문제해결 능력이 강조된다. 따라서 4차산업혁명사회는 창의적인 개인과 협력적 공동체의 능력에 의해 주도되는 사회로 전환된다.

이상의 특징으로 인해 4차산업혁명사회의 상호계약적 신뢰는 산업사회와 극명하게 대비된다. 산업사회의 신뢰는 익명사회에서 법과 제도를 바탕으로 구조적으로 형성된 반면, 4차산업혁명 사회의 신뢰는 독립적이고 창의적인 개인이 전체사회와 구성원에 대한 이해를 바탕으로 자발적으로 형성된다. 산업사회의 신뢰는 구조적으로 형성된 틀에서 수동적으로 형성되는 반면, 4차산업혁명 사회의 신뢰는 창의적인 개인이 참여와 책임 있는 결정에 의해 능동적으로 형성된다.

산업사회의 구조적 신뢰는 정부가 주도하는 반면, 4차산업혁명사회의 상호계약적 신뢰는 개인이 필요에 의해 다양한 사회구성원들과 규약을 형성하여 자신의 특성에 맞는 삶의 방법과 일하는 방식을 결정한다. 즉 4차산업혁명사회의 상호계약적 신뢰는 창의적인 개인이 다양한 사람들과 어떤 방식으로 네트워크를 확립하느냐에 의해 결정된다.

5. 4차산업혁명사회 신뢰의 장점과 한계

4차산업혁명사회 신뢰의 장점은 무엇인가?
4차산업혁명사회 신뢰의 단점은 무엇인가?

원시사회로부터 농업사회, 산업사회를 넘어 4차산업혁명사회로 발전하는
동안, 사람들은 자신의 생존과 이익, 행복을 추구하기 위해 다른 사람들
과 신뢰를 형성하였다. 원시사회에서 혼자 사는 사람은 생존할 확률이
낮기에, 가족을 중심으로 신뢰를 통한 협력이 발전했다. 원시사회에서 신
뢰가 높은 사람이 다른 사람과의 협력을 통해 생존할 확률이 더 높았기
때문이다. 농업사회에서는 신뢰를 발전시키지 못한 개인과 집단은 도태되
었다. 혼자 농사를 지으면 생산성이 매우 낮았기 때문이다.

　혈연과 지연 등 연줄을 통해 신뢰와 협력을 증진시킨 개인과 집단이
농업 생산성을 증진시킬 수 있었다. 산업사회 역시 사람들은 변화된 환
경에 맞게 신뢰를 진화시켰다. 2차산업의 발전으로 농촌보다 도시가 경
쟁력이 우세해지자, 사람들은 거대도시로 이주하였다. 익명의 거대도시에

서도 생존과 경쟁력을 높이기 위해서는 다른 사람과의 협력이 절대적으로 필요하다는 점을 인식하고는, 법과 제도를 바탕으로 한 구조적 신뢰를 구축하였다.

이어진 4차산업혁명사회도 사람들은 경쟁력 확보와 장기적인 행복을 추구하기 위해 다른 사람과의 신뢰와 협력이 중요함을 잘 이해하고 있다. 하지만 4차산업사회의 신뢰와 협력은 이전 사회와 다른 차원에서 발전한다. 4차산업혁명사회에서는 시시각각 변화하는 시대적 요구와 기술 발전에 적응하고 선도하는 능력과 창의성을 보유한 상태에서 다른 사람들과 협력하여야 경쟁력을 높일 수 있다. 따라서 서로에게 도움이 될 수 있는 사람들끼리 네트워크를 형성함으로써 상호 계약을 구축하여 신뢰를 형성하고 협력한다.

이러한 4차산업혁명사회의 상호계약적 신뢰의 가장 큰 장점은 유용한 정보를 전체사회에 빠르게 유통하는 것이다. 모든 정보가 기록에 남음에 따라 거짓 정보로 사실을 왜곡하는 사람은 결국 발각된다. 단기적으로 거짓 정보를 유통시킴으로써 이익을 보는 사람이 있겠지만, 장기적으로 누가 어떤 거짓 정보를 유포했는지를 구성원 모두가 알게 되어 그에 상응하는 사회적으로 낙인이 찍히게 된다.

역으로 사회적으로 유용한 정보를 양산하는 사람 역시 그에 상응하는 긍정적인 대가를 받는다. 누가 유용한 정보를 생산하고 유통했는지를 알게 될 것이기 때문이다. 이에 따라 사회적으로 유용한 정보는 지속적으로 생산되고, 왜곡된 정보는 서서히 자취를 감추게 된다. 특히 상호계약적 규약에 가입한 사람들 간에는 유용한 정보의 흐름이 더 빠르다.

이렇게 축적된 정보의 양과 질은 전체사회의 투명성, 신뢰와 협력을 증진시킨다.

둘째, 4차산업혁명사회의 상호계약적 신뢰는 분파에 따른 갈등을 치유하고 다양성을 확대한다. 인류는 역사적으로 원시사회, 농업사회, 산업사회를 거치면서 그 시대에 따른 분파를 형성하여 대립하였다. 원시사회에서는 가족공동체를 형성하여 공동체 내의 신뢰를 형성하는 동시에 다른 공동체와는 극심하게 대립하였고, 농업사회에서는 연고집단을 형성하여 집단구성원 간의 신뢰를 형성하여 살아온 반면 다른 집단과는 대립하였다. 산업사회에서는 국가를 형성하여 구성원 간에 구조적 신뢰를 형성하여 번영을 누린 반면, 국가가 다르고 이데올로기가 다를 때는 엄청난 대립과 반목, 갈등을 보여왔다.

분파 간에 신뢰할 방법이 없으니 신뢰할 수 없고, 신뢰할 이유가 없기 때문이다. 그러나 4차산업혁명사회에서는 다르다. 다른 가족구성원 간에도, 다른 집단구성원 간에도, 국가가 다르고, 이데올로기가 다르더라도 같은 정보로 소통이 가능하다. 소통이 되니 신뢰할 수 있고, 서로 다른 정보를 주고받음에 따라 자신의 지적영역이 넓어지니 새로운 창조의 토대가 된다.

셋째, 4차산업혁명사회의 상호계약적 신뢰는 협력의 분야와 지리적 공간을 확대한다. 인터넷 기술의 발전으로 인류는 전세계 누구와도 실시간으로 정보를 주고받을 수 있게 되었다. 특정한 국가가 특정한 정보를 차단하기도 하지만, 근본적으로 정보를 차단할 방법이 없다. 누구나 원하면 대부분의 정보를 공유할 수 있다. 이 결과 글로벌 협력이 확대된다.

자신에게 도움이 되는 정보를 가지고 있는 사람은 세계 어디 있든지 협력이 가능하다. 동시에 협력 분야도 확대된다. 같은 전문분야 전문가 간에도 글로벌 협력이 가능하지만 다르 분야 전문가와도 글로벌 협력이 언제든 가능하다. 오히려 다른 분야 전문가 간에 협력하는 경우 시너지 효과가 더 클 수도 있다. 다른 분야 간 글로벌 협력이 가능한 것은 글로벌 정보를 신뢰할 수 있기 때문이다.

넷째, 4차산업혁명사회의 상호계약적 신뢰는 능력주의 사회를 정착시킨다. 투명하게 정보가 노출된 사회에서는 모든 사람이 의사소통에 참여할 수 있다. 하지만 대부분의 사람들은 자신이 가지지 못한 장점을 가진 사람, 자신에게 도움이 되는 사람과 더 많이 소통 및 협력하고 싶어한다. 자연스럽게 특별한 장점을 보유한 사람은 많은 사람이 함께 하고 싶어 한다. 자신이 아는 사람, 자신과 연줄이 있는 사람, 자신과 국적이 같은 사람, 자신과 이데올로기가 같은 사람이라고 해서 자신의 문제를 해결할 수 있는 것은 아니다. 문제를 해결할 수 있는 능력 있는 사람이 문제를 해결할 수 있다. 4차산업혁명사회에서는 남다른 능력을 가진 사람과 네트워크로 연결하려고 한다. 이 결과, 4차산업혁명사회에서는 능력에 따라 평가되는 세상이 된다.

다섯째, 4차산업혁명사회의 상호계약적 신뢰는 장기적 안목을 가진 개인이 사회를 주도하고 발전시킨다. 자율적이고 창의적인 개인이 장기적 관점에서 자신에게 이익과 행복을 가져다주는 사람과 규약을 토대로 네트워크를 형성함으로써 상호계약적 신뢰는 증진된다. 이런 개인이 모인 단체, 공동체, 사회는 개인의 창의성을 연결시킴으로써 사회를 발전시킨다. 자율성과 창의성이 부족한 사람은 4차산업혁명사회에서는 설 자리가 없다. 수동적인 사람들이 담당하던 표준화된 업무는 인공지능으로 대체되기 때문이다.

4차산업혁명사회에서 개인이 경쟁력을 가지고 자신의 삶을 살아가기 위해서는 어떤 업무를 수행하든 간에 기계로 대체할 수 없는 창의적 업무를 스스로 찾아야 한다. 결국 모두가 다른 사람 및 세상을 이해하여 자신의 기여할 분야를 스스로 찾는 창조적 개인이 되려고 노력하게 된다.

더욱이 4차산업혁명사회는 전문성의 발달로 인해 어떤 분야의 전문가 누구도 다른 전문가와 협력 없이 홀로 문제를 해결할 수 없다. 모든 사람이 상호의존적 관계가 된 것이다. 따라서 독립적인 전문가가 상호 신뢰하고 협력하는 사회적 환경이 형성되어야 한다. 논의를 통해 참과 거짓이 구분되고, 도움이 되는 정보를 생산하는 사람 그리고 다른 사람을 실질적으로 도움을 주는 사람이 인정받는 성숙한 조직과 사회가 요구된다. 성숙한 개인, 성숙한 조직과 사회여야 4차산업혁명을 수용할 수 있으며, 4차산업혁명을 성공해야 4차산업혁명사회로 진입할 수 있다.

한편, 4차산업혁명사회의 상호계약적 신뢰 역시 특징적 단점을 지닌다. 첫째, 상호계약적 신뢰의 혜택을 모든 구성원이 누리지 못할 가능성이 높다. 상호계약적 신뢰는 상호계약을 통해 협력이 필요한 자율적이고 창의적인 개인이 주도한다. 이들은 다른 사람과 사회를 이해하고, 자신만의 독립적인 전문지식을 가지고 삶을 스스로 개척하며, 자신과 사회의 장기적인 이익을 위해 다른 사람들과 협력할 수 있는 능력을 보유한 사람을 말한다.

이들 창의적 능력을 갖춘 사람만이 끊임없이 변화하는 환경에서 대처하여 생존할 수 있는 대안을 찾을 수 있다. 그러나 4차산업혁명사회가 도래했다고 해서 모든 사람이 창의적일 수는 없다. 능동적이고 창의적인 사람은 소수이고, 절대다수는 수동적인 개인으로 남을 가능성이 더 높다.

둘째, 4차산업혁명사회의 상호계약적 신뢰는 결과적으로 빈부 격차를 심화시킨다. 원시사회에서는 1인당 생산성이 높지 않기 때문에, 빈부 격차가 거의 발생하지 않았다. 농업사회에서는 농업기술의 발전에 따라 1인당 생산성이 원시사회보다 높은 만큼 빈부 격차가 시작됐다. 토지를 많이 소유하고 도구와 가축을 사용하는 등 기술의 진보에 따라 생산성이 증가한 만큼 빈부 격차가 발생하였다.

산업사회에서는 기계의 사용과 조직화로 인해 생산성이 더 높아졌고, 이에 따라 빈부 격차가 더 심화됐다. 이 연장선상에서 4차산업혁명사회에서는 인터넷, 인공지능, 로봇 등 기계화와 자동화의 급격한 발전으로 1인당 생산성이 더욱 높아졌다. 창의성과 전문성으로 무장한 한 사람이 천명, 아니 만명보다도 더 가치 있는 것을 생산할 수 있다.

더욱이 4차산업혁명사회에서는 경쟁자가 쉽게 모방하기 어려운 창의적 아이디어로 고객에게 새로운 상품 및 서비스를 제공할 수 있어야 많은 부를 창출할 수 있다. 현실적으로 정보기술(IT) 또는 생명공학기술(BT) 등 첨단기술산업분야에서 새로운 아이디어에 의해 상품과 서비스가 생산된다. 첨단기술을 상용화한 기업은 세계적으로 명성과 더불어 천문학적인 부를 쌓는다. 개인 역시 창의적 아이디어를 보유한 사람은 엄청난 부를 축적하는 반면, 일용직 노동자는 최저임금으로 생활한다. 4차산업혁명이 진전되어 기술이 발전할수록 부의 편중이 심화될 수밖에 없다.

셋째, 개인뿐만 아니라 공동체 및 사회 역시 4차산업혁명을 이끌어가는 집단과 그렇지 않은 집단으로 사회가 양분될 수 있다. 4차산업혁명사회는 자율적이고 창조적인 개인과 조직을 필요로 한다. 이들이 자신의 역량을 발휘하여야 사회가 발전할 수 있다. 하지만 4차산업혁명사회가 도래한 후에도 일부 조직과 사회는 여전히 사회가 필요로 하는 역량을 발휘하지 못하는 상태로 남아 있을 가능성이 높다.

전체사회구성원의 이익보다 연줄집단의 이익을 우선시하는 혈연집단, 지연집단, 학연집단, 종교집단, 이데올로기 집단이 사라지지 않고 자신의 단기적 이익을 주장할 수 있다. 국가 이기주의가 지속될 수 있다. 자신의 이익을 수호하기 위해 다른 사람을 적대시하는 산업사회의 갈등을 극복하지 못한 조직과 사회가 성숙한 4차산업혁명사회로의 진입을 거부하여 갈등을 심화시킬 수 있다.

넷째, 4차산업혁명사회의 상호계약적 신뢰는 개인주의가 강조됨에 따라 공동체의 미덕을 위협할 수 있다. 4차산업혁명사회로 진입하기 위해서는 창의성과 전문성은 갖춘 능력 있는 개인과 능력 있는 개인의 능력을 충분히 발휘할 수 있도록 시스템을 필수적으로 갖추어야 한다. 하지만 이들 자율적이고 창의적인 개인과 사회는 기본적으로 개인의 자율적 판단과 참여, 합의를 전제로 한다.

상호계약 형성의 주체도 개인이고, 규약 가입도 개인의 의지에 달려있으며, 규약 작동의 성패 역시 개인의 능동적인 참여가 중요하다. 물론 다양한 규약에 가입 및 활동으로 인해 참여한 구성원들이 개인적으로 다양한 측면의 이익을 공유하고 행복한 삶을 영위한다는 인식을 가지고 대부분의 사회구성원이 규약에 참여한다면 문제는 크지 않다. 대부분의 사회구성원이 스스로 운명을 독립적으로 개척하여 장기적으로 함께 살아가는 사회가 이루어진다면 개인주의가 아무리 강조돼도 문제가 되지 않는다.

그러나 개인주의의 강조로 인해 개인에게 초점을 맞춤에 따라 공익정신과 정의의 가치가 가볍게 다루어질 수 있다. 개인과 사회는 양쪽 모두 존재를 위한 필수조건이다. 하지만 현실적으로는 개인의 자율적 창의성과 전문성을 강조하다 보면 공동체의 가치를 쉽게 잊을 수 있다.

자율적이고 창의적인 개인이 자신의 창의성과 전문성을 쌓기 위해 전력을 다하다 보면 공동체 유지를 위해 필요한 인내와 배려 등의 가치를 소홀히 할 수 있다. 아무도 강제하지 않는 공동체를 위한 봉사와 희생을 스스로 실천하기는 어렵다. 4차산업혁명사회에서 발생하기 개인의 이기심을 스스로 자제하기가 쉽지 않기 때문이다.

4차산업혁명사회는 21세기 초반부터 시작되었다. 역사적으로 인류는 생산성 향상에 의한 개인의 이기심 충족을 시키는 방향으로 기술을 발전시켰다. 그 결과, 사회가 혁명적으로 변화되었다. 신뢰 역시 마찬가지다. 원시사회에서는 그 시대에 맞는 가족신뢰, 농업사회에서는 연고신뢰, 산업사회에서는 구조적 신뢰, 4차산업혁명사회에서는 상호계약적 신뢰를 발전시켰다.

4차산업사회에 이르러 과학기술의 발전으로 인류는 가족과 연고 집단, 국가를 떠나 지구촌 누구와도 대화하고 협력할 수 있게 되었다. 국가 중심적이고 중앙 집권적 권력에 의한 산업사회의 구조화된 틀을 벗어나야 경쟁력을 갖출 수 있게 되었다. 개인 간의 합의를 통해 신뢰를 발전시켜야만이 시간과 공간이라는 제약을 벗어나 협력할 수 있다.

상호계약적 신뢰를 통해야만 개인이 보유한 전문성과 창의성을 세계적으로 인정받을 수 있다. 원시사회, 농업사회, 산업사회, 4차산업혁명 사회에서 모두 공통적인 것은 그 시대에 맞는 신뢰 형성에 성공한 개인과 사회는 발전했고, 그렇지 못한 개인과 사회는 발전하지 못했다. 물론 4차산업혁명 사회의 상호계약적 신뢰 역시 만병통치약은 아니다. 따라서 항상 그래왔듯이 인류는 새로운 문제해결을 위해 지속적인 노력이 필요하다.

3편.
21세기 신뢰를 찾아서

불신을 넘어 21세기 신뢰로

9장.

불신의 기원

절대권력은 절대 부패한다.
부패한 이기주의는 불신을 조장한다.

불신의 발생 이유

사람들은 왜 다른 사람을 신뢰하지 못할까?
불신의 원인은 무엇일까?

원시사회 사람들은 그 시대에 생존에 필요한 가족 간의 신뢰를 형성하여 살아갔고, 농업사회에서는 농업생산성 증진에 필요한 혈연 및 지연 등 연고집단 중심의 신뢰를 바탕으로 생활했다. 산업사회에서는 생산성 향상을 위한 기계공업과 거대조직의 출현으로 익명의 거대도시가 발전하면서 연줄 중심의 강한 신뢰를 뒤로 하고 누구에게나 보편적으로 통용되는 법과 제도 중심의 구조적 신뢰를 발전시켰다. 4차산업혁명사회에서는 급격한 사회변화에 즉각적으로 대응하는데 문제가 드러난 구조적 신뢰의 취약성을 보완하기 위해 구조적 신뢰의 토대를 바탕으로 상호의존적 신뢰를 형성하여 글로벌 시대를 이끌고 있다.

그러나 어떤 시대 어떤 상황에서도 모든 사람에게 신뢰가 정착되기는 어렵다. 불신은 어느 사회에서나 일반적으로 존재한다. 서로가 불신할 이

유가 다양하기 때문이다. 사람들 간에 불신하는 이유, 즉 불신의 기원은
다음과 같다.

첫째, 시대를 막론하고 사람들은 자신의 행복과 이익을 우선적으로
추구한다. 자신의 행복과 이익을 추구하다가 의도하지 않게 다른 사람의
이익을 침해하기도 하고, 심지어는 의도적으로 다른 사람의 이익을 침해
하면서까지 자신의 이익을 추구하기도 한다. 특히 힘 있고, 권력이 있는
사람이 자신의 이익을 위해 다른 사람들의 이익을 침해하는 경우 그 사회
의 불신이 증가한다.

둘째, 사람들이 자신의 이익을 추구할 목적으로 특정한 신뢰에 의지
함에 따라 불신이 발생한다. 원시사회에서 농업사회와 산업사회를 거쳐
4차산업혁명사회로 진화되는 과정에서 각 사회 별로 특징적인 신뢰를 발
전시켰다. 각 시대별 특징적인 신뢰는 장점을 발휘하며 그 사회의 사람
관계를 이어주는 토대가 되기도 하지만 단점 역시 포함하고 있다. 예를
들어 원시사회의 인간관계 토대가 된 가족신뢰는 가족 간의 협력을 증진
하는 데는 유용하지만 가족 이외의 사람들과의 협력에 있어서는 오히려
장애가 된다.

농업사회의 연고집단 신뢰 역시 연고집단 내부 구성원과의 신뢰와 협
력을 증진하여 농업사회의 인류가 생존 및 번영하는 데는 크게 기여하지
만 산업사회로 진화하는데 있어서는 걸림돌 역할을 했다. 산업사회의 구
조적 신뢰 역시 법과 제도를 공유하는 한 국가 내 구성원 간의 보편적인
신뢰를 제공함으로써 산업혁명 이후의 거대도시 내에서 대중 민주주의를
가능하게 하는 반면, 구조적 신뢰만으로는 4차산업혁명사회의 글로벌 시

민 간의 역동적인 의사소통에 장애가 되기도 한다. 특히 다양성이 보편화된 현대사회에서 다양한 사람들이 자신에게 유리한 신뢰의 기준을 주장할 때 불신이 발생한다. 각자의 신뢰 기준이 다르기 때문이다.

셋째, 사회 변화에 따라 신뢰가 진화하지 않음에 따라 불신이 발생한다. 과거 시대의 신뢰로는 현재 및 미래 시대를 이끌 수 없다. 원시사회의 가족신뢰로는 농업사회를 이끌 수 없고, 농업사회의 연고집단 신뢰로는 산업사회 이후 시대를 책임져서는 안 되며, 산업사회의 구조적 신뢰만으로는 4차산업혁명사회의 토대가 될 수 없다. 그럼에도 불구하고 과거 시대의 신뢰가 사라지지 않고 통용되고 있기에 심각한 문제를 야기한다. 4차산업혁명사회가 도래했음에도 불구하고 누군가는 가족신뢰에, 누군가는 연고집단 신뢰, 또 다른 사람들은 구조적 신뢰에 의지하여 인간관계를 유지한다. 즉 4차산업혁명사회에서 상호의존적 신뢰에 의해 글로벌하게 개방적인 신뢰를 추구하는 많은 사람들은 시대에 맞지 않는 신뢰를 찾는 소수 사람들이 공존하고 있다. 따라서 다른 신뢰에 대한 가치관을 가진 사람들 간에 충돌함으로써 서로를 근본적으로 불신하는 것이다.

결국 신뢰는 인류의 생존과 번영을 위한 도구이다. 신뢰가 낮은 사람, 신뢰가 낮은 사회는 쇠퇴하고 신뢰가 높은 사람과 사회는 번영한다. 자기만 살겠다고 신뢰를 진화시키지 못한 사회는 쇠퇴하고, 더 많은 사람, 다양한 사람과 함께 협력할 수 있도록 신뢰를 진화시킨 사회는 번영한다. 즉 불신의 원인은 자신만의 이익을 추구하고 폭넓게 신뢰를 진화시키지 못하는데 있다. 따라서 불신의 기원은 다음과 같이 정리할 수 있다.

1. 개인의 이기심

개인의 이기심이 어떻게 불신을 조장하나?
신뢰와 협력은 어떻게 집단의 번영을 가져올까?

사람은 자신을 가장 사랑한다. 자신을 중심으로 세상을 해석하고, 자신의 이익을 찾아 행동한다. 일반적으로 사람들은 타인에게 손해를 끼치면서까지 자신의 이익을 추구하지 않으려고 하지만, 타인에게 손해를 끼치지 않는다고 판단되면 떳떳하게 자신의 이익을 쫓는다. 법과 규정을 어기지 않는 한 자신의 이익을 위해 다른 사람에게 손해를 입히는 일을 언제든지 할 수 있다고 생각하는 사람도 꽤 있다.

일반적으로 특정한 사람의 이익을 해치면서까지 자신에게 이익이 되는 행동을 서슴지 않는 사람은 많지 않다. 상대방이 쉽게 당해주지 않을 것이고, 상대방이 소송을 하는 등 역으로 자신에게 반격을 가하기도 하기 때문이다. 하지만 특정인이 아닌 일반대중의 이익, 즉 공익을 해치면서 자신의 이익을 추구하는 경우는 매우 자주 발생한다. 특히 정보를 가지고 있는 권력자의 경우는 자신의 권력을 이용하여 일반대중의 이익을 자신의 이익으로 빼돌리는 경우는 동서고금을 통해 잘 알려져 있다.

서구에서 인간의 "합리적 행동(rational action)"[11]이라고 정의하는 인간의 이기심에 의해 이런 일이 종종 발생한다. 자신의 이익을 추구하는 것은 너무도 자연스럽기에 자신이 다른 사람의 이익을 저해한다는 의식을 크게 갖지 않고, 심지어는 당연하다고 생각하기도 한다. 반면, 다른 사람의 이기적 행동은 직접적으로 자신의 이익을 저해하기도 하고, 공익을 손상시킴으로써 공동체의 이익과 자신의 이익을 침해한다고 생각한다. 이 과정에서 자신의 허물은 보이지 않고 다른 사람의 잘못은 크게 보인다. 자신은 다른 사람의 이익을 저해하지 않지만 다른 사람들은 자신의 이익을 쉽게 침해한다고 생각하게 된다. 그러니 자신의 입장에서 다른 사람들을 신뢰하기 어렵다. 사람들 모두가 같은 생각을 하니 사회 전반에 불신이 팽배해진다.

사람들의 이기심은 사회적 불신을 조장한다. 그리고 사회적 불신은 사회적 효율성을 떨어뜨리고, 그 결과 사회구성원에게 손해를 끼침으로써 사회적 불신을 증폭시킨다. 죄수의 딜레마(prisoner's dilemma)가

11_ 서양에서 정의하는 "rational action"과 동양에서 일반적으로 정의하는 "합리적 행동"은 근본적으로 다르다. 서양에서 발전한 경제학, 경영학, 행정학, 정치학 등 사회과학에서는 "rational action"은 "자기 자신의 개인적 이익을 최대한 구현(self-interest maximazation)"하는 행동이라고 정의한다. 동양에서 일반적으로 "합리적 행동"이라고 함은 자신의 이익보다 주면의 다른 사람 또는 공동의 이익까지 고려하면서 행동하는 것을 말한다. 즉 "rational action"은 엄밀한 의미에서 "합리적 행동"이라기보다 "이기적 행동"으로 번역하는 것이 맞다. 따라서 본 글에서는 "rational action"을 "이기적 행동"과 같은 것으로 사용한다.

좋은 사례이다. 두 범죄자는 서로를 신뢰하여 두 사람 모두 가장 이익이 되는 최선의 선택을 할 수 있음에도 불구하고, 서로를 불신함에 따라 두 사람 모두 손해를 보는 결과를 낳게 된다.

현실적으로 과거 미국과 소련 양국이 상대방을 신뢰한다면 서로 협력하여 양국 모두 핵무장을 하지 않는다면 핵전쟁의 위험도 피하고 핵무기 제조에 드는 비용을 절감할 수 있다. 그러나 양국은 서로를 불신하여 양국 모두 핵무장을 함으로써 핵무기 제조를 위해 엄청난 재정을 투입하고 핵전쟁의 위험 속에서 살게 되었다. 그 결과 서로에 대한 불신이 더욱 깊어졌다.

공유목초지의 비극 역시 이기적 행동이 불신과 손실을 원인이 된다는 것을 잘 설명한다. 가령 소를 100마리 키울 수 있는 공유목초지가 있다면 서로가 자신의 소를 더 많이 키우려고 할 것이기 때문에 그 목초지는 풀이 나기도 전에 소를 풀어놓아 결국은 아무도 그 목초지에 소를 키울 수 없게 된다. 그 결과 사람들 간에 불신이 조장된다.

마을 입구에 있는 사과나무에서는 아무도 잘 익은 사과를 딸 수 없는 것도 같은 이치이다. 아직 익지 않아 먹을 수 없는 사과를 다른 사람이 따기 전에 서로 풋사과를 먼저 따기 때문이다. 자신이 따지 않더라고 누군가는 풋사과를 딸 것이라는 다른 사람에 대한 불신, 그리고 다른 사람이 사과를 따기 전에 자신이 미리 따서 가지고 놀다가 버리는 것이 자신에게 사소한 즐거움을 누리려는 이기적 행동의 결과이다. 이런 생각과 행동은 누구나 다 가지고 있는 일반적인 행동이다.

사람들의 이기적인 행동으로 인해 공익을 얼마나 크게 손상시키고,

이로 인해 불신이 증폭되는 사례는 넘쳐난다. 자신의 승용차에서 담배를 다 피우고 난 후 꽁초를 차 안에 보관하고 있다가 쓰레기통에 버리는 것이 귀찮고 자신의 시간을 아끼기 위해 차 밖의 길에 버리면 자신의 시간과 돈은 아끼지만 국가적으로는 비용이 더 들고, 누군가는 세금을 더 내야 한다. 공장 폐수를 비가 많이 오는 날 방류하면 자신은 소액을 절약할 수 있지만 하천오염으로 인해 엄청난 국가 재원이 낭비된다.

　사람들의 이기적 행동은 불신을 낳고, 결국 모두를 위한 협력을 어렵게 한다. 눈이 펑펑 내리는 밤, 다음 날 출근을 정상적으로 하기 위해서는 자신이 살고 있는 집앞의 눈을 치우는 것이 자신에게 이익이 된다. 그러나 사람들 대부분은 눈을 치우지 않고, 다음 날 출근 시간에 어렵게 출근한다. 우선 다른 사람들을 신뢰하지 못하기 때문이다. 자신이 자기 집앞을 치우더라도 다른 사람들이 각자의 집앞을 치우지 않을 것이라고 생각한다. 그리고 자신은 편하게 집에 있고, 다른 사람들이 눈을 치우기를 바라는 이기적인 마음을 갖기 때문이다.

　복잡한 구도심이 개발되면 활력이 생긴다. 구불구불한 도로가 직선으로 펴지고 넓어지면 차량 소통이 늘어나기 때문에 도심 상권이 살아난다. 대부분의 구도심 주민에게 경제적 이익이 돌아간다. 그러나 자신이 소유한 땅이 도로에 편입되는 것을 반대한다. 새로운 도로가 생기면 자신에게 득이 될지, 실이 될지를 계산하다가 미래의 이익이 확실하다고 판단되지 않으면 도심재개발을 반대한다. 설득과 합의가 쉽지 않다.

　그러다가 구도심 건너편에 신도시가 건설된다. 신도시에 넓고 편한 아파트가 선설되고, 이후 신도시 상권이 정착된다. 구도심에 사는 거주자는 신도시로 떠나기 시작하여, 상권이 축소되고, 집값과 땅값도 하락한다. 구도심에 거주하던 일부 사람들의 이기적 행동으로 인해 모두가 손해보고, 서로 남 탓을 하며 불신이 증가된다.

사람들의 이기적 행동이 정치적으로 활용되는 경우 더 참혹한 결과를 가져온다. 사람들은 자신, 자기 집단, 자기 지역에 유리한 정책을 정치권에서 결정해주기를 바란다. 그 정책을 시행하는 경우 국가 전체에는 손실이 발생함에도 불구하고 자신의 이기심을 채우려고 한다. 정치인은 당선되기 위해서 이들의 지지를 필요로 하니 이들이 원하는 대로 정책을 결정한다. 별로 이용하는 사람이 없는 곳에 다리를 짓기도 하고, 경제성이 거의 없다고 판명된 곳에 국제공항을 건설한다.

인구밀도가 매우 낮은 농촌지역에 시원하게 쭉 벋은 국도가 텅텅 비어있음에도 불구하고 고속도로를 이중으로 건설한다. 이익을 보는 사람 소수와 정치인이 결탁한 결과이다. 이 비용은 세금으로 충당된다. 국민 모두 알지 못하는 사이에 주머니에서 거액의 세금이 빠져나간다. 나중에 알고는 정치에 대한, 사람에 대한 불신이 깊어간다.

님비현상도 마찬가지이다. 국민 모두에게는 필요하지만, 소수가 자신의 이익을 수호하기 위해 결사반대하는 경우 정치인은 움직이지 않는다. 다수를 위한 정치를 하다가 소수로부터 외면당하면 다음 선거에서 낙마하기 때문이다. 쓰레기장, 원자력 발전소, 장애인 시설, 정신병원, 화장장 등 국민 모두에게는 꼭 필요한 시설이지만, 자기 지역에 건설되면 집값이 떨어진다고 반대한다. 정치인이 지역주민에게 가세하여 필요한 시설이 건설되지 못하도록 하고, 지역주민은 다음 선거에서 이 정치인에게 투표함으로써 보상한다.

님비 문제를 해결할 방안이 전혀 없는 것은 아니다. 정치인이 앞장서서 지역주민의 이익과 전체 국민의 이익을 조정하면 된다. 그러나 정치인은 이기적 행동을 취한다. 지역주민의 감정에 호소하며 반대에 앞장서면 시간을 별로 들이지 않은 채 분명한 지역주민의 표를 획득할 수 있지만, 지역주민과 국민의 이익을 조정하는 것은 시간과 노력이 많이 걸리고 지역주민이 그 정치인의 노력을 잘 알기 어렵기 때문에 다음 선거에서 지역주민의 지지를 획득하기 어렵다.

소위 정치적 후진국에서는 사람의 이기적 행동이 더욱 참혹하게 나타난다. 국가 소유의 지하자원 채굴권을 다른 나라 기업에 싼 값에 넘겨주고 뒤로 뇌물을 받아 소수 지도자가 착복한다. 정부가 당연히 해야 하는 국민에 대한 서비스를 수행하면서 뇌물을 요구한다. 뇌물을 주면 불법도 눈감아 준다. 정치인과 공무원이 저지르는 정부부패로 말미암아 정상적인 경제활동을 위축시키고, 불법적 거래와 지하시장을 확대시킨다. 이 결과 국민 전체의 경제수준을 떨어뜨리고, 불신이 증가된다.

어느 사회에서건 개인의 극단적 이기심을 제어하지 못할 경우 불신이 조장되어 결국 그 사회구성원 모두가 손해본다. 원시사회에서 극단적 이기심을 발동하여 가족 간의 신뢰를 형성하지 못하는 종족은 멸종했다. 농업사회에 들어와서는 가족의 이익만을 지키는 가족 신뢰를 벗어나 연고집단 구성원의 이익을 보호하고 상호 협력을 증진시키는 신뢰를 형성한 종족만이 번성하게 되었다.

산업사회에서는 연고집단의 이익을 넘어 일반인 모두가 상생하고 협력할 수 있는 구조적 신뢰를 발전시킨 국가사회가 물질적 풍요와 함께 세계를 지배했다. 4차산업혁명사회에서는 한 국가만의 이익을 지키겠다는 국가 이기주의를 넘어 인류 공동의 협력을 증진하는 상호의존적 신뢰를 형성하여야 미래를 선도하게 될 것이다. 개인과 집단의 이기심은 불신을 낳고, 발전된 사회로의 진화를 방해한다.

2. 정보격차 및 거짓말

정보격차가 발생하는 이유는 무엇일까?
정보격차에 의해 불신이 발생하는 이유는 무엇일까?
사람들이 거짓말을 하는 이유는 무엇일끼?

어떤 시대인가를 떠나서 사람마다 보유한 정보가 다르다. 그리고 사람들
은 다양한 이유로 정보를 왜곡하고 거짓말을 한다. 사람마다 보유한 정
보가 다르면 상대방에 대한 오해의 가능성이 높다. 정보가 다르면 같은
사실을 다르게 받아들이고, 다르게 이해하며, 다르게 생각하고 행동한
다. 상대방이 속이려고 하지도 않고 자신이 알고 있는 바를 전달함에도
불구하고 거짓으로 들을 수 있다. 상대방이 모르니 거짓말을 할 가능성
이 높기 때문이다. 실제로 거짓말을 하기도 한다. 그러니 정보가 다른 사
람 간에는 불신의 가능성이 높다. 현실에서는 다양한 이유로 사람마다
정보격차가 발생하고, 거짓말을 한다. 그 결과 불신이 발생한다. 사람들
간에 정보격차가 발생하는 이유는 다음과 같이 다양하다.

첫째, 교육과 학습의 차이에 의해 정보격차가 발생한다. 사람들은

태어나서 자라면서 지식과 정보를 쌓아간다. 서로 다른 사람은 서로 다른 부모 슬하에서, 서로 다른 사람과 만나고, 서로 다른 교육을 받는다. 누구는 지식과 정보를 많이 받아들일 수 있는 환경에서 자라고, 누구는 어려운 환경에서 성장한다.

일반적으로 교육을 많이 받은 사람은 다양한 지식을 이해하는 폭이 깊고 넓은 반면, 교육을 전혀 받지 못한 사람은 다양한 분야의 지식을 이해할 가능성이 낮다. 물론 유사한 교육을 받은 사람이라 해도 개인에 따라 지식과 정보를 많이 쌓은 사람도 있고, 그렇지 못한 사람도 있다.

둘째, 개인적 배경의 차이에 따라 정보격차가 발생한다. 사람들은 연령, 남녀, 혈연, 지연, 학연, 직업 등 다양한 차원에서 다른 배경을 바탕으로 살아간다. 연령에 따라 사용하는 지식과 정보에 차이가 난다. 나이 먹은 사람은 자신에게 유리한 지식과 정보를 바탕으로 세상을 바라보고, 나이가 적은 사람 역시 자신이 아는 정보 중에서 자신에게 유리한 것을 선택하는 경향이 있다.

세대에 따라 다른 생각을 한다. 세대차이와 세대갈등이 발생한다. 남녀 차이에서도 마찬가지로 갈등이 발생한다. 혈연 배경이 달라도 서로 다른 지식과 정보를 이용한다. 특정한 사건에 있어서는 충신이었지만, 다른 사건에서는 간신으로 해석되기도 한다. 가문 배경이 서로 다른 집안끼리 자신의 가문은 충신집안이고, 다른 가문은 간신집안이라고 서로 손까락질 한다. 지역 배경에 따라서도 독특한 지식과 정보만으로 지역색을 보인다. 같은 학교를 나온 선배와 후배는 일단 서로에게 도움이 되는 정보를 공유한다. 직업에 따라서도 자신에게 유리한 지식과 정보를 활용한다.

주식이 오르기를 바라는 직업을 가진 사람은 주식이 오를 것이라는 정보를 고객에게 전달하고, 부동산이 오르기를 바라는 직업을 가진 사람 역시 자신에게 유리란 부동산 정보를 주로 활용한다. 자신의 배경에 따라 사람들은 사용하는 지식과 정보가 다르다. 자신에게 유리한 지식과 정보를 활용하려고 한다. 개인의 배경에 따라 서로 자신에게 유리한 지식과 정보를 이용하여 사실을 판단하는 까닭에 갈등과 반목이 발생한다. 어느 누구도 적극적으로 거짓말을 하지 않았음에도 불구하고 개인적 배경이 다른 사람은 다른 정보를 근거로 판단하는 까닭에 거짓을 말한다고 생각하며 다른 이들을 불신한다.

셋째, 역할의 차이에 따른 정보격차이다. 개인의 배경이 같더라도 지위와 역할에 따라 지식과 정보의 질과 양, 그리고 사용하는 지식과 정보가 다르다. 기업의 말단사원과 사장은 같은 직장에 다니더라도 지식과 정보가 다르다. 말단사원은 직장에서 배치된 부서와 맡고 있는 임무에 따라 지식과 정보가 제공되고, 본인의 위치에 따라 주어진 지식과 정보를 선택하여 사용한다.

반면, 해당 기업의 최고관리자는 그 기업의 지식과 정보를 모두 가진다. 기업의 공식적인 보고체계뿐만 아니라 사장과 가까이 하고 싶은 측근으로부터 비공식적 지식과 정보를 모두 얻게 되기 때문이다. 사장의 개인적인 능력을 떠나 사장 자리에 있으면 누가 어떤 일을 하고 있는지, 누가 어떤 정보를 생산하여 배포하는지를 여러 채널로 듣게 된다. 같은 사람이라도 어떤 역할을 맡고 있는가에 따라 정보격차가 발생한다.

넷째, 거짓말에 의한 정보왜곡과 정보격차이다. 흔히 사실이 제대로 전달되는 경우 자신에게 불리한 상황을 맞지 않기 위해, 또는 자신에게 유리한 상황을 맞기 위해 사람들은 거짓말을 한다. 일부 사실을 과장하기도 하고, 일부 사실을 축소하기도 하며, 심지어는 전혀 다른 사실을 만들기도 한다. 어떤 방식이든 거짓말은 정보를 왜곡하여 사실과 다른 결과를 가져온다. 거짓 정보에 현혹되면 손실이 발생하기 때문에 사람들은 다른 사람들이 하는 말을 쉽게 신뢰하지 않는다.

역으로 다른 사람을 속이는 사기꾼은 아주 쉽게 자신의 목적을 달성할 수 있기에 거짓말은 좀처럼 사라지지 않는다. 그러니 사회구성원 전체가 지속적으로 노력하지 않는 한 거짓말에 의한 불신은 언제든지 고개를 들 수 있다. 특히 사회지도층 인사가 거짓말을 하는 경우 사회구성원 전체가 피해를 입는다. 그 결과 그 사회 전체에 불신이 팽배해진다.

3. 파벌주의

파벌주의는 왜 발생할까?
파벌주의의 다양한 유형은?
파벌주의는 어떻게 불신을 조장할까?

파벌주의는 개인의 이기적인 태도의 연장이다. 사람들이 자신의 이익을 먼저 챙기듯이 다른 집단보다 자신이 속한 집단의 이익을 추구하여 자신의 보호하기 위해 파벌을 형성한다. 혼자 자신의 이익을 추구하기 어려운 경우, 자신과 이익을 공유할 수 있는 주변에 있는 사람과 연대한 결과이다. 원시사회에서의 가족, 농업사회에서는 혈연, 지연, 학연 등 연고집단 구성원과 연대하여 배타적 이익을 나눈다. 산업사회에서도 이 연고집단이 계속 작동되는 동시에 다양한 이익집단을 구성하여 집단 이기주의는 지속적으로 이어지고 있다. 이들의 끼리끼리 연대는 자신들의 이기심을 충족시키지만 전체사회에는 불신을 초래한다.

가족에 의한 파벌, 즉 가족주의는 불신을 조장한다. 자신의 이익을 우선시하는 개인의 이기적 태도는 자연스럽게 가족의 이익을 우선적으로 보호하는 가족주의로 전환된다. 사람들은 가족의 이익을 위해 자신을 희생하기도 한다. 가족을 자신의 분신으로 보기도 하고, 자신이 가족을 위해 희생하면 추후에 가족이 자신을 위한 행동을 할 것이기 때문이다. 그러니 이기적인 사람들은 가족의 이익을 위해 궂은일도 마다하지 않는다. 편법, 탈법을 넘어 불법도 서슴없이 자행한다. 가족을 위한 일은 자신을 위한 일이라고 생각한다. 자신이 능력이 있을 때, 자신이 가족을 위해 힘을 쓸 수 있을 때, 가족의 이익을 보호하는 경우 가족은 그 댓가로 자신에게 보상을 할 것이기 때문이다. 그 결과 가족에 관한 일이라면 쉽게 공정성을 잃어버린다. 가족주의의 이기적 행위는 가족구성원 이외의 사람들에게 손실을 가져온다. 따라서 가족 중심적 이기적 행위가 증가할수록 사회적 불신은 증가된다.

혈연집단 역시 불신을 조장한다. 농업사회에서 혈연집단은 매우 긍정적이다. 혈연을 중심으로 묶인 집단구성원은 각자 맡은 바 임무를 충실히 수행함으로써 구성원 간의 강한 신뢰와 협력을 통해 농업생산성을 증가시켰다. 농업사회에서는 외부 집단과의 관계가 빈번하지 않을 뿐만 아니라 중요하지 않기 때문에 농업사회의 혈연집단 내 강한 신뢰는 단점보다 장점이 더 크게 나타났다. 따라서 농업사회에서의 혈연집단은 집단 내부적으로는 강한 신뢰를 구축했다. 하지만 혈연집단의 강한 신뢰와 연대는 다른 집단과는 갈등과 불신을 발생하는 요인이 된 것이다. 더욱이 혈연집단의 폐쇄성은 사회의 개방을 통한 사회 발전을 가로막은 요인이 되었다.

소위 문중 또는 가문으로 불리는 혈연집단의 존재는 전체사회의 극단적인 불신을 초래했다. 왕족으로 불리는 최고통치자의 혈연집단은 그들만을 위한 무소불위의 권력을 남용했다. 범죄를 저질러도 처벌하지 않았다. 극단적인 경우 다른 사람의 재산을 강탈했고, 다른 사람의 부인을 강탈하기도 했다.

양반 가문에서 한 사람이 권력을 쥐는 위치에 오르면 능력이 없더라도 자기 가문 내 구성원에게 공직을 제공했다. 이들은 자기 자리를 유지하기 위해 자신을 발탁한 권력자에게 뇌물을 바쳤다. 뇌물은 오롯이 백성의 혈세로 충당된다. 더욱이 이렇게 능력과 관련 없이 발탁된 지방관들은 언제 그만두게 될지 모르는 자신의 미래를 보장하기 위해 백성을 쥐어짜 재산을 축적한다. 이들에게는 국가보다. 백성보다 자신의 가문이 우선이다. 이런 상황에서 백성들은 살길을 스스로 찾아야 했다. 빼앗기지 않으려면 숨기고, 거짓으로 보고하고, 뇌물을 주어 강탈을 피해야 한다. 특정 가문의 안녕과 부흥은 전체사회의 불신으로 이어질 수밖에 없다.

가문을 중심으로 한 파벌주의는 충신과 역적의 경계까지 모호하게 한다. 가문 파벌주의는 국가가 아니라 개인과 가문에 충성할 것을 요구한다. 개인과 가문에 충성하는 사람을 국가의 충신으로 둔갑시켜서 파벌의 이익을 지킨다. 당연히 개인과 가문을 위협하는 다른 가문은 역적이라 부른다. 권력을 휘두르던 가문이 권력을 잃고, 새로운 가문이 득세하면 위치가 역전된다. 새로운 가문에 줄을 선 사람들이 충신이 되고, 기존의 가문 구성원들은 역적으로 몰린다. 이런 상황에서 백성들을 누구로부터도 보호받지 못한다. 신뢰할 대상이 없다. 백성의 입장에서는 국가도, 새로운 가문도, 기존 가문도 모두 불신의 대상일 뿐이다.

산업사회가 정착된 이후에도 혈연집단은 사라지지 않고 전체사회의 불신을 조장한다. 법과 제도를 중심으로 한 구조적 신뢰로 혈연집단의 배타적 이익추구 행위가 줄어들기는 했으나, 일부 혈연집단은 구성원만의 강하고 배타적인 신뢰를 유지함으로써 특권적 지위를 행사하고 있다. 아직도 부모를 잘 만난 사람, 소위 좋은 가문 출신은 재산 상속뿐만 아니라 취업과 승진에서 유리한 특권을 누리고 있다. 파벌주의는 권력과 재력을 가진 상류층에서만 일어나는 예외적 현상이 아니라 사회 저변에 보편적으로 퍼졌다. 파벌주의가 만연하는 만큼 사회적 불신 역시 보편화되었다.

학연을 중심으로도 파벌이 형성된다. 학연이 있는 사람 간에 신뢰가 높게 형성되는 것 자체가 큰 문제가 있는 것은 아니다. 학연으로 아는 사람, 신뢰할만한 사람을 신뢰하는 것이 문제가 되지는 않는다. 그러나 학연에 의해 발생하는 파벌주의는 심각한 문제가 발생한다. 이전에 만나보지도 않은 채 특정한 학연이 있다고 해서 특별한 배려를 하는 것이 문제이다. 이 근저에는 자신이 보유한 특정한 학연으로 배타적인 이익을 보겠다는 심리가 깔려 있다. 자신이 특정한 중학교, 고등학교, 대학교를 졸업하였으니 자신이 특별한 대우를 받겠다는 의도이다. 특히 이러한 학연에 의한 파벌주의가 그 사회의 지도층 간에 퍼지는 경우 성실하게 노력하며 살아가는 일반 국민의 기를 꺾고 사회지도층에 대한 불신을 조장한다.

팽배해 있는 지역주의 역시 파벌주의의 일환이다. 지역주의는 같은 지역 출신이라는 공통점이 있다는 이유만으로 일반인과 달리 특별한 대접을 하고, 자신도 특별한 대접을 받으려는 이기심이 작용한 결과이다. 같은 지역 출신이 경영하는 음식점을 이용하고, 출신 지역과 공통점이 있는 상품을 우선적으로 구입하는 행위는 애교로 보아줄 수 있다. 그러나 거대 기업을 운영하는 최고경영자가 능력이 부족한 특정한 지역 출신을 우선적으로 채용하고 승진시키면 문제가 달라진다. 승진을 위해 부단히 노력하는 직원의 사기를 꺽고 세상을 원망하게 한다.

정부기관을 이끄는 기관장이 인사권을 행사함에 있어서 특정 지역을 배려하고, 정부사업 선정에 있어서 특정 지역 출신에게 우선권을 주는 행위는 지역갈등을 넘어 전체사회의 불신을 키운다. 특히 대통령이 각급 정부기관의 기관장에 임명에 있어서 특정 지역 인물 중심의 인사정책은 극단적인 정부불신의 원인으로 작동된다. 정치인들이 권력을 획득하기 위해 흔히 이용하는 지역주의의 결과는 지역 간 반목과 갈등, 정치혐오, 그리고 국민의 분열과 불신의 팽배로 이어진다. 득을 보는 사람은 소수 정치인이고, 피해를 보는 사람은 일반 국민이다.

이익집단은 유사한 업무를 담당하는 전문인들이 공동의 이익을 수호하기 위해 만든 집단이다. 대표적으로 의사, 변호사, 약사 등의 전문가집단, 전경련과 같은 기업주집단, 사회활동을 위해 형성된 사회단체 등이 있다. 이들 이익집단은 구성원의 이익과 직접 관련되는 업무를 수행하는 까닭에 참여도 및 결속력이 매우 강하고, 단체 운영을 위한 거액의 자금을 쉽게 동원할 수 있다. 이들이 자신의 이익을 수호하기 위해 파벌집단화 하는 경우 그 폐해는 고스란히 일반 국민의 몫으로 남아 사회불신으로 이어진다.

이익집단은 강한 자금력과 정치력을 보유하고 있음에 따라 경쟁에서 이길 가능성이 높을 뿐만 아니라, 승리할 경우 구성원에게 구체적이고 가시적인 이익이 돌아가니 구성원들이 승리하기 위해 적극적으로 경쟁에 참여한다. 반면, 일반 국민은 자금력과 정치력도 약하고, 무엇보다도 경쟁에서 이기는 경우 구성원들에게 돌아가는 이익의 크기가 너무도 작아 적극적으로 참여할 동인이 약하다. 따라서 이익집단과 일반 국민의 이익이 충돌되는 경우 일반 국민의 이익이 수호되는 경우가 거의 없다. 그 결과, 일반 국민은 사회의 불공정 및 엘리트 집단의 이기성을 탓하게 되고, 그 결과는 전체사회의 불신으로 이어진다.

　　파벌주의로 인해 특정한 파벌에 속한 구성원들은 이익을 보는 반면, 그 댓가로 일반국민들이 손해를 본다. 이익을 보는 소수의 사람은 파벌주의를 정당한 경쟁의 결과로 생각하지만, 대다수 국민은 공정하지 못한 결과에 분노하고, 불신을 증가시킨다. 이런 사회에서는 사람들이 능력을 갖추기 위해 노력하기보다 파벌과 연줄을 찾기 위해 노력하게 된다.

　　더욱이 파벌주의가 정치와 결탁하면 사회는 더욱 더 혼탁해진다. 파벌주의가 만연하면 국가 지도자마저 국가에 충성하는 능력 있는 사람을 멀리하고 무능하지만 자신에게 충성할 사람을 중용한다. 보통사람들마저 실력을 키워 성공하겠다는 의지를 버리고 연줄을 키워 출세하려는 풍조가 만연한다. 그러니 사회 전체의 능력이 저하되고, 불공정성이 심화된다. 전체사회의 경쟁력은 더욱 하락하고, 무능함이 당연해지며, 불신이 증폭된다.

4. 이데올로기

이데올로기란 무엇인가?
이데올로기의 긍정적 측면은 무엇인가?
이데올로기 대립은 어떻게 불신을 조장하나?

이데올로기라는 용어는 마르크스(Karl Marx)가 자본주의를 비판하면서 사용함으로써 현대인들에게 보편적으로 알려졌다. 이데올로기는 세상을 바라보는 "신념 체계(set of beliefs)"로써 자유주의 이데올로기와 사회주의 이데올로기를 대립시키는데 주로 이용된다. 자유주의 이데올로기는 인간의 자유가 보장되어야 자신의 운명을 스스로 개척하여 행복을 추구할 수 있다고 하는 반면, 사회주의 이데올로기는 경제적 평등이 보장되어야 인간의 존엄성을 유지하여 인간적 삶을 살 수 있다고 주장한다.

이데올로기 대립으로 인류는 양쪽으로 나뉘어 서로가 상대방을 완전히 부정하고 불신하는 제로썸 게임(zero-sum game)을 지속해왔다. 양쪽 모두 상대방을 완전히 제압하고 자기 이데올로기가 승리해야 인류의 행복을 가져올 수 있다는 신념에 차 있었다. 그 결과 영국, 독일, 프랑스

등 대부분의 서유럽 국가에서 산업혁명 과정에서 극심한 내부갈등을 겪었다. 2차 세계대전 이후 미국과 소련 간의 냉전, 유럽의 동서대결, 중국과 베트남에서의 내전, 라틴아메리카 국가의 혼란, 한국전쟁, 캄보디아의 킬링필드는 모두 이데올로기 갈등의 결과이다. 이데올로기 갈등으로 상대방에 대한 극단적인 불신은 서로를 부정하고 죽이는 비극을 낳았다.

극단적으로 사회주의를 철저히 부정했던 독일의 히틀러 정권, 이란의 팔레비 정권, 쿠바의 바티스타 정권 등 자유주의 체제를 빙자하던 독재체제는 모두 역사에서 사라졌다. 동시에, 사회주의 혁명을 통해 자유주의 체제를 철저히 부정했던 소련과 동유럽 국가들은 내부적 모순을 극복하지 못하고 끝내 해체됐다.

이에 비해 서로 다른 두 이데올로기의 다양성을 인정하고 내부 혁신을 단행한 서유럽 국가들은 갈등을 극복하고 신뢰사회를 구축하였다. 2차 세계대전 이후 자유주의 체제를 유지하던 대부분의 서유럽 국가는 사회주의 이데올로기의 도전을 환경변화로 인식하고 더 큰 발전을 위한 동력으로 삼았다. 그 결과, 영국의 노동당, 독일의 기사당(기독교사회당), 프랑스의 사회당 등 대부분의 국가에서 사회주의 정당이 창설되었고, 이들 정당이 정권을 장악하기도 했다.

더욱이 스웨덴, 노르웨이, 핀란드, 덴마크 등 스칸디나비아 국가들은 사회주의 국가보다 강력한 세계 최고의 사회복지 프로그램을 집행하고 있다. 한편, 사회주의 체제에서 1981년 시장경제를 받아들인 중국은 비약적인 경제성장을 이루었고, 베트남도 자유주의 시스템을 받아들여 발전을 거듭하고 있다.

그러나 아직도 이데올로기 대립과 갈등이 끝나지 않고 있다. 1945년 해방 이후 남북으로 나뉘어 1950년부터 1953년까지 3년 이상 이데올로기 전쟁을 치른 한반도에서는 아직도 남쪽의 자유주의 체제와 북쪽의 사회주의 체제 간의 극심한 대결을 펼치고 있다. 게다가 남쪽에서는 자유주의와 사회주의 이념으로 양분되어 갈등과 반목이 지속되고 있다.

각각의 이데올로기는 상대방 이데올로기를 척결 대상으로 인식하고, 다른 이데올로기를 가진 사람을 부정한다. 자유주의 이데올로기에서는 부(富)를 개인의 근면하고 성실한 노력의 결과로 이해한다. 당연히 가난한 사람은 게으르고 노력하지 않았기 때문에 개인적 문제라고 생각한다. 빈부격차를 당연하고 자연스런 결과로 받아들이고, 부의 평등한 분배는 게으름을 조장하는 사회악으로 규정한다.

반면, 사회주의 이데올로기는 빈부격차가 인간의 존엄성을 훼손한다며 자본주의를 비판한다. 빈부격차는 국가사회의 구조적 문제로 인해 발생했고, 특정한 사람에게 집중된 부는 당연히 평등하게 분배되어야 한다고 주장한다.

그 결과, 부자는 자유주의 편에, 가난한 사람들은 사회주의 편에 선다. 각자 자신에게 유리한 이데올로기가 옳다며 자신에게 유리한 체제가 정착되고, 자신에게 불리한 체제는 폐기되기를 바란다.

더욱이 이데올로기가 인간의 이기성과 파벌주의와 결합되면 더 심각한 사회 불신을 촉발한다. 자유주의 정당이 집권하여 자유주의 이데올로기만으로 정부를 운영하면 경제성장 효과는 달성되는 반면, 빈부격차가 커지는 동시에 경제성장의 수혜를 상대적으로 적게 받는 다수 대중의 불만이 증가된다.

특히 자유주의 체제 유지를 앞세우는 기득권자들을 자기 편으로 생각하여 주요 자리에 배치하는 경우 문제는 더 심각해진다. 국가사회의 다양한 목소리를 수용하지 않고 일방적인 정책을 고집한 끝에 각종 정부 정책이 실패한다. 능력 있는 전문가가 정권에 등을 돌리고, 대다수 국민들도 정부를 외면한다.

사회주의 이데올로기 역시 이기적 파벌주의에 천착하는 경우 결과는 크게 다르지 않다. 사회주의 정당이 집권하여 인간의 존엄성과 평등을 강조하는 인물만을 발탁하여 정부기관을 운영하는 경우, 빈부격차를 줄이는 다양한 복지프로그램과 실험적 정책이 수행되어 일시적으로 일정한 긍정적 효과를 거둘 수도 있다. 그러나 그동안 정권의 변방에 있던 비전문가들이 사회주의 이데올로기 투쟁에 협력한 동지들로 주요 자리를 차지하여 정부정책을 사회주의 이데올로기 중심으로 펴는 경우 사회적 다양성이 훼손된다.

사회주의 이데올로기로 무장된 비전문가들이 추진하는 정책은 전체 국민의 필요와 요구가 아닌 사회주의 이데올로기를 가진 집단의 필요와 요구에 의해 추진된다. 국민을 위한 정부가 아니라 이데올로기 기득권 세력을 위한 정부로 전락하게 된다. 정부정책의 실패는 불을 보듯 뻔한 결과이며, 다수 국민들의 불신으로 이어진다.

그런데 이데올로기 차이만으로 사람들 간에 불신과 갈등, 반목이 발생하는 경우는 별로 없다. 진정한 자유주의자는 일방적으로 사회주의에 대해 부정하지는 않는다. 오히려 자유주의의 한계와 사회주의의 대안 가능성을 인정한다. 자유의 가치가 중요하고 우선되어야 하지만 자유만을 강조하는 경우 극심한 경쟁에 의해 승자와 패자, 소수의 부자(富者)와 다수의 빈자(貧者)가 발생하여 다수가 인간의 존엄성에 상처를 받는다는 것을 인정한다. 그리고 소수의 부자는 자신의 능력만으로 부(富)를 쌓은 것이 아니라 다른 사람들의 협력 및 자본주의 시스템에 의해 혜택을 입은 것이라는 점도 인정한다.

따라서 사람들이 자유를 누리고 자본주의 시스템의 안정을 위해서는 빈익빈, 부익부 구조를 개선해야 한다는 점을 지적한다. 사회구조에 의해 혜택을 입은 사람은 노블리스 오블리주(noblesse oblige)를 실천해야 한다는 것이다. 이에 따라 서유럽의 자유주의는 자유주의의 한계를 극복하고 사회주의의 대안을 받아들임에 따라 자유주의를 바탕으로 한 복지국가를 건설하고, 이데올로기 갈등을 극복해온 것이다.

진정한 사회주의자 역시 자유의 소중함을 부정하지 않는다. 인간의 존엄성이란 결국 개인의 삶에 대한 자기 결정권이기 때문이다. 사회주의의 완성으로 완전한 경제적 평등을 이루었다고 해서 모든 사람이 진정한 해방을 맞이할 수는 없다. 현실적으로 사회주의를 건설한 어떤 국가도 완전한 경제적 평등을 이룬 국가는 없으며, 모든 사람의 완전한 인격적 자기 결정권이 완성된 국가도 없다. 소련을 비롯한 동유럽이 해체되고, 중국과 베트남이 경제적 발전을 위해 시장경제를 도입한 것은 사회주의를 바탕으로 자유주의의 장점을 받아들인 것이다.

자유주의와 사회주의 이데올로기는 본래 인간의 문제를 해결하고 행복 찾기 위한 방식을 제시한 것이다. 이데올로기 자체가 중요한 것이 아니다. 따라서 자신의 이데올로기로 현실적 문제를 해결하지 못할 경우, 또는 사회가 변화할 경우에는 개선되는 것이 마땅하다. 그럼에도 불구하고 이데올로기가 변화되지 않는 것은 이데올로기 자체에 문제가 있다기보다는 이데올로기에 천착하여 자신의 목표와 이익을 달성하려는 사람이 있기 때문이다.

결국 이데올로기에 의한 불신은 이데올로기를 이용하는 사람의 문제로부터 기인된다. 인간의 자유가 최우선이라며 자신의 잇속을 채우려는 자들은 자유주의의 선명성을 주장하며 사회주의 대안을 부정할 뿐만 아니라 사회주의를 격멸하려고 하면서 사회주의와 갈등을 부추긴다.

반면, 인간의 존엄성을 주장하며 자본가를 축출한 후 자신이 집권하여 자신을 위한 세상을 만들려고 하는 자들은 사회주의의 우월성을 부각하면서 자유주의를 부정하고 갈등을 이용하여 권력을 쟁취하려고 한다. 한마디로 자유주의를 이용하여 특권을 누리려고 하는 자와 사회주의를 이용하여 특권을 누리려고 하는 자들로 인해 불신과 갈등이 증폭된다.

5. 권력 남용 및 관행

권력 남용의 발생원인은?
권력 남용 및 관행은 어떻게 불신을 조장할까?

악화는 양화를 구축한다.[12] 권력 행사에 있어서도 마찬가지이다. 좋은 권력과 나쁜 권력의 차이가 없는 경우 나쁜 권력이 통용되기 마련이다. 따라서 책임이 따르는 권력과 책임이 따르지 않는 권력이 동일시되면 책임을 지는 권력은 사라지고, 책임지지 않는 권력이 만연된다. 그러니 권력이 있으면 책임이 예외 없이 따라야 한다. 결과에 대한 책임없이 권력이 주어지는 경우 권력은 반드시 남용된다. 권력이 남용되면 손실은 국민 전체에게 미치고, 국민은 국가와 정부를 불신하게 된다.

12_ 그레셤의 법칙(Gresham's law)이다. 원료의 가치가 다른 화폐가 동일한 명목가치를 가지고 통용되면, 원료의 가치가 높은 화폐(good money)는 유통시장에서 사라지고, 원료의 가치가 낮은 화폐(bad money)만 유통되는 현상이다. 예를 들어 금화로 만든 동전과 은화로 만든 동전의 가치가 같은 것으로 통용되는 경우, 물건을 구입할 때 금화는 사용하지 않고, 은화로만 지불한다는 것이다.

조선시대 지방관과 이를 보좌하던 이방(吏房), 호방(戶房) 등 지방관원들은 규정상 급여가 없었다. 지방관은 자신이 정한 기준에 의해 지역주민에게 세금을 거두었다. 거둔 세금의 일부는 중앙부서에 바치고, 나머지는 자신이 마음대로 썼다. 세금 징수에 대한 권력이 주어지면서 결과에 대한 책임은 없다. 다만 세금이 너무 많은 경우 지역주민들이 반란을 일으키거나 조정에 상소하는 경우는 있지만 이런 경우는 극히 예외적이었다.

　세금을 많이 거둘수록 지방관의 재산이 불어났다. 급여가 없는 지방관원 역시 갖은 수단과 방법을 동원하여 지역주민을 뜯어먹었다. 지역주민은 목숨을 걸고 반란을 일으키든지 참고 사는 수밖에 없었다. 지역주민은 잘살기 위해 열심히 일할 동기가 없다. 누가 잘산다고 하면 지방관과 지방관원에게 빼앗기기 때문이다. 그러니 지방관과 지방관원을 신뢰할 수가 없다. 이웃 사람도 신뢰할 수 없다. 재산이 많다고 이웃 사람이 고자질할 수도 있으니.

　권력 남용은 대한민국 정부가 들어선 이후에도 크게 개선되지 않았다. 이승만 정부 때 세금을 거둘 자원이 거의 없었다. 가장 큰 국가재정 수입원은 미국 원조뿐이었다. 공무원에게 생활을 유지할 만큼의 월급을 줄 예산이 없으니 공무원의 월급이 박할 수밖에 없었다. 공무원들은 살기 위해 자신의 권력을 이용하여 국민을 뜯어 먹을 수밖에 없었다. 권력 남용이 관행으로 이어졌다.

　국가재정이 획기적으로 증가하고, 공무원 월급 정상화 및 각종 부정부패 엄벌 등 공무원의 부정부패를 근절시키려는 노력의 결과 겉으로 들어난 부정부패가 근절되기 시작했다. 권력 남용에 대한 처벌이 강화되면서 공무원의 권력 남용이 줄었고, 이에 따라 뇌물을 건네는 민원인도 줄어들었다.

하지만 권력 남용은 아직도 권력 행사에 따른 책임이 분명하게 정해지지 않은 많은 곳에 남아 있다. 아직도 보이지 않는 곳에서 비밀리에 진행되고 있다. 공직자들이 보유한 각종 인·허가권, 재정지출권 등은 언제든지 권력이 된다. 공직자들이 사업을 추진하면서 먼저 보유한 정보는 권력으로 작동된다. 어느 곳에 도로가 나고, 어느 곳이 개발되는지에 관한 정보는 바로 권력으로 이어지고 돈이 된다.

신도시로 개발될 것이라고 발표하기 전에 부동산을 사놓으면 발표된 후 몇 배로 뛴다. 약삭빠른 공무원은 본인의 이름으로 사지 않는다. 발각되더라도 현행법을 어기지 않는 한 정당한 권력 행사로서 처벌하기 쉽지 않다. 하지만 이런 권력 남용은 공무원에 대한 불신, 정부에 대한 불신, 사회에 대한 불신을 키운다.

관행 역시 마찬가지이다. 바람직한 문화와 바람직하지 않은 문화가 혼재하는 경우 악화인 바람직하지 않은 문화는 남고, 양화인 바람직하지 않은 문화가 판을 친다. 특히 사회지도층이 이해관계에 얽히는 경우 바람직하지 않은 행위를 하고는 관행이라며 자신의 문제를 덮으려고 한다. 법적으로 문제가 되지 않더라도 사회에 많은 논란이 일게 함으로써 지도층의 부도덕성을 드러내면서 사회 불신을 증가시킨다.

지도층에 의해 흔히 발생하는 저작물 표절 관행이 대표적인 사례이다. 학술논문, 학위논문 등에서 관행으로 이루어져 온 저작물 표절[13]은

2004년 언론에 크게 보도된 이후 각 학술지 및 대학교 등에서 논문윤리규정이 마련된 후 절대적으로 줄어들었다. 하지만 아직도 논문 표절이 관행으로 이어지고 있고, 일관성 있는 대응을 하지 못하고 있다.

일부 유명인의 경우는 법적 책임을 지지는 않았지만 논문 표절로 자신의 직업 활동을 하지 못하고 있는 등 실질적인 처벌을 받기도 했다. 그러나 일부 힘 있는 정치인은 학위를 취소하면 된다는 식으로 매우 당당하게 대응하기도 한다. 분명하게 도둑질하고는 대수롭지 않게 넘어가려고 한다. 그리고 시간이 지나면 언제 그런 일이 있느냐는 식으로 처리된다.

심지어 일부 정치인 및 공직자들은 논문 표절이 발각되는 경우, 문제가 발생하니 논문을 쓰지 말라는 조언을 하기도 한다. 논문 표절 관행이 일부 지도층의 명예 놀음의 장소로 전락시키고, 사회지도층의 치부를 들어낸다. 또한 "자기 표절" 및 "일부 표절"과 같은 신조어를 만들어 표절의 잣대를 매우 엄격하게 정함에 따라 표절의 근본적인 문제를 희석시킨다. 결국, 지식과 아이디어를 자유롭게 확산시킴에 따라 국가발전에 기여하는 중요한 학문 활동인 학술논문, 학위논문, 저작물 등이 논문 표절로 더럽혀져 학문 활동을 위축시킬 뿐만 아니라 학문 활동 자체가 국민의 불신을 확대시킨다.

13_　미국과 유럽에서는 논문 표절뿐만 아니라 모든 저작물에서 표절(phagiarism)을 도둑질과 같은 범죄로 규정한다. 초등학교에서조차 남의 글을 자기 것으로 표절하는 경우 점수를 주지 않고, 응당한 처벌을 하는 등 강력한 대응을 한다. 대학생이 표절하여 레포트를 제출하는 경우 해당 과목의 학점을 주지 않을 뿐만 아니라 징계위원회에 회부하여 극단적인 경우 퇴학시키기도 한다. 학술논문과 학위논문, 저작권 등에서 표절이 밝혀지는 경우 더욱 심한 처벌을 한다.

습관적으로 이루어져 오고 있는 일반인의 저작물 표절은 처벌은 고사하고 문제 제기도 쉽지 않다. 학술논문 및 학위논문의 경우는 규정이 마련되어 정상화되고 있기는 하지만, 일반인의 광범위한 표절 관행을 사라지지 않는다. 초중고교 학생뿐만 아니라 대학생들의 과제물을 통제하기 어렵다. 대학 입학을 위한 자기소개서가 부모의 능력에 비례한다는 말도 있다. 이런 폐습과 관행이 이어지는 한 전체사회에 팽배한 불신을 치유하기 어렵다.

위장 전입 역시 마찬가지이다. 자녀에게 좋은 교육을 받게 하겠다는 부모의 간절함을 막무가내로 비판하기는 어렵다. 그러나 위장 전입을 활용하는 사람들이 돈과 권력이 있는 일부 사람들의 주로 이용한다는 점에서 일반국민의 고위층에 대한 불신으로 이어진다. 특히 위장 전입을 법률상 위법으로 처벌하도록 입법화한 후에도 고위층의 위장 전입이 근절되지 않고, 위법자에 대한 처벌이 없거나 경미하다는 것은 일반국민의 분노를 사고 있다.

더욱이 고위층 자녀의 외국 유학과 군복무 회피를 위한 외국 국적 취득은 비판을 회피할 길이 없다. 일부 고위층 자녀의 외국 유학은 국내 교육에 대한 불신의 결과이다. 국내 교육의 질이 외국에 비해 떨어진다면 교육의 질 개선을 위해 고위층의 노력이 절실하다. 그럼에도 불구하고 국내 교육의 질 개선을 위한 노력 대신 자녀의 외국 유학은 일반국민에 대한 변명의 여지가 없다. 더욱이 외국 유학은 학비와 생활비가 국내 교육의 몇 배가 소요된다.

평생 청렴을 생활 모토로 지내며 돈과 권력을 탐하지 않았노라고 주장하던 인사가 돈과 권력이 주어지는 자리에 앉기도 전부터 자녀를 해외에 유학을 보낸 사례가 끊이지 않는다. 이들의 자녀는 외국 국적을 취득하고 군복무를 회피하기까지 한다.

　이러한 사회지도층의 관행은 일반국민까지 오염된다. 부정과 탈법을 저지르고도 당당하게 "왜 나만 처벌하느냐?"며 반박한다. 돈 있고 힘 있는 사람은 다 빠져나가고, 자신만 처벌받았다며 억울해한다. 고위층의 권력 남용과 관행이 일반국민까지 전염되고, 고위층에 대한 불신이 일반국민에 대한 불신으로 광범위하게 퍼져나간다.

6. 부적합한 법과 제도

법과 현실이 부적합한 다양한 형태는?
부적합한 법과 제도는 어떻게 불신을 조장하나?

법과 제도의 가장 큰 장점은 모든 사람에게 평등하게 적용된다는 데 있다. 돈과 권력이 있다고 해서 법과 제도의 적용을 피하기 어렵다. 한때 법과 제도를 피할 수는 있지만 언젠가 들통나면 가중 처벌을 받을 수도 있다. 그러니 좋지 않은 법과 제도일지라도 없는 것보다는 있는 것이 좋다는 말이 있다. 법과 제도가 없다면 돈과 권력이 있는 사람 마음대로 세상이 움직이고, 없는 사람은 더 불이익을 받을 것이기 때문이다. 그렇기에 공정한 법과 제도는 신뢰를 증진시킨다.

반면, 법과 제도가 부적합한 경우 불신이 가중된다. 첫째, 가장 기본적인 법과 제도의 부적합성은 법과 제도의 부재이다. 사회적으로 대형 사건 및 사고가 발생하여 문제가 있음에도 불구하고 다양한 이유로 법과 제도가 없어서 문제를 해결할 수 없는 경우가 발생한다. 일부에서는 '소잃고 외양간 고친다'며 문제가 발생하기 전에 미리 방지하지 않는 것을 비난한다. 물론 소를 잃기 전에 외양간을 고쳐야 한다. 하지만 소를 잃기 전에 외양간을 고치기란 쉽지 않다. 더욱이 현실에서는 소를 잃고도 외양간을 고치지 않는 경우도 많다. 특히 돈과 권력이 없는 일반국민에게 문제가 되는 경우에는 법과 제도가 잘 구축되지 않는다. 힘없는 일반국민의 입장에서 문제를 바라보는 리더가 많지 않기 때문이다.

둘째, 문제를 사람의 양심 및 도덕, 윤리로 해결하려고 하면서 법과 제도가 부재한 경우이다. 앞에서 예를 든 바와 같이 조선시대 주민에 대한 세금부과 권한에 대한 법과 제도가 부재했다. 지방관의 양심과 도덕을 기대하며 세금에 대한 권한을 지방관에게 전적으로 맡겼다. 그 결과, 지방관 대부분은 양심과 도덕에 의해 지역주민을 덕으로 다스리겠노라고 하였지만, 현실에서는 자신의 사리사욕을 위해 권한을 남용하여 지역주민을 뜯어먹었다. 리더의 도덕과 양심, 윤리로 해결되지 않는 것은 객관적인 법과 제도를 수립해야 한다. 그렇지 않으니 서로 불신할 수밖에 없다.

셋째, 철 지난 과거의 법과 제도가 계속 작동되어 국민을 불편하게 하는 경우이다. 해당 법과 제도가 과거에는 긍정적으로 작동했을 수 있다. 그러나 시대가 바뀌어 더 이상 필요가 없음에도 불구하고 법과 제도가 수정되지 않은 채 계속 집행되기도 한다. 불필요한 법과 제도가 작동되면 쓸데없이 시간과 돈이 낭비되고 불편을 가중시킨다. 법과 제도를 수정할 수 있는 권한을 지니고 있는 정치인은 현장과 너무 멀리 떨어져 있기에 국민의 불편함을 알지 못한다. 그리고 철 지난 법과 제도를 개정하는 것은 새로운 법을 만드는 것보다 국민의 주목을 받기 쉽지 않으니 관심을 두지 않는다. 일선공무원은 국민의 불편함을 알고 있다고 해도 법과 제도를 바꿀 힘이 없고, 바꾸고자 하면 일이 많아지니 그냥 지나친다. 이렇게 국민들의 불편함이 지속된다. 불편함은 불만이 되고, 불만은 불신으로 이어진다.

잘못된 정책을 고집스럽게 지속하는 경우도 마찬가지이다. 국민들은 잘못된 정책을 재검토하고 당장이라도 그만두기를 바란다. 그러나 정책을 결정하고 집행하는 정책주도자의 경우는 자신의 잘못을 인정하지 않는다. 여러 가지 이유를 대도 국민의 입장에서는 구차한 변명으로 들린다. 정책을 재고하지 않을 경우 국민들은 그 정책을 주도한 공직자뿐만 아니라 대통령을 비롯한 정권담당자 모두의 문제로 생각하게 된다.

특히 현정권과 직접 관련된 문제를 당당하게 밝히고 해결하지 않는 경우 국가와 사회에 대한 불신이 증가한다. 국민들은 현정권의 치부를 드러내지 않기 위해 법과 제도의 적용을 미루는 것으로 이해할 수 있다. 현정권에 대한 광범위한 불신은 국가와 사회에 대한 불신으로 이어진다.

넷째, 시대적 환경이 변화하면 새로운 법과 제도가 요구된다. 다수 국민은 장기적인 관점에서 국가가 나가야 할 방향을 정하고, 시대에 적합한 법과 제도를 정착시키기를 바란다. 4차산업혁명사회가 도래하는 현 시점에서 향후 급변하는 시대에 장기적으로 국가가 나갈 방향에 맞추어 4차산업혁명사회에 걸맞는 법과 제도가 정착되어 국민의 생활과 편의성이 증진되기를 바란다.

4차산업혁명은 현실이 되었지만 4차산업혁명기술에 대한 법과 제도가 없으니 기술을 발전시킬 수 없다. 빅데이터, 인공지능, 로봇, 자율주행 자동차, 드론, 원격의료 등 국민의 생활이 되어버린 4차산업혁명기술을 법과 제도가 없으니 개발하기 어렵다. 기술이 뒤떨어져서가 아니라 버과 제도가 뒤떨어졌기 때문에 다른 국가에 비해 앞서 나가지 못한다.

하지만 정책담당자의 입장은 다르다. 정치인은 무슨 일이 발생하든지 자신의 위치를 더 공고하기 위한 기회로 삼으려고 한다. 새로운 일이 발생할 경우 그 일을 해결하는데 초점을 두는 데에는 관심이 없고 어떤 일이 새로 발생하든 자신의 입지를 공고히 하려고 한다. 미래에 대해, 그리고 4차산업혁명에 대해 아는 척은 하지만 실제로는 알지도 못할 뿐만 아니라, 장기적인 국가사회발전에 대해서는 자신에게 공이 돌아올 가능성이 낮으니 전혀 관심이 없다. 미래 사회에 대해 알지 못하고, 관심도 없는 정치인이 시대환경에 맞는 법과 제도를 제대로 확립하기란 낙타가 바늘구멍에 들어가기 만큼이나 어렵다.

더욱이 4차산업혁명기술에 무지한 정치인들이 이에 대해 관심을 갖게 되면 더 큰 일이 발생한다. 4차산업혁명을 이해하고 발전시키기 위해 필요한 일을 하기 위한 능력은 없지만 이를 규제할 수 있는 능력이 있기 때문이다. 그러니 4차산업혁명에 대해 아는 척하며 자신이 할 수 있는 규제를 쏟아낸다. 국내 기술을 규제하니 국내산업이 해외로 이전되고, 해외 기술이 발전되어 국내로 유입된다. 결국, 규제도 하지 못하고 국내산업의 발전을 방해하는 격이 된다. 정치인의 관심이 국민을 불편할 뿐이다. 정부에 대한 신뢰가 쌓일 길이 없다.

7. 리더십 부재

리더십이란 무엇인가?
리더십이 중요한 이유는?
리더십이 없으면 왜 불신이 발생할까?

리더십은 조직의 목표를 달성하기 위해 구성원을 일정한 방향으로 이끌어 바람직한 성과를 창출하는 리더의 능력이다. 역량을 전혀 발휘하지 못하던 조직이 리더가 바뀌면서 전혀 새로운 조직으로 거듭나는 사례를 자주 본다. 이와 반대로 잘 나가던 조직의 리더가 바뀐 후 형편없는 조직이 되어버리는 경우도 많다. 그러니 조직에서 리더의 역량이 조직 역량의 70% 이상을 차지한다는 말을 한다.

조직 전체 역량에 리더가 차지하는 비중이 큰 이유는 매우 간단하다. 리더에게 보고되는 다양한 보고서 가운데 리더가 특정한 유형의 보고서를 선택하게 되면, 그 후에는 리더가 선택한 보고서 유형으로만 결재 보고서가 올라간다. 리더가 이에 대해 특별한 언급이 없으면 그 조직에 다양한 보고서 형태는 더 이상 존재하지 않게 된다. 리더의 특성이 조직의 특성을 규정하는 것이다. 만일 리더가 능력보다 연줄을 중요하게 고려하여 인사권을 행사하면 그 조직구성원들은 리더의 입맛에 맞추어 승진하기 위해 연줄을 찾게 된다.

능력을 높이기 위한 노력을 더 이상 하지 않음에 따라 조직의 역량은 급격히 감퇴한다. 조직구성원들은 리더의 특성과 지휘에 따라 행동한다. 리더에 맞추지 않으면 손해보기 때문이다. 그러니 리더십이 강하면 조직의 역량이 강해지고, 리더십이 약하면 조직의 역량이 약해진다. 즉 국가의 리더, 즉 최고통치자의 리더십이 강하면 각종 문제를 해결하여 국가가 부강해지고, 리더십이 약하면 국가의 각종 문제점이 드러남에 따라 경쟁력이 떨어지고, 결국 불신이 증가한다.

첫째, 리더십 부재에 따라 불신이 증가하는 가장 중요한 원인은 지도자의 무능이다. 부하가 보고한 사실을 제대로 알아듣지 못하는 사람이 지도자가 되어서는 리더십이 발휘될 수 없다. 사실 판단이 안 되니 부하에게 의지할 수밖에 없다. 무능한 지도자를 섬기는 부하는 때로는 지도자를 위해 충언을 하기도 하고, 조직과 국가 전체를 위해 일하기도 한다.

하지만 때로는 지도자와 국가가 아닌 자신을 위해 결정을 내리기도 한다. 자신을 위한 결정이 아무 이상 없이 집행되면 부하는 더욱 자주 자신을 위한 결정을 하게 된다. 실질적으로 결정을 자신이 하지만 결과에 대한 책임은 자신에게 돌아오지 않으니 더욱 과감하게 자신을 위해 국정을 이끈다. 결국 국가는 부하들의 이익을 위한 도구로 전락한다. 해당 분야에 대한 전문지식이 없는 사람이 자리를 차지해서는 리더십이 생길 리 없다. 크던, 작던 조직을 이끌어 본 경험이 없는 사람이 일순간 리더십을 학습할 수는 없다. 학위논문 이외에 자기 단독으로 해당 분야에 논문을 한 편도 써보지 않은 사람이 그 분야 전문가일 수 없다.

둘째, 조직 전체의 이익, 즉 공익에 앞서 사익을 추구하는 리더는 리더십을 인정받을 수 없다. 리더의 행동은 비밀이 없다. 조직구성원은 리더 자신이 깨닫지 못한 자신의 일거수일투족까지 다 알고 있다. 지금 당장은 모르더라도 머지않은 날 알게 된다. 리더가 어떤 결정을 내렸는지, 어떻게 재산을 모았는지, 어느 가족 및 친지에게 이권을 넘겼는지, 국가를 위한다고 하면서 자기 자녀는 해외에서 공부시키고 살게 했는지, 큰 정치를 떠들면서 군대 가지 않기 위해 손가락을 잘랐는지, 평생 검소하게 살았다면서 현재 재산 가치의 총량이 얼마나 불어났는지 등을.

리더의 이런 행동은 바로 조직구성원들에게 영향을 미친다. 리더가 사익을 추구하면 부하들은 조직을 이용해 더 큰 사익을 마음껏 추구한다. 조직에 문제가 발생하면 리더가 책임을 지게 되기 때문이다. 자신은 리더와 같은 방식으로 업무를 처리하였으니 피해 갈 길도 있다. 리더가 뇌물을 받으면 아랫사람은 더 큰 뇌물을 아무 걱정 없이 받는다.

물론 그 부하들은 자신의 상관보다 더 안심하고 자신의 배를 불린다. 부하들 모두 부패한 선장이 모는 배는 결국 좌초한다는 것을 알기 때문에 조직에 대한 미련이 없다. 아직 좌초하지 않았을 때 이권을 챙겨야 다른 곳에서 편히 살 수 있다. 이렇게 리더의 사익추구는 리더십 부재와 조직의 붕괴로 이어진다.

셋째, 솔선수범하지 않는 리더, 조직과 타인을 위해 희생하지 않는 리더는 리더십을 인정받지 못한다. 전쟁터에서 "돌격 앞으로"를 외치며 자신이 선두에 나서지 않는 지휘관을 따르는 부하는 아무도 없다. 리더가 희생을 감수하는 모습을 보여야 부하는 리더를 따른다. 자신은 법과 제도를 지키지 않으면서 부하에게, 국민에게 법과 제도를 따르라고 말하는 리더는 아무도 따르지 않는다. 자신은 편법을 일삼으며 법과 제도를 강조하면 비웃음만 살 뿐이다. 말과 행동이 일치하지 않는 리더를 신뢰하고 따르는 사람은 없다.

넷째, 구성원을 지켜주지 못하는 리더는 리더십을 인정받을 수 없다. 어떤 조직이든 최고관리자는 구성원의 이익을 보호하고, 조직의 장기적 발전에 책임져야 한다. 기업의 총수라면 구성원의 월급을 안정적으로 보장하여 구성원 모두가 행복한 삶을 살도록 함과 동시에, 기업이 장기적으로 발전함으로써 미래의 희망을 갖도록 해야 한다.

한 나라의 대통령은 국민들이 안전하고 행복한 삶을 살도록 보장하고 국가의 장기적인 발전에 책임져야 한다. 구성원 모두가 자신의 능력과 개성을 살려 보다 행복한 삶을 살 수 있는 틀을 제공해야 한다. 구성원에게 불편함을 주고 미래에 대한 불안함을 주어서는 리더의 자격이 없다.

이에 따라 정부가 국민으로부터 리더십을 인정받고, 신뢰를 확보하기란 쉽지 않다. 국가는 다양한 생각을 가진 다양한 계층의 사람들이 모인 곳이기에 국민의 다양한 요구를 모두 만족시키는 것은 불가능하기 때문이다. 그러니 신뢰가 높은 것으로 알려진 선진국에서조차 정부에 대한 신뢰, 정치인에 대한 신뢰는 특히 낮다. 하지만 이런 사실을 국민도 알고 있다. 국민으로부터 정부가 신뢰를 받기가 쉽지 않다는 것을.

그러면 정부의 신뢰를 회복하는 것이 그렇게 어려운 일인가? 일반적으로 새로운 정부가 출범할 때는 국민의 전폭적인 지지와 신뢰를 받고 출발한다. 그리고 세월이 흐름에 따라 국민의 기대에 부응하지 못하면서 지지가 서서히 감소한다.

하지만 정부에 대한 신뢰가 불신으로 바뀌는 변곡점(turning point) 은 대부분 대통령을 포함한 정권담당자가 크게 잘못을 했을 때이다. 실수로 일어날 수 있는 일이 벌어지는 것은 넘어갈 수 있다. 그러나 납득이 가지 않는 일, 기본적인 상식에 미치지 않는 일이 벌어졌을 때 그동안 참았던 분노가 터지면서 정권담당자에 대한 불신이 증폭된다.

10장.

신뢰 사회로
가는 길

모두가 함께 대화하고 협력할 수 있는
신뢰 사회가 정착되어야
21세기 번영을 이룰 수 있다.

21세기 개방사회

사회가 진화할 때 신뢰는 어떻게 진화할까?

신뢰가 진화하는 이유는 무엇일까?

21세기에 사회가 개방되야 하는 이유는?

앞에서 살펴본 바와 같이 인류는 원시사회, 농업사회, 산업사회, 4차산업
혁명사회로 진화를 거듭했다. 그리고 사회 패러다임이 변화할 때마다 신
뢰 시스템도 변화시키며 더 많은 사람과 신뢰와 협력을 나누었다. 그리고
자신의 이익과 행복을 극대화하였다.

사회가 변화했음에도 불구하고 신뢰 시스템을 변화시키지 못한 개인
과 집단은 도태되었다. 농업시대가 도래했음에도 불구하고 원시사회의
가족 신뢰에서 벗어나지 못한 집단은 경쟁력을 잃고 농업시대의 신뢰 시
스템을 정착한 집단에게 밀려났다. 같은 논리로 산업시대가 도래했을 때
농업사회의 연고집단 중심의 신뢰 시스템에 갇혀 농업사회 패러다임으로
삶을 지속한 집단은 산업사회 패러다임을 일찍 받아들인 도시와 국가의
식민지로 전락했다. 4차산업혁명사회가 도래해도 이 논리는 지속될 것이

다. 4차산업혁명시대에 산업사회의 구조적 신뢰로만 신뢰 시스템을 고집하는 국가사회는 경쟁력을 잃게 될 것이다.

사회 패러다임과 신뢰 시스템 변화로 살펴본 신뢰 사회로 가는 길은 분명하다. 첫째, 더 많은, 다양한 사람과 신뢰와 협력을 나눌 수 있는 신뢰 시스템을 구축해야 한다. 원시사회에서 배우자와 신뢰를 쌓아 가족을 형성하지 못한 사람은 도태됐고, 농업사회에서 가족 이외의 친지, 이웃과 신뢰를 쌓아 연고공동체 또는 지역공동체를 형성하지 못한 집단은 경쟁력을 확보하지 못하고 쇠퇴했다.

산업사회에서 낯선 사람들과 신뢰를 쌓지 못해 익명의 거대도시, 거대국가를 형성하지 못한 국가사회는 삼류국가로 전락하여 다른 국가의 지배를 받아야만 했다. 4차산업혁명사회에서 국가를 초월하여 지구촌에 거주하는 다양한 사람들과 신뢰를 쌓지 못하는 개인, 집단, 기업, 국가는 4차산업혁명의 과학기술 발전을 선도하지 못하고, 그 혜택을 보지도 못할 것이다.

둘째, 그 시대에 적합한 신뢰 시스템을 구축하는 동시에, 이전 시대의 신뢰 시스템을 배제하는 것이다. 농업시대에는 공동체 구성원 간의 협력을 촉진하기 위해 연고집단 신뢰를 구축한 후에는 원시사회의 가족 신뢰를 신뢰 시스템에서 배제해야 한다. 물론 농업사회에서도 가족 간에는 가족 신뢰가 매우 중요한 역할을 한다.

그러나 농업사회 공동체에서는 가족 신뢰가 집단 신뢰보다 우선이 되는 경우에는 공동체 구성원 간에 갈등이 발생할 수밖에 없다. 같은 논리로 산업사회에서 연고집단 신뢰가 우선적으로 작동되는 경우 법과 제도 중심의 구조적 신뢰는 작동되지 않고, 익명의 거대조직, 거대사회는 갈등에 휩싸이게 된다. 또한 4차산업혁명사회에서 산업사회의 구조적 신뢰만으로는 지구촌의 다양한 구성원들의 협력을 불러일으키는 데는 한계가 따른다. 상호계약적 신뢰 시스템으로 4차산업혁명사회의 다양하고 급격하게 변화하는 인간관계를 지원하지 않고는 인간의 창의성을 촉발하여 과학기술 발전을 이루기 어렵다.

셋째, 한때는 신뢰를 증진함으로써 사회 발전을 선도했지만 시대의 변화로 이제는 갈등을 야기하는 불신의 원인이 되기도 한다. 농업사회에서는 원시사회의 가족만의 신뢰로부터 탈피해야 하고, 산업사회에서는 농업사회의 연고신뢰로부터 벗어나야 한다. 4차산업혁명사회에 반드시 제거해야 할 대표적인 불신의 원인은 농업사회의 폐쇄적인 "끼리끼리" 신뢰와 산업사회의 엘리트 중심의 수직적·권위적 신뢰이다.

폐쇄적 신뢰는 원시사회의 가족 신뢰와 농업사회의 연고집단 신뢰에서 유래하여 4차산업혁명사회에서 아직도 지속되고 있다. 물론 가족 신뢰를 가족 내에서 활용하고, 연고집단 신뢰를 연고집단 구성원 간에 활용하는 것은 구성원의 행복을 증진하는 역할을 한다. 그러나 익명의 거대국가에서 법과 제도를 바탕으로 한 구조적 신뢰에 앞서 가족 신뢰와 연고집단 신뢰를 앞세우면 공동체 구성원은 이익을 누리지만, 사회 전체의 갈등을 야기하고 발전을 가로막는다. 이들 폐쇄적인 "끼리끼리"는 자신에게 이익이 되는 것을 "공정"과 "정의"로 부르짖지만, 전체 사회에는 "부정"이고 "불의"이다.

엘리트 중심의 수직적·권위적 신뢰는 원시사회로부터 농업사회를 지나 산업사회까지 사회를 주도하고 긍정적인 역할을 해왔다. 소수 엘리트가 지적 수준과 도덕적 수준에서 다수 대중보다 앞서고, 소수 엘리트의 역할만으로도 국가사회의 다양한 문제를 해결하고 발전을 주도할 수 있을 때에는 수직적·권위적 신뢰를 긍정적으로 받아들일 수 있다.

그러나 4차산업혁명사회에서는 소수 엘리트가 다수 대중보다 결코 지적·도덕적 수준이 높지 않다. 다수 대중의 다양한 전문분야에서의 창의적 역할 없이는 결코 4차산업혁명을 완수할 수 없다. 더욱이 대부분의 조직과 사회가 다수 구성원에게 개방되지 않고는 국가사회의 다양한 문제를 해결할 수 없다.

1. 전체 국민을 위한 정의(justice)

자신에게 이익이 되는 것이 정의인가?
자신에게 이익이 되는 정의는 왜 불신을 조장하나?
국민 모두에게 이익이 되는 것이 정의인 이유는?

"정의의 칼을 받아라." 어릴 적 동네 친구들과 전쟁놀이할 때 상대방에게 칼을 겨누면서 했던 말이다. 자신의 입장에서는 자신이 들고 있는 칼이 정의였고, 상대방의 입장에서는 상대방이 들고 있는 칼이 정의였다. 자신이 이겨야 정의가 승리한 것이고, 상대방이 이기면 정의가 승리하지 못했다고 여기며 분통을 토로했다.

성인이 되어서도 별로 다르지 않다. 자신이 잘 되면 정의의 승리고, 자신이 실패하면 정의롭지 못하다고 느낀다. 자신이 하면 로맨스, 남이 하면 불륜. "내로남불"이 영어로 표기되어 세상에 알려지기도 했다. 한국 사회의 대표적 문제이다. 주관적인 정의만 존재하고 객관적인 정의는 실종된 나라이다.

한국 속담에 팔은 안으로 굽는다고 한다. 자신의 자식, 부모 편을 드는 것을 당연시 한다. 한국 역사 드라마에 충신과 간신 이야기가 자주 나온다. 충신은 내 편, 내 문중이고, 간신은 보통 다른 문중이다. 특정한 인물이 어떤 사극에서는 충신으로 그려지지만, 다른 사극에서는 간신으로 나오기까지 한다. 그러니 혈연이 같은 문중 구성원 간에는 강한 신뢰를 바탕으로 협력이 원활한 반면, 혈연이 다르면 적으로까지 취급한다. 이들에게 정의란 자기 가족, 자기 핏줄이 이익을 취하는 것이다.

지역 애착이 남다르다. 특정 지역 출신은 다른 지역에 가서도 그 지역 출신 정치인을 지지한다. 그 정치인을 잘 모르지만 지역이 같다는 이유 하나만으로 평생 지지한다. 외식을 할 때도 자기 지역 출신이 경영하는 음식점만 골라간다. 심지어는 소주와 맥주도 지역 연고를 따라 특정 상표를 고집하는 사람도 있다. 이들에게 지역은 마치 종교이다. 지역이 같으면 옳고, 지역이 같지 않으면 옳지 않다. 이들에게도 자신을 포함하여 자신에게 가까운 사람에게 유리한 것이 정의이다.

혈연 및 지연보다는 애착이 약하지만 학연도 비슷한 역할을 한다. 처음 만난 사람 간에 학연이 같다는 것을 아는 순간, 한 사람은 선배가 되고 다른 사람은 후배가 된다. 선배는 후배를 돌보아주고, 후배는 선배를 따른다. 선배는 후배가 필요할 뿐만 아니라 필요하지 않은 정보까지 모두 주고, 후배는 선배를 부모, 형제처럼 모신다. 능력이 부족한 것을 뻔히 알면서도 선배와 후배가 다른 사람들보다 먼저 승진하도록 힘껏 당기고 민다. 조직 전체가 손해를 보더라도 선배 또는 후배가 우선이다. 이들에게도 자기 편에게 유리한 것이 정의이고, 불리하면 불의이다.

한국 사회에서 혈연, 지연, 학연 등 연줄에 따른 갈등보다 더 무시무시한 것이 정치 이데올로기에 의한 갈등이다. 정치 이데올로기가 같으면 정의로운 사람으로 분류하여 자리를 주고, 정치 이데올로기가 다르면 거의 미친놈 취급을 한다. 능력이 있든 없든, 결과가 좋든 나쁘든 간에 이데올로기를 공유하는 사람끼리 대화를 나누고, 정보를 교환하며, 협력한다. 정치 이데올로기가 같은 주장은 입에 거품을 물고 찬성하지만, 정치 이데올로기가 다른 제안은 일거에 거절한다.

대통령이 바뀌면 만 개가 넘는 정부 및 공공기관의 장이 바뀐다. 대통령과 정치 이데올로기가 다른 기관장은 능력이 있더라도 옷을 벗고, 대통령과 정치 이데올로기가 같은 사람으로 바뀐다. 그러니 기관장이 되기를 원하는 사람은 공공기관장에게 필요한 전문 능력을 키우기 위한 노력을 할 이유가 없다. 자신의 정치 이데올로기가 얼마나 확고한지를 보여주는 일이 더 중요하다. 법을 위반하여 감옥에 가는 것이 더 확실한 출세길 일 수 있다. 이들의 정의에 대한 개념은 확고하다. 자신의 정치 이데올로기에 부합하면 정의이고, 자기편을 들지 않으면 정의가 아니다.

자신의 이익을 수호하기 위해 모인 이익집단(interest group) 또한 "끼리끼리" 모임의 전형적인 모습을 보인다. 원론적으로 이익집단이 구성원의 이익을 대변하는 것은 당연하다. 하지만 한국의 일부 이익집단의 행태는 도가 지나치다. 전경련(전국경제인연합회)이 재벌을 옹호하고, 변호사협회가 변호사들의 이익을 대변하며, 의사협회가 의사의 권리를 보호하는 것은 정당하다. 노동조합이 조합원인 근로자의 권익을 대변하는 것역시 정당하다.

그러나 전경련이 전체 국민의 이익에 앞서 재벌에게 특혜를 부여할 것을 정부에게 요구한다면 전경련은 정의의 편이 아니다. 변호사협회가 변호사들의 이익을 위해 국민의 이익과 편의성을 외면하는 것은 정의가 아니다. 의사협회가 의사들의 이익을 앞세우다 국민을 대상으로 하는 의료개혁을 반대하는 것은 정의롭지 못하다. 노동조합이 근로자의 권익을 보호한다는 명목하에 파업을 단행하여 기업을 망가뜨리고 노동조합 임원의 이익을 챙기는 것은 정의가 아니다.

그런데 우리 사회의 다양한 연고집단, 정치집단, 이익집단은 자신의 이익을 쟁취하는 것을 정의라고 착각한다. 이들의 정의에 대한 개념이 지극히 자의적이다. 자기에게 이익이 되면 정의이고, 자신에게 이익이 되지 않으면 정의롭지 못하다고 소리 높인다.

신뢰 역시 정의의 연장선에 있다. 자신에게 이익이 되면 정의로우니 신뢰하고, 이익이 되지 않으면 정의가 아니니 신뢰하지 않는다. 현실적으로 한 집단에게 이익이 되면 그 집단은 정의롭다고 하지만, 다른 집단은 정의로 받아들이지 않는다. 이런 상태이니 전체 사회는 항상 분열과 갈등 상태이다.

TV와 신문 등 언론을 통해 벌어지는 사건에서 사람들은 자신의 이기심을 감추지 않는다. 뻔뻔함을 넘어 자신의 이기적 행동을 정의를 수호한다며 정당화한다. 사회지도층 역시 이기심을 감추지 않는다. 돈 있고, 힘 있는 사람들이 자신의 힘을 이용하여 이기심을 채우려고 하고 이를 정의로 정당화한다. 집단 이기주의는 이보다 더하다. "끼리끼리" 똘똘 뭉쳐 이기심을 채우고 정의를 부르짖는다. 부끄러운 줄 모른다.

이러니 사람들은 다른 사람들의 말과 행동을 신뢰하지 않는다. 자신의 행복과 이익만을 추구하면서 이것을 정의라고 부르짖는 사람들을 신뢰할 리 만무하다. 사회에 불신이 팽배해 있다. 정녕 자신에게 이로운 것이 정의일 수 없다. 집단의 이기심을 채우는 것이 정의일 수 없다. 전체 사회에 불신을 조장하는 것은 정의가 아니다.

그러면 이들이 믿는 정의의 개념이 옳을까? 절대 맞을 리 없다. 특정한 개인이 또는 특정한 집단이 이익을 보는 것이 정의라면, 그 정의는 갈등과 불심을 조장한다. 특정한 개인 또는 집단에게 이익이 되는 것은 다른 사람들에게 손실을 가져오기 때문이다. 정의는 특정한 개인 또는 집단 편이라면 그 국가사회는 항상 갈등에 휩싸인다.

2,500년 전 그리스에서도 유사한 일이 벌어졌다. 개인과 소규모 집단의 이기적 행위를 방지하고, 국가사회 갈등을 방지하기 위해 정의의 개념을 분명히 밝혀야 했다. 이를 위해 소크라테스(Socrates)와 플라톤(Plato)은 정의가 전체 국가 구성원의 행복과 이익을 보호하는 것이라고 역설했다. 정의란 국가 구성원 국가 전체 구성원의 장기적 이익을 수호하는 것이라고 하였다. 그러니 정의를 수호하기 위해, 즉 전체 사회의 이익을 보호하기 위해 국가가 필요하다고 했다. 이후 정의는 개인의 입장에서 유불리를 판단하지 않고, 전체 국민의 입장에서 판단해왔다.

현재 한국에서는 전체 국민의 입장에서 정의를 바라보지 않고, 개인적 관점에서 정의를 바라본다. 그리고 형평성을 말한다. 자신에게 이익이 되어야 "옳은 결정"이고, "정당"하며, "정의로운" 사회라고 말한다. 그리고 옆 사람은 이익을 본 사람과 "형평성" 있게 자신에게도 이익을 달라고 주장한다. 그렇지 않으면 정의롭지 않다고 한다. 이 결과, 항상 전체 국민이 손해본다. 진정한 정의가 훼손된다.

실제로 특정한 일이 발생하여 결정하는 과정에서 이해관계가 있는 특정한 개인 또는 집단의 목소리를 듣고 결정을 내리는 것이 일반적이다. 특정한 개인 및 집단은 자신의 이익에 따라 목소리를 낸다. 자신에게 이익이 되는 경우 잘 된 결정으로 받아들인다. 그러나 특정한 개인의 입장만 반영되는 이런 방식의 결정은 정의에 부합하지 않는다. 특정한 개인의 입장만 바영된 채 전체 국민에게 손해를 끼치는 결정은 정의가 아니다.

따라서 한국 사회의 갈등을 방지하려면, 불신을 최소화하려면 정의가 재정립되어야 한다. 개인에게 이익이 되는 것은 정의가 아니다. 소규모 집단이 이익을 보는 것은 정의가 아니다. 개인과 개인이 똑같이 나누는 것은 정의가 아니다. 정의는 전체 국민 모두에게 이익이 되는 것이어야한다. 정의는 전체 국민 모두가 장기적으로 행복을 추구하는 것이어야한다.

2. 4차산업혁명사회 신뢰 시스템

4차산업혁명사회를 이끄는데 가장 중추적인 역할을 하는 것은?

신뢰 시스템 변화없이 4차산업혁명사회로 진입할 수 없는 이유는?

4차산업혁명사회의 신뢰 시스템이란?

산업사회로부터 4차산업혁명사회로 진입하기 위해서는 신뢰 패러다임이 변화되어야 한다. 4차산업혁명사회에서는 법과 제도 중심의 신뢰로는 개인과 집단의 창의성을 기반으로 한 활발한 협력이 발휘되기 어렵다. 법과 제도를 지켜야만 신뢰하는 산업사회의 구조적 신뢰로부터 모든 개인과 집단이 상호계약을 통해 관계를 형성해 나가는 4차산업혁명사회의 상호계약적 신뢰로 신뢰 패러다임이 변화되어야 한다. 개인과 집단 한 필요한 모든 관계를 자율적으로 정하여 스스로 어떤 새로운 것도 시도할 수 있도록 법과 제도 시스템이 혁신되어야 한다.

드론, 자율주행 자동차, 인공지능(AI), 비트코인, 블록체인, 인터넷 플랫폼 등 새로운 산업이 끊임없이 발전되고 있다. 경제적 측면에서 볼 때 이들 신산업은 부가가치가 매우 높아 향후 한 국가의 경제력을 좌우

한다.

그러나 한국은 이들 4차산업혁명사회의 신산업을 주도하기 어려운 구조이다. 한국은 법과 제도에 신산업을 규정하지 않는 한 신산업을 수행할 수 없다. 드론에 대해 규정하는 법과 제도가 없으니 드론을 제작해도 시험 비행조차 할 수가 없다. 자율주행 자동차 규정이 없으니 운전자 없는 자율주행 자동차가 도로에 다닐 수 없다.

의료법에 인공지능 규정이 없으니 의료 인공지능을 이용하여 환자를 진단 및 치료가 불가능하다. 비트코인, 블록체인, 인터넷 플랫폼 등에 대한 규정도 없다. 그러니 한국 기업은 국내에서 이들 산업을 시도 조차 하지 못한다.

더욱 심각한 문제는 해외 기업은 국내에서 이들 산업으로 돈을 벌고 있다는 것이다. 한국 기업이 국내에서 개발조차 하지 못하고 있을 때 해외 기업은 해외에서 기술을 개발하고 제품을 생산하여 국내에서 기업활동을 하고 있다. 해외 기업은 국내법에 적용을 받지 않기 때문이다. 그 결과 한국은 4차산업혁명사회의 후진국으로 전락하고 있다.

4차산업혁명사회의 생명은 창의성이다. 창의성에 의해 새로운 과학기술이 개발되어 4차산업혁명이 완성된다. 따라서 창의성을 발휘할 수 있는 최적의 조건을 만들 필요가 있다. 그러나 사람들이 하고 싶은 것, 원하는 것을 무엇이든 할 수 없고, 법적·제도적 규제에 묶여 있다면 창의성은 발휘될 수 없다. 이런 차원에서 한국의 법·제도 시스템은 창의성을 규제하기만 한다. 포지티브 입법 시스템이기 때문이다. 법과 제도로 "이것은 할 수 있다"로 규정한 것만을 할 수 있다. 한마디로 법과 제도에 의해 허용하는 것만 할 수 있다.

창의성을 법과 제도로 가두어서는 미래를 선도할 수 없다. 법과 제도로는 개인의 창의성을 발휘하게 할 수 없고 과학기술을 개발할 수도 없다. 법과 제도는 과거에 문제가 발생한 것을 해결하기 위한 과거의 수단이기 때문이다. 법과 제도는 절대 미래를 내다볼 수 없다.

따라서 4차산업혁명사회를 이끌기 위해서는, 아니 최소한 4차산업혁명사회로 연착륙하기 위해서는 법과 제도 시스템을 4차산업혁명사회에 맞도록 변화시켜야 한다. 즉 "이것은 할 수 있다"로 규정하는 포지티브 입법으로부터 "이것은 할 수 없다고 규정되어 있는 것 이외의 다른 모든 일은 다 할 수 있다"로 규정하는 네거티브 입법으로 변화되어야 한다.

물론 개인과 집단의 자율적 판단에 의해 형성된 상호계약이 개인에 의해 파기될 수도 있다. 모든 사람이 강제력 없는 상호계약을 반드시 지키리라는 보장이 없기 때문이다. 하지만 강제력이 있다고 해서 약속이든 법이든 반드시 지켜지지도 않는다. 자유시장에서 법적 강제력이 없다고 해도 신뢰를 스스로 지킨다. 상호계약을 지키지 않는 개인과 집단은 4차산업혁명사회에서는 자동적으로 퇴출된다. 모든 정보가 기록되기 때문이다. 이렇게 기록된 정보는 국가의 법과 제도보다 훨씬 효과적으로 계약을 이행하도록 한다.

특히 한국인은 세계 그 어느 나라보다도 창의성이 뛰어난 민족이다. 창의적 아이디어를 양산할 수 있는 지표인 평균 아이큐(IQ)가 최고 수준이다. 미래투자와 인적자원을 대변하는 세계 혁신국가지수도 세계 1위이다. 인구대비 특허 출연율 역시 세계 1위이고, 인터넷 게임 실력도 세계 1

위 국민이다. 한마디로 한국인의 개인 경쟁력이 세계 최고다.

한국인이라면 외국 어디에 가서도 뛰어난 적응력을 보인다. 영화쿼터제를 폐지하면 한국 영화의 씨가 마를 것이라고 우려했지만 영화산업을 완전개방한 이후 한국 영화의 수준은 세계 수준이 됐다. 만화산업을 개방하면 일본 만화에 밀려 국산 만화가 도태될 것을 우려했지만 완전개방 이후 한국의 만화산업은 발전을 거듭했다. 이는 한국인의 개인적 능력, 창의력, 적응력이 우수하기 때문이다. 개인의 능력을 최대한 발휘할 수 있도록 개방하고 자율 시스템을 갖추면 모든 것을 스스로 해낸다.

한편, 4차산업혁명사회에서도 국가의 법과 제도는 여전히 유력한 역할을 수행한다. 4차산업혁명사회에서도 네거티브 입법화된 법과 제도는 국가 구성원 다수에 의해 지켜지기 때문이다. 또한 국가는 국방과 경찰, 사회안전망 및 사회간접자본 등 개인이 하지 못하는 일을 수행하여 자율적 상호계약에 의한 자유시장을 지원하여 4차산업혁명사회의 토대 역할을 수행하는 것이다. 국가에게는 자유시장에서 해결하지 못하는 수많은 문제를 해결하는 과제가 여전히 남아 있다.

3. 거짓 없는 사회

사람들이 거짓말을 일삼는 이유는?
거짓말은 어떤 효과가 있나?
거짓말은 어떻게 불신을 조장하나?
거짓말을 없앨 수 있는 방법은?

"거짓말쟁이는 결코 죽지 않는다"는 말이 있다. 반대로는 "참말을 하는 사람은 죽는다"는 말이다. 왜 거짓말쟁이는 절대로 죽지 않는 반면, 참말을 하는 사람은 죽을까? 실제로 적에게 거짓으로 항복한 군인을 사형에 처하지는 않는다. 반면, 절대 항복하지 않은 군인은 적에게 처형당한다. 또한 정말로 항복한 군인은 아군에게 처벌된다.

거짓은 노력이 별로 들지 않지만 효과는 매우 크다. 반면, 참 실력을 쌓기 위해서는 오랜 시간 동안 많은 노력을 해야 한다. 자신이 원하는 것을 얻기 위해 진심으로 다른 사람을 설득하는 것은 매우 어렵다. 그러나 한, 두 가지 작은 거짓으로 일이 이루어지지 못하도록 방해하기는 그리 어렵지 않다. "악화(good money)는 양화(bad money)를 구축한다"고 했다. 좋은 돈과 나쁜 돈이 같은 값으로 통용되는 경우 사람들은 100%

나쁜 돈으로만 물건을 산다는 것이다. 참이 거짓을 이기기란 쉽지 않다.

각 국가의 각종 신뢰를 조사한 결과 한국인은 신뢰가 낮은 것으로 나타난다. 가족, 친지, 친구 등 "자신이 잘 알고 있는 사람"에 대한 신뢰, 즉 사적 신뢰는 매우 높은 반면, "처음 만난 사람"에 대한 신뢰와 외국인에 대한 신뢰, 즉 사회 신뢰는 매우 낮다.

그러나 한국을 방문한 외국인들의 반응은 전혀 다른 반응을 보인다. 한국인은 세계 그 어느 사람보다 신뢰할 수 있는 사람이라는 것이다. 그들은 한국 사람들이 커피숍에서 스마트폰이나 노트북을 탁자 위에 두고 화장실을 다녀오는 것을 보고 놀란다. 심지어 2시간 이상 주인이 돌아오지 않아도 값비싼 다른 사람의 물건을 아무도 건드리지 않는다.

길거리에 떨어져 있는 다른 사람의 물건을 줍는 사람도 거의 없다. 줍는 사람이 있다면 경찰에 신고하기 위해, 아니면 청소하기 위해서이다. 새벽 2시 아무도 없는 거리를 여성 혼자서 걸을 수 있는 곳은 한국뿐이다. 이것은 한국인이 서로를 신뢰하며 살고 있다는 확실한 증거이다.

그러나 정작 한국인은 스스로 신뢰가 낮다고 자평한다. 주변 사람에게 속아본 일도 없고, 해를 당해본 적도 없음에도 불구하고 확실하지 않은 사람은 신뢰할 수 없다고 한다. 그 이유는 우리 사회를 대표하는 사회지도층에게 있다. 중산층 이하에 일반대중은 도덕적인 반면, 상류층의 도덕성이 심각하게 낮기 때문이다.

잘 알려진 젊은 가수는 병역을 기피하기 위해 미국으로 도피했다가 다시는 돌아오지 못하고 가수 생활을 더 이상 하지 못하고 있다. 한 야구선수는 음주운전을 했다는 이유로 프로생활을 접고 있다. 국가대표였던 쌍둥이 배구선수는 고등학교 다닐 때 친구들을 괴롭혔다는 이유로 국내에서의 활동을 포기하고 외국을 전전하고 있다. 알려지지 않은 중소기업 대표는 법정에서 거짓 증언을 했다고 감옥생활을 하고 있다. 이처럼 정치권력이 약한 사람들은 잠시 잘못된 판단에 의해 인생이 바뀔 정도의 막대한 처벌을 받는다.

반면, 일반대중보다 도덕성이 강할 것을 요구받고 있는 사회지도층은 거짓을 행하고 있다. 정치인은 "여기서는 이 말, 저기서는 저 말"을 한다. 자신이 거짓을 말하고 있는 줄도 모른다. 자신에게 유리한 것이라면 어디서든 어떤 말도 서슴없이 한다. 평생 직업을 가지고 돈을 번 적도 없는데 막대한 재산을 보유하고 있다. 막대한 돈이 들기에 일반대중은 꿈꿀 수 없는 자녀의 외국 유학을 이들은 서슴없이 보내고 있다. 자신도 군대간 적 없고, 자녀도 군대에 보내지 않는다.

불법 전입이 불법이라고 외치면서 다른 사람에게는 사퇴하라고 외치면서 자신은 자녀의 교육을 위해 불법 전입을 해왔다. 대학 입학에 유리하도록 미성년자 자녀를 전문학술지 논문의 공동 저자로 올리는 편법을 자행하고 있다. 국회 청문회와 법원 증언에서조차 거짓을 말했음에도 이들은 처벌받는 경우가 별로 없다.

신뢰가 생명인 언론, 공식적인 정부 발표에서도 거짓이 돌고 있다. TV, 신문, 라디오, 인터넷 등에서 유포되고 있는 다양한 기사를 신뢰하기가 쉽지 않다. 정부가 발표한 자료도 거짓으로 판명난 경우도 있다. 세상에 떠도는 정보의 100% 모두 거짓은 아니지만, 100% 신뢰할 수 있는 사실(fact)도 아니다. 그러니 일반대중은 어떤 정보도 신뢰할 수 없다.

사회 신뢰가 현격하게 낮은 이유이다.

한국 사회에 아직도 판치고 있는 거짓을 제거하지 않고는 대인 신뢰, 사회 신뢰, 정부 신뢰 등 각종 신뢰를 회복할 수 없다. 특히 공공장소에서 각종 언론매체와 SNS를 통해 일명 "카더라 방송"으로 거짓을 살포하고, 국민을 대표하는 정치인과 공직자의 거짓 행위를 제거하지 않고는 신뢰 사회를 구축할 수 없다. 참말을 하는 사람이 손해 보고, 거짓말을 하는 사람은 득을 보는 상황이 지속되어서는 결코 거짓을 퇴치할 수 없다.

방법은 간단하다. 거짓을 확실하게 단죄하면 된다. 물론 모든 말, 행위, 정보의 참과 거짓을 구분할 방법은 없다. 하지만 언제가 거짓으로 판명되면 확실하게 처벌하는 것이다. 앞에서 언급한 바와 같이 일반대중으로부터 확실하게 처벌받은 가수, 야구선수, 배구선수와 같이 사회지도층의 거짓이 판명되면 확실하게 자리에서 물러나게 하면 된다.

형평성의 시비가 발생하지 않도록 거짓 사례를 유형별로 열거하고, 어떤 공적 자리에서는 확실하게 물러나야 하는지에 대한 준칙을 만들어 발표하면 된다. 또한 준칙에 없는 새로운 거짓이 발생하면 지속적으로 준칙을 개정하여 시행하는 것이다.

4. 능력주의, 근거 사회 정착

사람들이 능력보다 연줄을 키우는 이유는?

연줄 사회에 불신이 만연하는 이유는?

능력주의는 어떻게 신뢰를 증진하나?

한국에서 청소년기에 가장 많이 듣는 말은 "공부 열심히 해라"이다. 공부를 열심히 해야 세칭 좋은 대학에 갈 수 있다. 공부를 열심히 해야 취업을 할 수 있고, 각종 고시에 합격할 수 있다. 아무리 힘 있는 부모를 만나도, 좋은 가문에서 태어났어도 공부를 열심히 하지 않으면 좋은 대학에 갈 수 없고, 고시에 합격할 수 없다. 그러니 청소년기에 모두 공부를 열심히 한다.

그러나 성인이 되면 이야기가 달라진다. 열심히 일하고 능력을 쌓아야 급여를 더 받을 수 있고 승진할 수 있기는 하지만, 열심히 일하고 능력을 쌓아야 출세한다는 말은 하지 않는다. 오히려 "연줄 없이는 출세하기 어렵다", "출세하고 싶으면 줄을 잘 서라" 등의 말이 더 보편적으로 통용된다. 그러니 출세하고 싶은 사람은 줄을 선다.

기업에서 간혹 "개천에서 용이 된 사람"이 화제가 되기도 한다. 공개 경쟁 입사 시험에 합격하여 남들보다 빠르게 승진하여 이사가 되고 사장 으로까지 오른 사람이 있다. 하지만 이렇게 자신의 노력만으로 출세한 사람은 많지 않다. 열심히 일하고 능력을 기른 사람 대부분은 이사까지 오르는 것이 마지막이라는 것을 잘 알고 있다. 상임이사, 사장, 회장이 되려면 기업 소유자와의 연줄 없이는 불가능하기 때문이다.

정치권, 공공기관에서는 연줄이 더 강력하다. 물론 공공기관에 취업 이 되기 위해서는 대부분 열심히 공부해야 하고, 열심히 일하고 능력을 쌓아야 승진이 된다. 하지만 공공기관에 취업하기 위한 문이 공개 채용 시험(공채)만 있는 것이 아니다.

열심히 공부하여 공채로 공무원이 된 사람을 "늘공(늘 공무원)"이라 부른다. 이에 반해, "어공(어쩌다 공무원)"도 있다. 대부분 기관장의 필요 에 따라 "연줄에 의해" 공무원이 된 사람이다. 보통 "어공"은 "늘공"보다 힘이 세다. 줄이 있기 때문이다.

"어공" 문제는 빙산의 일각이다. 공공기관의 중·하위직에 있어서 "어 공"은 그나마 큰 문제를 일으키지는 않는다. 그러나 공공기관 대부분의 고위직이 되기 위해서는 연줄 없이는 불가능하다. 물론 능력을 발휘하여 장·차관까지 오른 "늘공"도 있다. 하지만 능력을 발휘한 이들 소수를 포 함한 장·차관 대부분은 정치권과의 줄이 없는 경우는 거의 없다.

정치권은 더욱 심하다. 국회의원을 비롯해 지방자치단체장, 지방의원 모두 연줄이 작동된다. 연줄 없이는 국회의원, 지방자치단체장, 지방의원 을 위한 정당 공천을 받을 수 없다. 정당 공천을 받는 과정에서 아는 사람의 후원(연줄)이 있어야 하고, 금품이 오간다는 것은 누구도 부인하기 어려운 사실이다. 최근에 국민경선, 당원경선 등 연줄이외에 후보자의 객관적이 능력이 작동되지 않도록 제도 보완을 이루고 있지만 후보자들이 아직도 가장 중요하게 생각하는 것은 연줄이다.

한마디로 능력보다 연줄이 더 위력을 발휘하는 사회이다. 그러니 사람들은 능력을 키우려고 하기보다는 연줄을 잡으려고 노력한다. 열심히 일해야 하는 고위공무원이 현장에 있지 않고 정치인 후원회를 쫓아다닌다. 최소한 3년 이상 쫓아다녀야 눈도장을 받을 수 있으니 그 사람은 이미 전문능력을 상실한 후이다.

학교에서 공부를 하고, 논문을 쓰고, 수업준비를 하여야 할 교수들이 3년 이상 학교밖에서 정치인을 쫓아다니고 있다. 이들 "정치교수" 역시 이미 학술과 교육 능력을 상실한 정치인일 뿐이다. 심지어 고위직에 오르기 위해서는 논문 표절을 하면 안 되니 아예 논문을 쓰지 않는다. 그러니 태생적으로 능력에 입각한 공채 없이 연줄에 의해 자리를 잡는 정무직에서 일하는 사람들은 연줄이 바로 실력일 뿐이다.

능력을 키우고 열심히 일해야 국가, 사회, 조직, 개인이 발전한 터인데, 연줄을 잡지 않으면 출세할 수 없으니 국가, 사회, 조직이 발전하기 어렵다. 그러나 일생 단 한 번도 능력을 발휘하여 공채에 합격해본 적도 없고, 한 번도 직업을 가져본 적이 없으며, 한 번도 세금을 내보지 않은 사람, 평생 "연줄 실력"만을 쌓은 사람이 국민의 대표인 국회의원, 지방자치단체장, 지방의원이 되는 것이 현실이다.

중·하위직에 있을 때는 열심히 일하다가도 고위직에 오를 때부터는 연줄을 찾으니 능력 사회는 말뿐이다. 국민은 이들의 "연줄 실력"을 신뢰할 리 없다. 이런 상황에서 신뢰 사회는 요원하다.

개선할 방법이 없다고 한다. 과연 그럴까? 일거에 모든 것을 개선할 확실한 방법은 없을 수 있지만, 장기적으로 개선할 방법은 얼마든지 있다. 장기적으로 연줄 위주의 엽관제(spoils system)를 실력 위주의 능력제(merit system)로 바꾼 외국 사례는 얼마든지 있다.

약 150년 전 미국과 영국에서 정부와 사회에 부정과 부패가 만연되어 있었다. 많은 논의 끝에 부정부패의 근원이 엽관제(spoils system)에 의한 인사 관행이라고 결론지었다. 능력이 부족해도 인사권자와 친분과 연줄이 있다는 이유로 자리를 맡기기 때문에 부정부패가 만연했다는 것이다. 능력이 있는 사람은 누가 자리를 주더라도 자리를 준 사람에게 충성을 하기보다 조직을 발전시키기 위해 자신의 능력을 발휘한다.

반면, 능력이 없는 사람은 조직을 발전시킬 능력이 없으니, 그 자리를 보전하기 위해 자리를 준 사람에게 충성을 다한다. 또한 능력이 없는 사람도 개인에게 충성을 다하면 자리를 얻을 수 있으니 많은 능력 없는 사람들이 자리를 탐하게 되고, 자리에 앉기 위해 수단과 방법을 가리지 않게 된다. 실제로 150년 전 미국과 영국에서 엽관제에 따른 부정부패가 만연되어 사회 발전을 저해하는 각종 문제가 발생했다. 급기야는 1881년 미국 가필드(Garfield) 대통령이 공직 청탁을 거부했다는 이유로 암살되었다. 이에 따라 미국은 1883년 펜들턴법(Pendleton Act)를 제정하여 공무원에 대한 능력제 인사제도를 공식화했다. 이로써 모든 공직에 대한 임용과 승진 등 인사에 있어서 친분과 연줄을 배제하고 능력주의를 정착시켰다.

　기본적으로 연줄에 의한 임용과 배치, 승진 등 전반적인 인사시스템을 공개하고 객관적인 근거에 의한 평가로 전환하는 것이다. 공공기관의 인사시스템을 사기업의 인사시스템보다 더욱 엄격하게 공개하고 객관적인 기준을 적용하는 것이다. 심지어 공공기관장의 비서를 채용하는 데 있어서도 객관적인 기준을 제시하고 선발 사유를 기록에 남길 필요가 있다. 연줄로는 절대 출세뿐만 아니라 임용될 수 없도록 만들어야 한다. 임용된 모든 사람이 왜 그 자리에 있어야 하는지 분명한 자료를 남겨야 한다.

　한국사회에 팽배해 있는 정실주의를 개선하지 못하면 지역, 이데올로기, 세대 등에 따른 갈등을 해결하기 어렵다. 정부 신뢰를 증진할 수 없다. 신뢰 사회로 갈 수 없다. 국가 통합, 사회 통합을 절대 이룰 수 없다.

　능력 있는 사람이 우대받는 시스템을 갖추지 않고는 국가발전을 이룰 수 없다. 객관적인 능력을 증명하지 않고는 출세할 수 없는 사회가 되어야 한다. 개인의 출세를 위한 시스템이 아닌 국가발전을 위한 시스템 국민의 행복을 위한 시스템이 되어야 한다.

5. 노블리스 오블리주 문화 정착

윗물이 맑아야 아랫물이 맑은 이유는?

사회지도층의 대한 불신이 만연된 이유는?

품격 있는 문화를 정학시킬 방법은?

한국인 중·하위층의 능력과 도덕성은 세계 어느 나라의 국민보다도 우수하다. 외국에서 사는 한국인 대부분은 그 지역사회에서 능력뿐만 아니라 도덕성을 인정받는다. 물론 한국인 중·하위층 모두가 깨끗할 수는 없다. 어처구니없는 일이 벌어지기도 한다. 하지만 중·하위층에서 벌어지는 말도 되지 않는 일은 사회에 미치는 영향을 적다.

반면, 한국의 상류층의 실력과 도덕성은 일반인에 미치지 못한다. 뉴스에 나오는 사건, 사고 대부분이 상류층의 무능과 태만, 부도덕과 관련되어 있다. "윗물이 맑아야 아랫물도 맑다"고 했지만 한국 사회의 윗물이 전혀 맑지 않다. 그러나 다수의 중·하위층이 아무리 깨끗하다고 해도 상위층이 깨끗해지지 않고서는 사회가 깨끗해지기를 바랄 수 없다.

그럼에도 불구하고 한국 국민은 사회지도층의 행태를 주시하는 경향이 있다. 사회지도층을 신뢰하지 않는다고 하면서도 사회 내 큰 문제가 발생하면 사회지도층이 앞장서서 문제를 해결해주기를 바란다. 사회지도층 인사에 대해 신뢰하지 않는다고 하면서도 사회지도층의 도덕성이 일반시민보다 우수하기를 기대한다. 그러나 현실적으로 정부의 리더십, 사회지도층의 모범 사례를 찾아보기 어렵다.

심지어 사회지도층의 세금 포탈, 음주운전, 성폭력 등의 범죄 사례가 속속 밝혀지고 있다. 자녀를 위한 위장 전입, 해외 학교 진학, 병역기피, 입시부정, 부정 논문 저자 등록 등의 도덕적 문제가 없는 사람을 찾기 어렵다. 사회지도층의 솔선수범은커녕 일반 국민보다 못한 행위가 파면 팔수록 늘어난다.

그렇다고 한국 사회의 사회지도층이 모두 썩지만은 않았다. 아니 사회지도층의 역할이 분명히 있다. 더 정확하게 표현하자면 사회지도층과 일반 국민의 희생과 봉사가 한데 어우러져 이 나라가 유지되고 있다. 다만 한국인은 국가를 위해 희생하고 봉사한 사람에 대해 잘 알지 못할 뿐이다.

이 원인은 분명하다. 한국 역사가 한국인에 의해 토대가 작성되지 않고 일본 역사가에 의해 설계되어 저술되었기 때문이다. 1910년 일본 강점기 이전에도 한국 역사서가 있기는 했다. 하지만 현대와 같은 교과서 형태로는 일본 정부의 주도로 일본인 역사가에 의해 저술된 한국 통사가 처음이다.

당연히 한국을 위한 한국 역사서가 아니라 일본인의 시각으로 일본을 위한 한국 역사서가 작성되었다. 한국인의 미담은 없애고, 한국인의 험담을 부각했다. 희생과 봉사의 역사는 감추고, 불신과 반목을 과대 포장했다. 통합의 한국인이 아니라 갈등의 한국인을 그렸다. 한국인 스스로 "조선인은 안 돼" 또는 "엽전이 항상 그렇지" 따위의 스스로에 대한 부정적 인식이 강조되어왔다.

이러한 한국인 스스로에 대한 부정적 인식과 행태는가 아직도 계속되고 있다. 공영방송 TV가 제작한 사극을 보면 다른 사람을 음해하고, 거짓 상소를 올리며, 전쟁이 나면 산으로 피신하는 부정적인 모습이 더 많다. 고증도 하지 않은 채 머릿속에 있는 조상의 모습을 멋대로 그리고 있다. 그러니 국가를 위해 희생과 봉사한 미담을 신뢰하지 않을 뿐만 아니라 "설마", "과장이지", 또는 "다른 의도가 있겠지" 등 일단 사실을 부정적으로 바라보는 사람들이 다수다.

선의로 거금을 불우이웃을 위한 성금 또는 학생 장학금으로 쾌척한 헌금자에게 박수를 보내기는커녕 "돈 많네" 또는 "저 돈 자기가 번 돈 맞아?"하며 의도를 왜곡하기도 한다. 그러니 희생과 봉사를 하고 싶은 마음이 들지 않는다.

더욱 한심한 것은 희생과 봉사를 명예로 예우하지 않고 돈으로 환산하는 비상식적 태도이다. 국가를 위해 싸우다 목숨을 바친 애국자에게 돈으로 보상해야 한다고 목소리를 높인다. 과거의 치부를 들어내어 희생자들에게 명예를 되살려야 한다면서 돈으로 환산하여 보상해야 한다고 한다. 희생하고 봉사한 사람들은 이미 고인이 됐음에도 불구하고 후손에게 돈으로 보상해야 고인의 명예가 드러날 수 있을까? 정부가 앞장서서 국가의 품격을 떨어뜨리고 있다.

그러나 5,000년 역사를 통해 간신과 모리배만이 가득했다면 이 나라가 온전했을 리가 없다. 역사의 순간마다 국가적 리더와 일반대중이 힘을 합한 희생과 봉사가 보이지 않게 작동된 결과가 바로 오늘이다. 애국자가 많지 않은 것이 아니라 숨어있는 애국자를 찾지 못한 것이다. 노블리스 오블리주 문화가 없었던 것이 아니라 모른 채 넘어갔거나 보고도 몰랐던 결과이다.

국가의 품격이 바로 서지 않고는 신뢰 사회가 되기 어렵다. 국가의 품격을 떨어뜨리는 비겁자를 신뢰할 리 없다. 희생과 봉사자를 신뢰하게 되어 있다. 신뢰 사회로 가기 위해 가장 우선적으로 해야 할 일은 기초부터 튼튼히 세우는 일이다. 기초가 튼튼하지 못한 집은 기둥이 온전하지 않고, 기둥이 온전하지 않으면 집이 비틀려 언젠가는 무너져 내린다. 국가도 마찬가지이다.

기초가 튼튼하지 않으면 언제든지 붕괴할 수 있고, 그 안에서 불안하게 살아가는 국민 간에 신뢰가 정착될 수 없다. 따라서 희생과 봉사, 명예로운 역사가 재정립되어야 한다. 감추어진 애국자가 밝혀져야 한다. 그리고 현재 국가를 위해 희생하고 봉사하고 있는 수많은 애국자에게 품격있는 명예를 수여해야 한다.

자랑스런 역사, 자랑스런 조상, 자랑스런 한국인의 모습이 밝혀져야 한다. 그리고 그 위에 노블리스 오블리주 전통과 문화가 이어져야 한다.

6. 토론과 소통 문화 정착

신뢰, 특히 정부 신뢰가 계속 감소하는 이유는?
신뢰 증진을 위해 토론과 소통 문화가 정착되어야 하는 이유는?

선진국을 포함한 세계 각국의 정부 신뢰가 감소하는 추세이다(Nye, et. al., 1997). 정부 신뢰 역시 신뢰의 한 축을 담당하고 있기에 정부 신뢰가 감소하는 것은 신뢰 사회로 가는 길에 걸림돌이 된다. 이렇게 세계 각국의 정부 신뢰가 지속적으로 감소하는 이유로 과학기술의 발전 및 급변하는 환경변화에 따라 시민의 가치가 다양화 또는 변화되는 성향을 보이고(Inglehart, 1990), 다수의 비판적 시민(critical citizen)이 출현하기 때문이라고 한다(Norris, 1999). 시민의 수준이 높아지면서 정부에 대해 다양한 요구를 하고 있으나, 정부가 효과적으로 대응하지 못하는 까닭이다.

한국인의 변화 수준은 다른 국가에 비해 훨씬 급격하다. 1945년 통계는 한국 어린이의 단 5%만이 초등학교에 입학했음을 보여준다. 2022년 현재 한국의 초등학교 진학률은 100%, 중학교 진학률 94.3%, 고등학교 진학률 93.1%, 대학교 진학률 72.5%로 기록하고 있다. 대학 진학률만을 따져도 세계 1위이다. 한국인들이 이렇게 똑똑해졌는데 정부는 아직도 국민을 "우매한 대중"으로 취급하여 지도하려고 한다.

"우매한 대중" 취급을 받는 똑똑한 국민이 국민을 만족시키지 못하는 정부를 신뢰할 리 없다. 현실적으로 정부의 대응은 국민의 요구에 대한 만족 수준과는 너무도 거리가 멀다. 특히 일도 못하면서 자화자찬을 늘어놓는 정부는 최악이다. 예를 들어, 코로나19 방역이 다른 국가에 비해 잘 되고 있을 때는 마치 정부가 방역을 주도하여 만족할만한 결과를 낸 것처럼 K방역의 우수성을 선전하였다. 하지만 코로나19 감염자가 전 세계 1위를 한 달 동안 지속된 시점에서는 정부는 감염자 확산에 대한 대응을 거의 하지않았다.

한국 국민은 코로나19 확산 방어가 성공적일 때에서 정부가 잘해서라기보다 국민 모두가 스스로 조심하였기 때문으로 알고 있다. 코로나19 감염자가 폭발적으로 증가할 때에도 정부의 무능을 탓하지 않았다. 정부는 자기 역할이 대단하다고 자평하지만 똑똑한 국민은 정부가 무엇은 할 수 있고, 무엇은 할 수 없는지를 잘 알고 있기 때문이다.

똑똑한 국민은 더 이상 정부의 정책을 수동적으로 소비하는 것만으로 만족하지 않는다. 똑똑한 국민은 정부에게 무엇을 어떻게 하라고 지시하기를 바란다. 정부가 무슨 일을 어떻게 하고 있는지를 투명하게 공개하여 함께 방법을 찾기를 원한다. 똑똑한 국민은 정부가 하는 일에 대해 알고 활발한 토론을 통해 민주적으로 결정하기를 원한다. 전반적인 정책 수립으로부터 집행에 대해 투명하게 이해하고 결과에 대해 만족할 때 비로소 정부에게 신뢰를 보낸다.

그러니 이제는 정부의 태도가 달라져야 한다. 정부 신뢰를 증진시키기 위해서는 정부 정책 패러다임이 바뀌어야 한다. 더 이상 수동적인 "우매한 대중"은 없다. 문제가 생겼다고 정부만을 바라보고 의지하는 국민도 없다. 이제 국민이 정부의 정책 파트너이다.

정부가 파트너인 국민에게 정보를 투명하게 공개하고, 함께 논의하여 정책을 수립하고, 함께 정책을 집행할 때이다. 그래야 정책 결과가 좋든 나쁘든 국민은 정부를 신뢰할 것이다. 그러면 무능한 정부도 똑똑한 정부로 환골탈태될 것이다.

참고문헌

박희봉. *사회자본 : 불신에서 신뢰로, 갈등에서 협력으로.* 조명문화사. 2009.

박희봉. *좋은 정부, 나쁜 정부 : 철인 정치에서 사회자본까지, 철학자가 말하는 열 가지 정부 이야기.* 책세상. 2013.

Almond, Gabriel A. & Verba, Sidney. (1963). *The Civic Culture: Political Attitudes and Democracy in Five Nations.* Princeton : Princeton University Press.

Banfield, E. (1967). New York: Free Press.

Baym, N. K. (1997), Interpreting Soap Operas and Creating Community: Inside an Electronic Fan Culture, In Kiesler, S. ed., Culture of the Internet, Mahweh, NJ: Lawrence Erlbau.

Berman, Sheri. (1997). Civil Society and the Collapse of the Weimar Republic. World Politics 49(3): 401-429.

Brehm, John & Rahn, Wendy. (1997). Individual-level evidence for the causes and consequences of social capital. American *Journal of Political Science 41(3)* : 999-1023.

Coleman, James S. (1988). Social Capital in the Creation of Human Capital. *American Journal of Sociology 94* : 95-120.

Dekker, Paul & Uslaner, Eric M. eds. (2001). *Social Capital and Participation in Everyday Life.* London Routledge.

Deth, Jan W. Van. (2000). Interesting but irrelevant: Social capital and the saliency of politics in Western Europe. *European Journal of Political Re-*

360 신뢰의 진화_ 신뢰사회로 가는 길

search 37 : 115−147.

Evans, Peter. (1996). Government Action, Social Capital and Develop-
ment: Reviewing the Evidence on Synergy. *World Development 24(6)* :
1119−1132.

Fisher, Claude. (1992), *America Calling: A Social History of the Tele-
phone to 1940*. Berkeley, CA : University of California Press.

Fox, J. (1996). How does civil society thicken? The political construction
of social capital in rural Mexico. *World Development 24(6)* : 1089−
1103.

Garfinkel H (1967). *Studies in Ethnomethodology*. Englewood Cliffs, NJ :
Prentice Hall.

Glogoff, Stuart. (2001). Information technology in the virtual library:
Leadership in times of change. *Journal of Library Administration 146(5)*
: 61−84.

Granovetter, Mark. (1985). The Strength of Weak Ties. *American Journal
of Sociology 78(6)* : 1360−1380.

Guiso, Luigi, Sapienza, Paola, & Zignales, Luigi. (2000). The Role of
Social Capital in Financial Development. National Bureau of Economic
Research Working Paper No. W7563.

Hall, Peter A. (1999). Social Capital in Britain. *British Journal of Political
Science 29* : 417−461.

Inglehart, Ronald. (1999). Postmodernization Erodes Respect for Authority, but Increase Support for Democracy. in Norris, Pippa. ed. *Critical Citizens: Global support for democratic government*. London : Oxford University Press.

_____. (1997). *Modernization and Postmodernization: Cultural, Economic, and Political Change in 43 Societies*. Princeton : Princeton University Press.

Knack, Stephen. (2002). Social Capital and the Quality of Government: Evidence from the States. *American Journal of Political Science 46* : 772-85.

Knack, Stephen & Keefer, Phlip. (1997). Does social capital have an economic payoff? A cross-country investigation. *Quarterly Journal of Economics 112(4)* : 1251-1288.

La Porta, Rafael, Lopez-de-Silanes, Florencio, Schleifer, Andrei, & Vishny, Robert W. (1997). Trust in Large Organizations. *American Economic Review 87* : 333-338.

Lam, Wai Fung. (1996). Institutional Design of Public Agencies and Co-production: A Study of Irrigation Association in Taiwan. Peter Evans, ed. *State-Society Synergy: Government and Social Capital in Development*. Berkeley : University of California.

Levi, Margaret. (1996). Social and Unsocial Capital: A Review Essay of Robert Putnam's Making Democracy Work. *Politics and Society 24(1)* : 45-55.

Levi, M. & L. Stoker. (2000). Political trust and trustworthiness. *Annual Reviews of political Science 3* : 475–507.

Lewis, J. Davis, & Andrew Weigert. (1985). Trust as a Social Reality. *Social Forces 63(4)* : 967–985.

Li, Lianjiang. (2004). Poltical Trust in China. *Modern China 30(2)* : 228–258.

Maloney, Willam, Smith, Graham & Stoker, Gerry. (2000). Social Capital and Urban Governance: Adding a More Conceptualized 'Top–down' Perspective. *Political Studies 48* : 802–820.

Miller, Arthur H. (1974). Political Issues and Trut in Government: 1964–1970. *The American Political Science Review 68(3)* : 951–972.

Montero, Jose Ramon, Cunther, Richard & Torcal, Mariano. (1997). Democracy in Spain: Legitimacy, Discontent, and Disaffection. Estudio/Working Paper/100.

Norris, Pippa. (1999). *Critical Citizens: Global support for democratic government.* London: Oxford University Press.

North, Douglass C. (1990). *Institutions, Institutional Changes and Economic Performance.* Cambridge : Harvard University Press.

Nye, Joseph S. Jr. Philip D. Selikow, David C. King. eds. (1997). *Why people don't turst government.* Cambridge : Harvard University Press.

O'Donnel, G., P. C. Schmitter, L. Whitehead, & A. F. Lowenthal. eds. (1986). *Transitions from authoritarian rule; Southern Europe.* Baltimore

: The Hohns Hopkins University Press.

Olson, Mancur. (1982). *The Rise and Decline of Nations: Economic Growth, Stagflation, and Social Rigidities.* New Haven : Yale University Press.

Ostrom, Elinor. (1996). Crossing the Great Divide: Coproduction, Synergy, and Development. Peter Evans, ed. *State-Society Synergy: Government and Social Capital in Development.* Berkeley : University of California.

Paine, Tom. (1997). *Political Writings.* ed. by Bruce Kuklick. New York : Cambridge university Press.

Paxton, Pamela. (2002). Social Capital and Democracy: an interdependent relationship. *American Sociological Review 67(2)* : 254-277.

Petro, Nicolai N. (2001). Creating Social Capital in Russia: The Novgorod Model. *World Development 29(2)* : 229-244.

Piazza-Georgi, Babara. (2002). The role of human and social capital in growth: extending our understanding. *Cambridge Journal of Economics 26* : 461-479.

Porters, Alejando & Landolt, Patricia. (1996). The Downside of Social Capital. *The American Perspective 26* : 18-21.

Putnam, Robert D. (1995). Bowling Alone: America's Declining Social Capital. *Journal of Democracy 6(1)* : 65-78.

_____. (1993). *Making Democracy Work: Civic Traditions in*

Modern Italy. Princeton: Princeton University.

Shapiro, Susan P. (1987). The social control of impersonal trust. *American journal of Sociology 93(3)* : 623-659.

Skocpol, Theda. (1996). Unsolved Mysteries: The Tocqueville Files. *The American Prospect 7(25)* : 20-25.

Smith, Adam. (1759). Haakonssen, Knud ed. (2002). *The Theory of Moral Sentiments*. Cambridge University Press: New York.

Stolle, Dietlind. (1998). Bowling Together, Bowling alone: The Development of generalized Trust in voluntary associations. *Political Psychology 19(3)* : 497-525.

Tendler, Judith. (1995). Social Capital and the Public Sector. paper presented at the American Academy of Arts and Sciences, Conference of the Economic Development Working Group, Social Capital and Public Affairs Project, Cambridge, MA.

Tocqueville, Alexis de. (1984). *Democracy in America*. renewed by Richard D. Heffner. New York: New American Library, A Division of Penguin Books.

Tönnies, Ferdinard. (1887). *Gemeinschaft and Gesellschaft*. Leipzig: Fues's Verlag, 2nd ed. ranslated in 1957 as Community and Society.

Uslaner, Eric M. (1999). Democracy and Social capital. Mark E. Warren. ed. *Democracy and Trust*. London : Cambridge University Press.

Wellman, Barry. (2001). Physical Place and cyber Place: The Rise of Personalized Networking. *International Journal of Urban and Regional Research 25(2)* : 227–252.

Wellman, B. & Gulia, M. (1999). Net Suffers Don't Ride Alone. In Wellman, B. ed. *Networks in the Global Village*. Boulder, CO : Westview Press.

Zak, Paul J. & Knack, Stephen. (2001). Trust and Growth. *The Economic Journal 111* : 295–321.

상상나무와 함께 지식을 창출하고 미래를 바꾸어
나가길 원하는 분들의 참신한 원고를 기다립니다.
한 권의 책으로 탄생할 수 있는 기획과 원고가 있
으신 분들은 연락처와 함께 이메일로 보내주세요.

이메일 : ssyc973@daum.net